Nicky Gumbel

Herausfordernder Lebensstil

Edition Alpha

Projektion J Buch- und Musikverlag GmbH
Wiesbaden

Titel der Originalausgabe:
Challenging Lifestyle

ISBN 3-89490-212-4

Übersetzung: Ulrike Becker
Umschlaggestaltung: Petra Louis
Satz: Projektion J Buch- und Musikverlag GmbH
Druck: Ebner Eberhardt-Finckh-Straße 61, 89007 Ulm

1 2 3 4 99 98 97 96

INHALT

VORWORT

Eine der größten Herausforderungen für die heutige Kirche besteht in der Frage, wie wir Lehre und Ethik zusammenhalten können. Die Herausforderung, so vermute ich, ist um so größer, weil sich die Welt überhaupt nicht mehr um diese Frage bemüht.

In der Bergpredigt lehrt Jesus uns, wie wir unser Leben führen sollen. Diese Predigt ist seine Antwort auf die Frage: Wie leben wir unserer Berufung entsprechend »in« der Welt, ohne »von« der Welt zu sein? Was könnte für unsere Generation wichtiger sein, als der ernstgemeinte Versuch, diese Lehre Jesu zu verstehen und umzusetzen?

Da wir uns dem sogenannten »nach-christlichen« Zeitalter nähern, ist Nicky Gumbels Buch – das Material, das er zusammengetragen hat, verbunden mit seiner Lebenserfahrung, seinem Humor und seiner Leidenschaft, biblische Wahrheiten lebensnah und unterhaltsam weiterzugeben – für uns heute von unschätzbarem Wert.

Reife Christen werden den Nutzen dieses Buches ebenso entdecken, wie Menschen, die neu im Glauben sind; es ist hervorragend geeignet, um im Anschluß an einen Alpha-Kurs durchgearbeitet zu werden. Es wird der Gemeinde helfen, daß ihr Licht »vor den Menschen leuchtet, damit sie eure guten Werke sehen und euren Vater im Himmel preisen« (Mt 5,16).

Sandy Millar
Holy Trinity Brompton

DANKSAGUNG

Inzwischen gibt es Tausende von Alpha-Kursen, hauptsächlich in Großbritannien, aber auch in vielen anderen Ländern der Erde. Damit steigt auch die Nachfrage nach geeigneten Arbeitsmaterialien; insbesondere erhielten wir Anfragen für Texte, die sich zur Nacharbeit eignen würden. Dieses Buch ist als Teil eines Programmes gedacht, das einmal einen zweijährigen Kurs für die christliche Erwachsenenbildung darstellen wird. Zu diesem vorgeschlagenen Programm gehören zur Zeit bereits die Titel *Fragen an das Leben*, *A Life Worth Living*, *Searching Issues* und *Herausfordernder Lebensstil* (zwei Kursabschnitte).

Ich möchte den Menschen danken, die mir freundlicherweise ihre Zeit und Energie zur Verfügung gestellt und bei diesem Projekt mitgeholfen haben. Insbesondere danke ich John Collins, Pfarrer Paul Perkin, Jo Glen, Helena Hird, Dr. Peter Somers Heslam, Dr. Roland Werner, Patricia Hall, Simon Levell, Chris Rusell, Richter Christopher Compston, Helen Adam und Andrew Brydon für ihre hilfreichen Bemerkungen.

Wiederum bin ich Jon Soper für seine unschätzbaren Dienste bei den Nachforschungen zu diesem Buch zu Dank verpflichtet. Und schließlich gilt mein Dank Philippa Pearson Miles für ihre außergewöhnliche Gabe, Schnelligkeit und Effizienz mit Charme und Fröhlichkeit zu verbinden.

EINLEITUNG

»Als Jesus die vielen Menschen sah, stieg er auf einen Berg. Er setzte sich, und seine Jünger traten zu ihm. Dann begann er zu reden und lehrte sie« (Mt 5,1-2).

Unsere Kultur ist besessen von allem, was mit »Lifestyle« zu tun hat. Es gibt zahllose Zeitschriften über Mode, Gesundheit und Fitneß, Schlankheitskuren, Sex, Heim und Garten und andere Aspekte unseres Lebens. Deutlich wird, daß es in diesen Zeitschriften vornehmlich um den Stil und um das äußere Erscheinungsbild unseres Lebens geht und nicht so sehr um den Inhalt. Jesus dagegen geht es vielmehr um das, was hinter dieser Fassade steckt.

Das, was Jesus in der Bergpredigt lehrt, stellt eine Herausforderung für unseren westlichen Lebensstil dar. Er zeigt uns jedoch auch eine alternative Lebensweise und fordert uns auf, einen christlichen Lebensstil zu entwickeln. Unsere Kultur fragt nicht so sehr danach, ob das Christentum wahr ist, sondern stellt uns meist die Frage: »Ist es echt? Funktioniert es?« Die Welt beobachtet uns. Darin besteht die Herausforderung, vor der wir stehen. In den zweieinhalb Jahren, in denen ich an diesem Buch gearbeitet habe, erlebte ich ständig, wie Jesus mich aufs tiefste herausforderte. Nun hoffe ich, daß meine Leser gleichermaßen herausgefordert werden.

Der Maßstab, den Jesus uns für unseren Lebensstil setzt, ist sehr hoch. Der geistliche Leiter John Wimber hat es so ausgedrückt:

»Jesus ist unersättlich. Alles, was wir tun, gefällt ihm, doch nichts befriedigt ihn. Ich war mit Jesus zufrieden. Er war mit mir nicht zufrieden. Immer wieder setzt er die Meßlatte höher an. Er befindet sich an höchster Stelle. Er ist in seinem Ruf an uns großzügig, aber kompromißlos.«

Die Bergpredigt wurde als »Kronjuwel der Lehren Jesu«[1] bezeichnet. Sie ist das »Manifest des Königs« und die »Magna Charta des Reiches Gottes«. Es wäre geradezu die Untertreibung des Jahrtausends zu behaupten, sie wäre die großartigste Predigt, die je ein Mensch gehalten hat. Ein Exeget des 19. Jahrhunderts hat es folgendermaßen beschrieben: »Wir befinden uns hier in unmittelbarer Nähe des Himmels.«[2]

Jesus beschloß, diese Predigt von einem Hang herunter zu halten (vgl. Mt 5,1). Vielleicht dachte er daran, daß Mose Gottes Zehn Gebote im Alten Testament ebenfalls auf einem Berg empfangen hatte. Oder vielleicht war dies einfach der günstigste Ort zum Predigen.

Es gibt einige Diskussionen darüber, ob Jesus diese Predigt an seine Jünger oder an die Menge gerichtet hat. Er scheint bei seinen Jüngern begonnen zu haben (vgl. Mt 5,1), um schließlich bei all den Menschen zu enden, die zuhörten (vgl. Mt 7,28). Man geht davon aus, daß die Lehre wohl in erster Linie für die Jünger gedacht war, analog zu den Menschen heute, die bereits Christen sind. Doch ohne Zweifel war es angemessen, daß die ganze Menschenmenge sie hörte – vergleichbar heute mit den Menschen, die noch keine Christen sind. Jesus vergleicht beide Gruppen ständig miteinander, indem er sagt: »Seid nicht wie diese.« Seine Jünger sollten sich von den Nichtreligiösen, den Heiden (dem, was man heute als die säkulare Welt bezeichnen würde) ebenso unterscheiden wie von den Religiösen, den Schriftgelehrten und Pharisäern.

Jesus stellte kein neues Gesetz auf, das den alten Bund Moses ersetzen sollte; er erklärte seinen Jüngern, wie sie dem Leben als Christen Ausdruck verleihen sollten. Heute beanspruchen viele, die keine Christen sind, für sich, daß sie nach der Lehre Jesu in der Bergpredigt leben. Hätten sie sie wirklich sorgfältig gelesen, würden sie feststellen, daß es ohne die Hilfe des Heiligen Geistes völlig unmöglich ist, so zu leben, wie Jesus lehrt. Möglicherweise war das einer der Zwecke der Bergpredigt. Die Reformatoren des 16. Jahrhunderts pflegten zu sagen, das Gesetz verweise uns auf Christus, der uns vergibt, und Christus verweise uns erneut auf das Gesetz, das uns heiligen soll. Die Lektüre der Bergpredigt sollte all jene, die Christus nicht kennen – und in der Tat uns alle –, dazu veranlassen, um Gnade und Hilfe zu flehen. Wenn wir Christus und die Hilfe seines Heiligen Geistes empfangen haben, verweist er uns wieder an die Bergpredigt, damit wir lernen, unseren Glauben zu leben. Jesus lehrt uns dort, wie wir das nach außen wirken lassen können, was Gott in unserem Innern gewirkt hat.

Kapitel 1

Wie kann ich unter dem Segen Gottes leben?

»Selig, die arm sind vor Gott; denn ihnen gehört das Himmelreich. Selig die Trauernden; denn sie werden getröstet werden. Selig, die keine Gewalt anwenden; denn sie werden das Land erben. Selig, die hungern und dürsten nach der Gerechtigkeit; denn sie werden satt werden« (Mt 5,1-6).

Ich war nie besonders gut im Sport, aber es hat mir immer Spaß gemacht. Ich bin Mitglied in einem Squashclub, zu dem auch ein eigener Kraftraum gehört. Eines Tages bemerkte ich, daß im Fitneßclub ein Wettbewerb ausgeschrieben wurde, der den Titel »Die ultimative Herausforderung« trug. Ich liebe Herausforderungen, also versuchte ich, Näheres zu erkunden. Zu diesem Wettbewerb gehörten zehn anstrengende Übungen, und jeder Teilnehmer sollte zuvor sechs Wochen trainiert haben. Der Fitneßparcours konnte unter verschiedenen Schwierigkeitsgraden bewältigt werden. Es gab die Einteilung in »Super fit«, »Fit«, »Noch nicht ganz fit« und »Älter und weiser«. Man betrachtete mein ergrauendes Haar und schlug mir vor, bei »Älter und weiser«, höchstens jedoch bei »Noch nicht ganz fit« mitzumachen – insbesondere, da ich noch nicht trainiert hatte. »Nein«, meinte ich. »Ich möchte ›Super fit‹ probieren.« Dazu gehörten unter anderem fünf Kilometer Radfahren, vierzigmal Heben eines 40-Kilo-Gewichtes am Krafttrainer sowie fünfzigmal Senken eines 40-Kilo-Gewichtes mit Hilfe der Beine, zwei Kilometer steiles Bergauflaufen, hundert Liegestützen und eine Kletterstrecke von hundertfünfzig Metern am Gerät. Man mußte den Parcours in zwanzig Minuten bewältigt haben. Der Leiter des

Fitneßcenters versuchte, mir die Sache auszureden, doch ich war fest entschlossen, es auf diesem Niveau zu versuchen.

Als ich mich an die Aufgabe heranmachte, bemerkte ich, daß sich eine beachtliche Menschenmenge angesammelt hatte. Ich weiß nicht, wie ich es schaffte, aber irgendwie gelang es mir, den Parcours völlig verschwitzt und erschöpft in der gesetzten Zeit zu bewältigen. Ich erhielt einen Gutschein über fünf englische Pfund und ein Sweatshirt, auf dem stand: »Ich habe die ultimative Herausforderung überlebt.« Voller Stolz ging ich nach Hause, um meiner Frau und den Kindern die Früchte meines Erfolgs zu zeigen. Sie schienen angemessen beeindruckt zu sein.

Am nächsten Morgen war ich etwas steif, aber es war nichts Schlimmes. Ich war recht zufrieden mit mir. Am darauffolgenden Tag wachte ich mit dem Eindruck auf, daß etwas nicht ganz in Ordnung war. Ich konnte mich einfach nicht bewegen! Es schien, als streikten sämtliche Muskeln in meinem Körper, und es gelang mir noch nicht einmal aufzustehen. Ich mußte mir aus dem Bett und ins untere Stockwerk helfen lassen! Nachdem ich eine ganze Reihe vorsichtiger Stretchingübungen hinter mich gebracht hatte, stolperte ich zur Arbeit. Verzweifelt versuchte ich, meine Steifheit zu verbergen, damit niemand merkte, was für ein Narr ich gewesen war. Doch der erste, der mich sah, fragte bereits, was um Himmels willen denn mit mir los sei, und so mußte ich Farbe bekennen. Ich hatte eine Form der »ultimativen Herausforderung« überlebt, aber nur um Haaresbreite.

In der Bergpredigt konfrontiert uns Jesus mit einer unendlich wichtigeren Herausforderung. Sie ist sehr viel schwerer, und es dauert wesentlich länger, doch es sind auch wesentlich mehr Freude und Befriedigung damit verbunden. Und anders als bei den Fitneßübungen handelt es sich tatsächlich um »Die ultimative Herausforderung«. Niemand hat der Welt je eine größere Herausforderung gestellt als Jesus in dieser Predigt. Als er sie beendet hat, erklärt er, daß der Mensch weise ist, der sich dieser Herausforderung stellt.

Die Bedeutung dieser Predigt, von der wir vermutlich nur eine gekürzte Fassung besitzen, wird von zwei Aussagen in den einleitenden Versen unterstrichen. Erstens, Jesus »setzte sich« (Vers 1). Wenn sich ein Rabbi beim Unterrichten seiner Jünger setzte, so war dies ein Zeichen dafür, daß er etwas von großem Gewicht und großer Bedeutung sagen wollte. Zweitens »begann er zu reden« (Vers 2). Dieser Vorgang besitzt im griechischen Original eine sehr viel umfassendere Bedeutung als in der Übersetzung und drückt eigentlich eine feierliche Handlung aus. Eine moderne Entsprechung dafür wäre vielleicht: »Er schloß sein Herz auf.«

Gleich zu Beginn lehrt Jesus, was das Wichtigste im Leben ist. Oft beurteilen wir Menschen nach dem, was sie tun: ihr Job, was sie erreicht haben oder auch welche Schule sie besucht haben. Oder wir beurteilen sie nach dem, was sie besitzen: Wohlstand, Aussehen, Freunde oder Besitz. Jesus sagt an dieser Stelle, daß das Wichtigste im Leben nicht das ist, was wir haben oder tun, sondern wer wir sind. Als ich ein theologisches College besuchte, verdiente ich mir meinen Lebensunterhalt nicht mehr selbst. Was ich dabei spürte, war nicht so sehr der Mangel an Geld, sondern vielmehr der Verlust an Selbstwertgefühl. Als ich noch als Anwalt gearbeitet hatte, bezahlte man mich für meine Meinung. Am College interessierte sich jedoch niemand auch nur im geringsten dafür! Ich erinnere mich daran, wie ich einem erfahrenen Christen berichtete, wie schwer mir das fiel. Er sagte etwas sehr Schlichtes und doch zutiefst Wahres: Er meinte, es sei gut, daß ich diese Erfahrung mache, weil im Leben nicht wichtig ist, was wir tun, sondern wer wir sind.

Jesus beginnt die Predigt mit dem, was Billy Graham »die acht wunderschönen Einstellungen« genannt hat [»eight beautiful attitudes« als Wortspiel auf »beatitudes«, den englischen Ausdruck für Seligpreisungen; Anm. d. Übers.]. Mit den Früchten des Heiligen Geistes haben sie gemeinsam, daß sie allen Christen gelten. Sie richten sich nicht nur an eine geistliche Elite, sondern an alle Nachfolger Christi.

Das griechische Wort für »selig«, das in den ersten elf Versen neunmal vorkommt, vermittelt den Gedanken an Glück, meint jedoch viel mehr als das. Glücklichsein ist ein subjektives Gefühl. Das Wort, das Jesus benutzt, bedeutet »von Gott gesegnet« oder »Gottes Gunst empfangend«. Die mit Erläuterungen versehene *Amplified Version* übersetzt das Wort mit »glücklich, beneidenswert und geistlich reich, das heißt, reich an Leben, Freude und Zufriedenheit ... ungeachtet der ... äußeren Umstände«. Jesus beschreibt seinen Jüngern, wie sie unter dem Segen Gottes leben können.

In den einleitenden Versen der Bergpredigt beantwortet Jesus die Frage, welche Art Menschen wir nach Gottes Vorstellung sein sollten, und beschreibt in acht Schritten den Charakter, den wir besitzen sollten. Die ersten vier Schritte betreffen unsere Beziehung zu Gott; diese wollen wir in diesem ersten Kapitel betrachten. Die übrigen vier betreffen unsere Beziehung zu anderen Menschen; auf sie werden wir im zweiten Kapitel näher eingehen.

Schritt 1 – »Selig, die arm sind vor Gott« (Vers 3)

Im Griechischen gibt es zwei Wörter für »arm«. Das eine bezeichnet einen »Mangel an Wohlstand«, der es nötig macht zu arbeiten. Das andere, hier verwendete Wort bedeutet, daß sich jemand in einem so verzweifelten Zustand bitterster Armut befindet, daß er von der Unterstützung anderer abhängig ist.

»Arm vor Gott« zu sein, bedeutet nicht, kein geistliches Rückgrat zu besitzen; es ist vielmehr das Gegenteil von geistlichem Stolz. Die Antithese dazu ist wiederum die Aussage: »Ich habe ein moralisch einwandfreies Leben geführt.« Wer das sagt, kann sich selbst nur mit anderen Menschen, nicht aber mit den Maßstäben Gottes verglichen haben. »Arm vor Gott« zu sein, bedeutet anzuerkennen, wie schlecht wir – gemessen an den Maßstäben Gottes – abschneiden; zu begreifen, daß wir bis zum Hals in Gottes Schuld stehen, und sich ganz auf die Gnade Gottes zu verlassen. Es bedeutet, um mit dem Zöllner zu sprechen: »Gott, sei mir Sünder gnädig!« (Lk 18,13). Es ist die Erkenntnis einer verzweifelten Bedürftigkeit, aus der heraus wir rufen: »Oh Gott, mein Leben ist ein einziger Scherbenhaufen. Ich habe nichts vorzuweisen. Ich habe noch nicht einmal recht angefangen zu beten und dich zu hören. Ich bin geistlich blind, nackt und arm.« Zu denen, die so zu ihm rufen, sagt Jesus: »[…] ihnen gehört das Himmelreich« (Vers 3). Das Himmelreich reißt Bettlern seine Pforten auf.

Wenn wir verzweifelt sind und denken, wir haben alles vermasselt, dann können wir uns freuen.

Schritt 2 – »Selig sind die Trauernden« (Vers 4)

Das Wort für »trauern« bedeutet »traurig sein« oder »über etwas trauern«. In der griechischen Übersetzung des hebräischen Alten Testamentes wird dieses Wort oft für die Totenklage verwendet. Man bedient sich dieses Wortes, um die Trauer Jakobs auszudrücken, als er glaubte, sein Sohn sei tot (vgl. Gen 37,34-35). Paradoxerweise scheint Jesus zu sagen: »Glücklich sind die Unglücklichen!«

Es ist falsch zu meinen, Christen sollten niemals glücklich sein oder daß wir ständig die Sorgen der ganzen Welt auf unseren Schultern tragen sollten und es in der Kirche keine Freude und kein Lachen geben dürfte. Genauso falsch ist es zu meinen, Christen sollten niemals unglücklich sein. Der Prediger hat gesagt: »Alles hat seine Stunde [...] eine Zeit zum Weinen und eine Zeit zum Lachen, eine Zeit für die Klage und eine Zeit für den Tanz« (Koh 3,1.4).

Es ist nicht falsch, über den Verlust geliebter Menschen zu weinen und zu trauern, so wie auch Jesus geweint hat, als er vom Tod des Lazarus hörte. Wir können weinen, wenn wir sehen, wie verkorkst das Leben anderer ist. Paulus weinte über die Feinde des Kreuzes Christi (vgl. Phil 3,18). Doch von dieser Art Trauer spricht Jesus hier nicht. Vielmehr meint er das Weinen über unsere eigene geistliche Armut. Es geht nicht nur darum, unsere geistliche Armut zu erkennen, sondern darum, auch von Herzen erschüttert zu sein.

Es gibt eine göttliche Trauer, die der Heilige Geist schenkt. Oft erleben wir dies bei einer Bekehrung, wenn ein Mensch über die Sünden der Vergangenheit weint und Tränen der Reue vergießt. Auch als Christen bringen wir unser Leben durcheinander und müssen darüber weinen, so wie Petrus geweint hat, als ihm klar wurde, wie sehr er Jesus im Stich gelassen hatte (vgl. Mt 26,75).

Manchmal, wenn der Geist Gottes über einen Mann oder eine Frau kommt, wird dieses Erlebnis von Tränen begleitet. Manchmal werden Verletzungen aus der Vergangenheit geheilt. Oft weint jemand über vertane Chancen und aus einem Gefühl geistlicher Armut heraus. Das Weinen der Kinder Gottes – für sich, für die Stadt und das Land, in dem sie leben – folgt einem herausragenden Vorbild. Jesus weinte über Jerusalem, weil seine Einwohner für das, was sich in ihrer Mitte abspielte, so blind waren. Es gibt so etwas wie einen göttlichen Schmerz über unseren geistlichen Bankrott.

Wenn dies Menschen widerfährt, erklärt Jesus, »werden sie getröstet werden« (Vers 4). In unserer Zeit, in der der Heilige Geist »über alles Fleisch« ausgegossen wird (Apg 2,17), erleben wir, daß dieser – der auch als der Tröster bekannt ist – sich, bildhaft gesprochen, zu einem Menschen stellt und ihm Mut zuspricht. Er versichert ihm, daß ihm vergeben, er rein gewaschen und »in Christus« gerecht gesprochen wurde. Wenn wir das Wirken des Heiligen Geistes miterleben, sehen wir, wie Tränen sich in Freude und sogar in Lachen verwandeln, selbst wenn unser Trost erst im Himmel vollkommen sein wird.

Schritt 3 – »Selig sind, die keine Gewalt anwenden« (Vers 5)

Das griechische Wort, das für »die keine Gewalt anwenden« – oder wie es bei Luther ausgedrückt wird: »die Sanftmütigen« – steht, bedeutet nicht »schwächlich, ohne Rückgrat, zerbrechlich, leblos oder elend«. Es ist nicht das schmierige Sich-winden von Dickens' Uriah Heep, der sich selbst ständig als »Ihr demütiger Diener« bezeichnet. Es bedeutet vielmehr »sanft, bedächtig und bescheiden«. Es bedeutet »zerbrochen«, nicht im Sinne von »zerstört« oder »zerschlagen«, sondern so wie ein Pferd »gebrochen« ist, wenn es gezähmt wurde: Stärke in der Unterordnung.

Mose wird als »ein sehr demütiger Mann, demütiger als alle Menschen auf der Erde« (Num 12,3) bezeichnet. Mose hätte schwerlich als schwacher oder rückgratloser Führer bezeichnet werden können! Doch die ganze Kraft seiner Persönlichkeit wurde von Gott in Schach gehalten.

Der Prediger und Autor Dr. Martin Lloyd-Jones hat Sanftmut definiert als »eine im wesentlichen wahrhaftige Einschätzung über sich selbst, die sich in der Haltung und Art ausdrückt, wie sich jemand anderen gegenüber verhält«. Weiter schreibt er:

> *»Der Sanftmütige ist sich seiner selbst noch nicht einmal bewußt. Er beobachtet sich und seine Interessen nicht permanent. Er befindet sich nicht ständig in der Defensive. Wir alle kennen das, nicht wahr? Ist dies nicht einer der schlimmsten Flüche, die seit dem Sündenfall über unserem Leben stehen – diese Sensibilität für sich selbst? Wir verbringen unser ganzes Leben damit, uns selbst zu beäugen. Doch wenn ein Mensch sanftmütig wird, hat er damit abgeschlossen; er sorgt sich nicht länger um sich und um*

das, was andere sagen. Wer wirklich sanftmütig ist, verteidigt sich nicht mehr selbst, weil er erkennt, daß da nichts ist, was es wert wäre, verteidigt zu werden. Deshalb sind wir dann nicht mehr in der Defensive; das ist vorbei. Der wahrhaft Sanftmütige bemitleidet sich niemals selbst.«[3]

Er schließt mit einem Zitat von John Bunyan: »Wer am Boden ist, muß den Fall nicht fürchten.«

Wenn wir an diesem Punkt sind, sagt Jesus, werden wir »das Land erben« (Vers 5). Alles, was wir empfangen, ist ein Geschenk, weil wir wissen, daß wir es nicht verdient haben. Wenn wir diesen Zustand erreicht haben, sind wir in der Lage zu erkennen, wie wir das empfangen können, was Gott geben möchte, sowohl in diesem Leben als auch im kommenden – er wird uns alles geben.

Schritt 4 – »Selig, die hungern und dürsten nach der Gerechtigkeit, denn sie werden satt werden« (Vers 6)

»Hunger« und »Durst« sind Worte, die die meisten von uns in der westlichen Welt schlichtweg nicht verstehen. Ein Mensch, der wirklich hungert (im Gegensatz zu einem gelegentlichen Hungergefühl) oder wirklich Durst hat (im Gegensatz zu dem Gefühl, mal etwas trinken zu wollen), ist so verzweifelt, daß alles andere, worauf sich sein Verlangen richten könnte, ausgeklammert ist.

William Barclay, früher Professor für Theologie und Exegese an der Universität von Glasgow, beschreibt den Durst, den jemand in Palästina erleben kann, folgendermaßen:

»Wer unterwegs von einem Sandsturm überrascht wurde, konnte nur den Kopf mit dem Burnus verhüllen, dem Wind den Rücken zukehren und das Ende des Sturms abwarten. Dabei drang der feine Sand ihm in Mund und Nase, so daß er zu ersticken und vor quälendem Durst zu verschmachten drohte. Die damaligen Zustände lassen sich mit unseren heutigen Verhältnissen überhaupt nicht vergleichen.«[4]

Wenn wir wirklich verzweifelt sind, verdrängt der Wunsch, den Hunger oder Durst zu stillen, alles andere; er wird zu einem schmerzhaften Sehnen und zu einem übermächtigen Verlangen.

Jesus sagt, daß dies unsere Haltung gegenüber der Gerechtigkeit sein soll. Wir sollten uns danach sehnen, in einem echten, ehrlichen Verhältnis zu Gott zu leben, von ihm als gerecht angesehen zu werden und sein Handeln in der Gesellschaft um uns herum zu erleben. Im Text des griechischen Neuen Testamentes steht das Wort für »Gerechtigkeit« im Akkusativ und nicht im Genitiv. Stünde es im Genitiv, würde es »ein gewisses Maß an Gerechtigkeit zu ersehnen« bedeuten – sozusagen ein Stück vom Kuchen. Da es jedoch im Akkusativ steht, meint es das Ganze – den ganzen großen Kuchen. Es bedeutet »ein Verlangen, ganz und gar gerecht zu sein«. Wir sollen uns nicht mit weniger zufrieden geben als mit einem vollkommenen Leben – entweder Sekt oder Selters –, und wir können kein teilweise gutes Leben akzeptieren. Es genügt nicht, nur dann ein christliches Leben zu führen, wenn uns danach ist, und die übrige Zeit das zu tun, was uns gefällt. Ein gerechtes Leben ist vierundzwanzig Stunden am Tag gerecht. Es ist ein umfassend christliches Leben, indem wir in ständigem Kontakt mit Gott und seinem Wort stehen, so daß er alles beeinflußt, was wir tun, sagen oder denken.

Bei den meisten von uns besteht das Problem darin, daß wir einfach nicht in diesem Maße verzweifelt sind. Wir wollen den Preis nicht bezahlen. Wir sagen: »Herr, heilige mich, aber bitte noch nicht ganz, falls es dir nichts ausmacht, denn eigentlich geht es mir ja ganz gut, so wie es ist.«

Jesus erklärt seinen Zuhörer in der Bergpredigt, daß Gott uns erfüllen und unsere Sehnsucht nach Gerechtigkeit stillen wird – wenn wir wirklich verzweifelt sind. Es reicht nicht aus, unsere eigene geistliche Armut zu erkennen, darüber zu trauern und anderen zu gestatten, daß sie die Aufmerksamkeit darauf lenken. Wir müssen danach hungern und dürsten, anders zu sein und ein gerechtes Leben zu führen. Jesus verspricht, daß der Mensch, der jeden dieser Schritte in seinem Leben und in seiner Beziehung zu Gott durchläuft, von Gott gesegnet werden wird.

Kapitel 2

Wie gewinne ich Einfluß auf die Gesellschaft?

»Selig die Barmherzigen; denn sie werden Erbarmen finden. Selig, die ein reines Herz haben; denn sie werden Gott schauen. Selig, die Frieden stiften; denn sie werden Söhne Gottes genannt werden. Selig, die um der Gerechtigkeit willen verfolgt werden; denn ihnen gehört das Himmelreich. Selig seid ihr, wenn ihr um meinetwillen beschimpft und verfolgt und auf alle mögliche Weise verleumdet werdet.

Freut euch und jubelt: Euer Lohn im Himmel wird groß sein. Denn so wurden schon vor euch die Propheten verfolgt.

Ihr seid das Salz der Erde. Wenn das Salz seinen Geschmack verliert,womit kann man es wieder salzig machen?Es taugt zu nichts mehr;es wird weggeworfen und von den Leuten zertreten.

Ihr seid das Licht der Welt. Eine Stadt, die auf einem Berg liegt, kann nicht verborgen bleiben. Man zündet auch nicht ein Licht an und stülpt ein Gefäß darüber, sondern man stellt es auf den Leuchter; dann leuchtet es allen im Haus. So soll euer Licht vor den Menschen leuchten, damit sie eure guten Werke sehen und euren Vater im Himmel preisen« (Mt 5,7-16).

Der amerikanische Bürgerrechtler Martin Luther King hat einmal gesagt: »Ein Mann, der nicht über die engen Grenzen seiner eigenen Existenz hinauswächst zu den größeren Anliegen der gesamten Menschheit, hat noch nicht wirklich gelebt.«

Mit unserer Gesellschaft ist definitiv etwas nicht in Ordnung. Wir müssen nur die Zeitung aufschlagen und erleben eine zerrissene Welt. Gewalt und andere kriminelle Handlungen nehmen zu. Wir erleben den Zusammenbruch der Familie in allen Gesellschaftsschichten, und dies hat tragische Folgen für Eltern wie für Kinder. Die Unantastbarkeit menschlichen Lebens wird von einer wachsenden Zahl von Abtreibungen und dem Ruf nach »humanem Sterben« bedroht. Die traditionellen Grundlagen der Moral werden nicht mehr akzeptiert. Fiona Gibson, Herausgeberin der Zeitschrift *More*, spricht für viele, wenn sie in der *Daily Mail* schreibt: »Wenn es heute noch einen moralischen Leitsatz gibt, dann den: Erlaubt ist, was Spaß macht. Es ist okay, das zu tun, wonach einem gerade ist.«[5]

Im Herzen unserer Nation befindet sich ein moralisches Vakuum. Der Westen jubelte über den Zusammenbruch des Kommunismus, doch, so bemerkt Bischof Lesslie Newbigin: »Zumindest hat der Marxismus, bei all seinen unheilvollen Fehlern, den Gedanken aufrechterhalten, daß der einzelne eine Art Verantwortung für die Gesellschaft hat.« Der Kapitalismus ist mit all seinen Exzessen nicht in der Lage, die Gesellschaft, die am Rande des moralischen Bankrotts steht, in ihre Schranken zu verweisen. Es herrscht ein Gefühl der Enttäuschung gegenüber dem Kapitalismus, weil dieser nicht all das erfüllen konnte, was man sich von ihm versprochen hatte. Die Politiker scheinen unfähig zu sein, unsere Gesellschaft zu prägen. Dieses moralische Vakuum folgt unvermeidlich auf den Niedergang des christlichen Glaubens. Wenn erst einmal die Grundlage eines Moralkodex abgelehnt wurde, dann wird früher oder später der Moralkodex selbst in Frage gestellt.

Doch nicht nur im Herzen unserer Nation herrscht ein Vakuum, sondern auch im Herzen jedes einzelnen Menschen. Der geistliche Hunger in unserem Inneren bleibt größtenteils ungestillt: Hunger nach Sinn und Lebenszweck, die Sehnsucht nach etwas Dauerhaftem, die Suche nach einer Antwort auf das Problem der Schuld und der Wunsch nach Gemeinschaft und einem Ort der Zugehörigkeit. Verbunden damit ist eine Faszination, die aus der Angst entspringt. Diese führt dazu, daß mehr und mehr Menschen von Sekten oder der *New Age*-Bewegung angezogen werden. Mit Horoskopen und okkulten Mitteln versuchen sie verzweifelt, dieses Vakuum zu füllen. Was können wir tun? Wir besitzen die Möglichkeit zu einer Entscheidung. Entweder können wir uns zurücklehnen und sagen: »Nun, mir geht's gut.« – falls dem so ist. »Ich habe Freunde und alles, was ich zum Leben brauche. Ich lasse es mir gutgehen und tue niemandem etwas Böses.« Wir können ein Leben führen, das unser eigenes egoistisches Verlangen stillt, und bei dem bleiben, was Martin Luther King »die engen Grenzen der eigenen Existenz« genannt hat. Oder wir können nach den »größeren Anliegen der gesamten Menschheit« fragen.

Wir neigen zu der Annahme, daß Einflußnahme auf die Gesellschaft nur eine Folge von Reichtum oder (militärischer oder politischer) Macht ist. Jesus jedoch erklärt seinen Jüngern, wie selbst sie einen positiven Einfluß auf ihre Gesellschaft ausüben können. Ja, er sagt sogar einer Handvoll Bauern in Palästina, daß sie die ganze Welt verändern können. Der mächtigste Einfluß beruht nicht auf dem, was sie besitzen oder was sie tun, sondern auf dem, wer sie sind. Darum beginnt er seine Unterweisung, wie wir gesehen haben, mit der Frage, welche Art Menschen sie sein sollten.

Jesus erwidert auf die Frage eines jüdischen Gesetzeslehrers nach dem wichtigsten Gebot: »Du sollst den Herrn, deinen Gott, lieben mit ganzem Herzen, mit ganzer Seele und mit all deinen Gedanken« (Mt 22,37). Und das zweitwichtigste sei: »Du sollst deinen Nächsten lieben wie dich selbst« (Mt 22,39). Im vorangegangenen Kapitel sahen wir, daß sich die ersten vier Seligpreisungen mit unserer Beziehung zu Gott befassen. In den folgenden vier geht es um die Beziehung zu anderen.

Schritt 5 – »Selig sind die Barmherzigen« (Vers 7)

Mit Barmherzigkeit verbinden wir zwei Gedanken, die sich nur um Nuancen voneinander unterscheiden. Erstens sollen wir denen gegenüber barmherzig sein, die in Not sind, wie jener Mann aus dem Gleichnis vom barmherzigen Samariter, der das Opfer eines Verbrechens wurde. Wir sollen uns um die kümmern, die hungern, an Krankheiten leiden, ausgestoßen, unbeliebt oder einsam sind, und wir sollen barmherzig zu ihnen sein – unsere Barmherzigkeit wird ganz natürlich zu praktischer Hilfe werden.

Zweitens sollen wir denen gegenüber barmherzig sein, die uns Unrecht getan haben, selbst wenn die Gerechtigkeit Strafe verlangt. Dies steht dem entgegen, was überall um uns herum geschieht, denn dort gilt der Grundsatz »Wie du mir, so ich dir«, und Rachedenken stehen an der Tagesordnung.

Barmherzigkeit ist ein göttlicher Charakterzug. Sie entspricht dem Wesen Gottes. In Shakespeares *Kaufmann von Venedig* beschreibt Porzia diese Tugend:

»Die Art der Gnade weiß von keinem Zwang.
Sie träufelt, wie des Himmels milder Regen,
Zur Erde unter ihr; zwiefach gesegnet:
Sie segnet den, der gibt, und den, der nimmt;
Am mächtigsten in Mächt'gen, zieret sie
Den Fürsten auf dem Thron mehr als die Krone; […]
Sie ist ein Attribut der Gottheit selbst […].«[6]

Jesus betont immer wieder, daß der Mensch, der anderen gegenüber barmherzig ist, auch selbst Barmherzigkeit erfahren wird. Das bedeutet jedoch nicht, daß wir Gottes Barmherzigkeit verdienen können. Vielmehr ist die Tatsache, daß wir vergeben, ein Beweis dafür, daß uns von Gott vergeben wurde (vgl. Lk 7,47). Dies ist aber kein Handel mit Gott, sondern ein Segenskreislauf. Wenn wir erkennen, wie oft und was Gott uns vergeben hat, können wir nicht anders, als anderen zu vergeben (vgl. Mt 18,23-35).

Wer in die Kategorie einer der ersten vier Seligpreisungen fällt, erkennt, wie sehr er Gottes Barmherzigkeit benötigt. Er steht im Gegensatz zu den Menschen, die ständig nach den Fehlern anderer suchen und darauf herumhacken. Wenn wir anderen gegenüber Barmherzigkeit üben, wird uns die Barmherzigkeit Gottes mehr und mehr bewußt werden.

John Wimber beschreibt, was er auf dem Nachhauseweg erlebte, nachdem er zum ersten Mal ein beachtliches Heilungswunder erlebt hatte.

> *»Plötzlich sah ich in meiner Vorstellung eine Wolkenbank, die sich quer über den ganzen Himmel erstreckte. Doch diese Wolkenbank sah anders aus als alle, die ich je zuvor gesehen hatte. So fuhr ich an den Straßenrand, um die Erscheinung genauer zu betrachten. Ich entdeckte, daß es gar keine Wolkenbank war, sondern eine Honigwabe, aus der Honig tropfte. Unter der Wabe standen Menschen in unterschiedlicher Haltung. Manche zeigten Ehrfurcht; sie weinten und streckten ihre Hände aus, um Honig aufzufangen und ihn zu essen. Sie boten sogar anderen Menschen von ihrem Honig an. Eine ganz andere Reaktion zeigte eine zweite Gruppe von Menschen; diese Leute waren verärgert, versuchten, sich von dem Honig zu reinigen, und beschwerten sich darüber, daß alles klebte. Ich erstarrte vor Ehrfurcht; was sollte das bedeuten? ›Herr, was ist das?‹ fragte ich. Gott antwortete: ›Das ist mein Erbarmen, John. Für manche Menschen ist es ein Segen, aber für andere ist es ein Hindernis. Es ist genug da für jeden.‹*

[...] *Dieses Erlebnis bewegte mich sehr tief; es veränderte mein Leben mehr als alle anderen Erfahrungen, die ich, seitdem ich Christ war, gemacht hatte.«*[7]

Schritt 6 – »Selig, die ein reines Herz haben« (Vers 8)

Jesus wies immer wieder darauf hin, daß es Gott um unser Herz, das heißt, um unsere inneren Beweggründe geht. Darauf achtet Gott. Ihm ist die innerliche, ethische Einstellung wichtiger als das äußerliche Zeremoniell (vgl. Mk 7,1-23). Er möchte, daß wir ein »reines« Herz haben. Das Wort, das hier für »rein« verwendet wurde, bedeutet »unvermischt, unverfälscht, ungetrübt« wie das reine, klare Wasser.

In einer Welt, in der ein starker Anpassungsdruck herrscht, bedeutet dies, ohne Masken zu leben und nicht bei den verschiedensten Gelegenheiten unterschiedliche Rollen zu spielen. Es bedeutet, daß wir wir selbst sein können, so wie Gott es für uns gedacht hat, statt anderen etwas vorzuspielen; es bedeutet, Offenheit zu leben und durchschaubar zu sein. Ein reines Herz haben die Menschen, die ihre Beziehungen mit ganzer Ernsthaftigkeit leben. Es sind die Menschen, die völlig offen sind und nichts zu verbergen haben.

Jesus verheißt, daß Gott sich solchen Menschen offenbaren wird und daß diese ihn eines Tages von Angesicht zu Angesicht sehen werden. Trugbilder machten uns blind, aber Reinheit öffnet uns die Augen, so daß wir Gott kennenlernen können. Der Barmherzige trägt seinen Brüdern und Schwestern nichts nach. Der Mensch, der ein reines Herz besitzt, gestattet es anderen Menschen, ihn so zu sehen, wie er wirklich ist.

Schritt 7 – »Selig, die Frieden stiften« (Vers 9)

Ein Friedensstifter möchte anderen Segen bringen. Vielen Menschen in unserem Umfeld mangelt es an innerem Frieden. H. G. Wells schreibt über Mister Polly, die Hauptfigur einer seiner Erzählungen: »Er war weniger ein menschliches Wesen als vielmehr ein Bürgerkrieg.«[8] Wir betrachten die inneren Konflikte, die wir untereinander austragen, und erkennen, daß sie nur ein blasses Abbild dessen sind, wie sehr es uns Gott gegenüber an Frieden mangelt. Daher ist dieser Vers eigentlich ein dreifacher Aufruf zum Frieden: zum inneren Frieden, zum Frieden zwischen den Menschen und, als Wichtigstes von allen, zum Frieden mit Gott.

Jesus erklärt, daß wir, wenn wir Frieden stiften, »Söhne Gottes genannt werden« (Vers 9). Wir werden unserem himmlischen Vater ähnlich sein, weil er der Friedensstifter schlechthin ist. Durch das Kreuz hat es Jesus ermöglicht, daß wir Frieden mit Gott haben können (vgl. Röm 5,1). Das Kreuz hat die trennenden Mauern der Feindseligkeit zwischen den Menschen zerbrochen (vgl. Eph 2,14) und es Männern und Frauen ermöglicht, im Frieden mit sich selbst zu leben. Dies war kein Friede um jeden Preis, sondern ein teurer Friede; der Preis war »Gottes einziger Sohn« (Joh 3,16).

Wir sind aufgerufen, die Menschen mit Gott zu versöhnen, indem wir ihnen von dieser guten Nachricht erzählen. Wir »bitten an Christi Statt: Laßt euch mit Gott versöhnen!« (2 Kor 5,20). Wir wissen, daß dies der einzige Weg zu innerem Frieden ist, einem Frieden, der weder oberflächlich noch trügerisch ist, weil er auf der objektiven Wirklichkeit basiert, daß wir Frieden mit Gott haben.

Wir sind auch aufgerufen, Frieden unter den Menschen zu stiften. Dabei geht es um etwas völlig anderes, als für ein ruhiges Leben zu sorgen. Manchmal müssen wir uns schwierigen Situationen stellen. Wir müssen möglicherweise sogar die Konfrontation suchen, um Frieden zu schaffen. Doch dies ist unsere Berufung als Kinder Gottes. Dazu mag auch gehören, daß wir Menschen aus einer scheinbar unversöhnlichen Haltung heraus in die Lage versetzen, daß sie einander wieder zuhören und vertrauen können.

David Armstrong ist irischer Protestant, der im Magilligan-Gefängnis in Nordirland gearbeitet hat. Er sehnte sich danach, daß Frauen und Männer mit Gott und miteinander versöhnt werden. Früher saßen Terroristen in diesem Gefängnis die letzten zehn Jahre ihrer Haftstrafe ab. Paramilitärische Organisationen wie die IRA und die protestantische UVF waren ebenfalls in diesem Gefängnis aktiv. Wenn David betete und von Jesus predigte, bekehrten sich viele. Jimmy Gibson, ein Protestant, war Berufsterrorist und hatte auch in der Haft seine politische Arbeit weitergeführt und andere Gefangene beeinflußt. Als er von Jesus hörte, wuchs sein Interesse mehr und mehr. Eines Tages sprach er David inmitten einer größeren Gruppe von Leuten an und sagte: »Gestern abend bin ich Christ geworden.«

Liam McCloskey hingegen war Katholik und ein prominentes Mitglied der IRA. Er war einer der beiden Männer, die den Hungerstreik im Maze-Gefängnis zusammen mit Bobby Sands begonnen hatten. Er wäre gestorben, wenn seine Mutter nicht ein Formular unterschrieben hätte, das den Behörden eine Zwangsernährung gestattete. Nun kam auch dieser Mann zu David und sagte, er sei gerade Christ geworden, nachdem er in seiner Zelle die Bibel gelesen hatte, und wolle nun mit der IRA brechen. Ihm wurden die Protestanten, die er zuvor gehaßt hatte, wirklich wichtig. Nach ihrer Entlassung reisten Liam McCloskey und Jimmy Gibson gemeinsam durch das Land und verkündeten die Versöhnung durch die Liebe Jesu.[9]

Schritt 8 – »Selig, die um der Gerechtigkeit willen verfolgt werden« (Vers 10)

Man könnte wohl auf den Gedanken kommen, daß wir von aller Welt geschätzt würden, wenn wir das Leben führten, zu dem Jesus uns aufruft. Doch das ist nicht der Fall. Jesus hat uns niemals Popularität versprochen. Er rät uns sogar, uns davor zu hüten, daß alle Welt eine hohe Meinung von uns hat, und warnt, daß es zwangsläufig zu Feindseligkeiten kommen wird. Nie hat er gesagt: »Kommt zu mir, und all eure Sorgen sind vorbei.« Wir sind das Gewissen der Menschen, und das wird niemals eine populäre Aufgabe sein. Wir müssen ertragen, daß man uns beleidigt und sich über uns lächerlich macht oder noch Schlimmeres.

Wenn es darum geht, den Preis für die Nachfolge Christi bereitwillig zu bezahlen, besaß die Urgemeinde eine Einstellung, die sich von der unseren in der westlichen Welt des 20. Jahrhunderts deutlich unterscheidet. Manchmal entdeckten sie, daß ihre geschäftlichen Interessen ihrer Loyalität zu Jesus entgegenstanden. Einmal kam ein Mann, der vor einem solchen Problem stand, zu dem Theologen Tertullian (der um 220 nach Christus starb). Er berichtete von seinen geschäftlichen Sorgen und meinte schließlich: »Was soll ich tun? Ich muß doch leben!« Tertullian erwiderte daraufhin: »Mußt du das wirklich?«

Jesus hat uns nie gesagt, wir sollten uns darum *reißen,* verfolgt zu werden. Doch er hat uns sehr wohl erklärt, daß wir die Verfolgung, wenn sie uns denn trifft, als einen Segen betrachten sollen. Wir sollen uns freuen und jubeln (vgl. Vers 12) oder – wie es in einer anderen Übersetzung heißt – »vor Freude springen«. Jesus nennt dafür drei Gründe: Erstens, weil unser Lohn im Himmel sein wird. Wer um der Gerechtigkeit willen verfolgt wird, ist deshalb gesegnet, weil ihm das Himmelreich gehört (vgl. Vers 10). Und in eine ähnliche Richtung geht auch Jesu Wort an seine Jünger: »Euer Lohn im Himmel wird groß sein« (Vers 12). Zweitens kommt unsere Freude daher, daß wir uns mit Jesus identifizieren. »Um meinetwillen« (Vers 11) werden sie verfolgt, sagt Jesus. Drittens ist es ein Zeichen für die Echtheit unseres Glaubens, denn so wurden zuvor bereits die Propheten verfolgt (vgl. Vers 12).

Die acht Haltungen, die Jesus seinen Jüngern nahelegt, bilden ein in sich stimmiges Ganzes. Matthäus benutzt das literarische Mittel der »Inklusion« (Einschließung), um dies zu zeigen. Sowohl die erste als auch die letzte Seligpreisung enden mit den Worten: »[...] denn ihnen gehört das Himmelreich«. Die Seligpreisungen drücken die Grundhaltungen der Bewohner des Himmelreiches aus. Man kann die acht Schritte daher folgendermaßen zusammenfassen:

1. Der Ausruf: »Gott, sei mir gnädig!«
2. Das Weinen über unseren gegenwärtigen Zustand.
3. Die Zerbrochenheit, die so stark ist, daß wir bereit sind, jegliche Kritik zu hören und anzunehmen.
4. Die Verzweiflung über das, was war, aber auch die Sehnsucht, etwas für die Zukunft zu tun.
5. Das Wissen um unsere eigene Bedürftigkeit und die Barmherzigkeit anderen gegenüber.
6. Völlige Offenheit.
7. Eine Haltung, die anderen Trost zuspricht, wo immer dies möglich ist.
8. Eine Haltung, die keine Gegenleistung erwartet, sondern höchstens mit Verfolgung rechnet.

Jesus sagt zu dieser kleinen Gruppe von Bauern und Fischern aus Palästina, daß sie einen großen Einfluß auf die Welt um sie herum ausüben werden, wenn sie nach diesen Regeln leben. Und genau das haben sie getan.

Wir sind »das Salz der Erde« (Vers 13). In den Tagen, als es noch keine Tiefkühlgeräte und Kühlschränke gab, wurde Salz benutzt, um Fleisch zu pökeln und so zu verhindern, daß es ungenießbar wurde. Christen sind dazu aufgerufen zu verhindern, daß ihre Gesellschaft verfällt. Oder positiver ausgedrückt: Wir sind aufgerufen, »das Licht der Welt« zu sein (Vers 14) und die Finsternis um uns herum zu erhellen.

Natürlich ist Jesus unser Vorbild. Er hat sich selbst als »das Licht der Welt« bezeichnet (Joh 8,12), und hier nun sagt er seinen Jüngern, sie seien »das Licht der Welt«. Jesus war der einflußreichste Mensch, den es je gab. Der Historiker K. S. Latourette schreibt: »Gemessen an seiner geschichtlichen Wirkung war das Leben Jesu das einflußreichste, das je gelebt wurde.«[10] Ein unbekannter Autor beschreibt Jesu Leben wie folgt:

> *»Hier ist ein Mann, der als Sohn einer Bäuerin in einem kleinen Dorf geboren wurde. Er wuchs auf dem Dorf auf. Er arbeitete bis zu seinem dreißigsten Lebensjahr in einer Schreinerei und lebte dann drei Jahre als Wanderprediger. Er besaß nie ein Haus. Er schrieb kein einziges Buch. Er besaß nie ein Amt. Er hatte keine Familie. Er besuchte nie ein College. Er setzte niemals einen Fuß in eine Großstadt. Er verreiste niemals auch nur dreihundert Kilometer von seinem Heimatort. Er tat nichts von dem, was in der Regel große Persönlichkeiten auszeichnet. Er besaß nichts, was ihm Ansehen verlieh, außer seiner eigenen Person* […] *Er war noch ein junger Mann, als sich die Wogen der öffentlichen Meinung gegen ihn wandten. Seine Freunde*

liefen davon, einer von ihnen verleugnete ihn. Er wurde seinen Feinden ausgeliefert. Sein Prozeß war eine Farce. Er wurde zwischen zwei Dieben gekreuzigt. Während er sich im Todeskampf befand, würfelten seine Henker um das einzige Besitzstück, das er jemals hatte – seinen Mantel. Als er tot war, nahm man ihn vom Kreuz und legte ihn in ein geborgtes Grab, weil ein Freund Mitleid mit ihm hatte.

Neunzehn lange Jahrhunderte sind seitdem vergangen, und heute steht er im Mittelpunkt der gesamten Menschheitsgeschichte und ist ein Vorreiter des Fortschritts. Ich kann ohne Übertreibung behaupten, daß alle Armeen, die je marschiert sind, alle Flotten, die je gebaut wurden, alle Parlamente, die sich je versammelt haben, und alle Könige, die je geherrscht haben, zusammengenommen nie soviel Einfluß auf das Leben der Menschen auf dieser Erde ausgeübt haben, wie das Leben dieses einen Mannes.«

Um einen Einfluß auf unsere Gesellschaft auszuüben, dürfen wir Christen uns zunächst und vor allem nicht aus der Welt zurückziehen und in einer christlichen Subkultur leben, sondern wir müssen uns in unserer Gesellschaft engagieren. Gott sandte Jesus, um sich gesellschaftlich zu engagieren. Er hätte in der Unnahbarkeit und Sicherheit des Himmels bleiben können, doch er beschloß, sich die Hände schmutzig zu machen und in unsere Welt einzutauchen. Wenn wir »das Salz der Erde« sind (Vers 13), dann können wir »es uns nicht in eleganten, kleinen kirchlichen Salzkellern gemütlich machen.«[11] Da wir aufgerufen sind, »das Licht der Welt« zu sein (Vers 14), dürfen wir das Licht nicht in einem Tal verstecken, wo es keiner sehen kann. Wir müssen es auf einen Berg setzen (vgl. Vers 14). Man steckt ein Licht nicht unter ein Gefäß, sondern auf einen Ständer, damit es das ganze Haus erleuchten kann (vgl. Vers 15).

Also sagt Jesus, wir sollen in der Gesellschaft leben und unser Licht vor anderen leuchten lassen, damit sie unsere guten Werke sehen und Gott preisen (vgl. Vers 16).

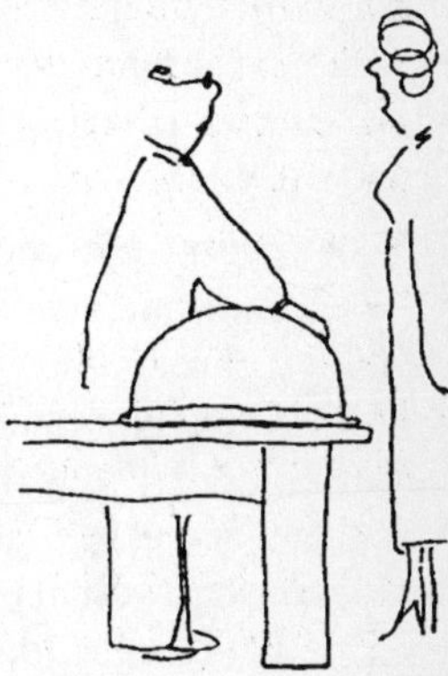
»Hermann, hast du zufällig unsere Lampe gesehen?«

John Stott weist darauf hin, daß »die Christen dem Fleisch [der Gesellschaft] vorgeworfen [haben], daß es schlecht wird, wo ihm doch das konservierende Salz genommen wurde; sie haben das Haus gescholten, weil es dunkler wird, wo doch das Licht daraus entfernt wurde«.[12] Und ein anderer hat es einmal so ausgedrückt: »Wenn die Welt in der Suppe ist, dann ist das der Ort, an dem das Salz zu sein hat.«

Christen müssen Salz und Licht in ihrem Arbeitsumfeld sein. Deshalb sollten wir nicht aufhören, in einem säkularen Umfeld zu arbeiten, wenn wir nicht ausdrücklich von Gott aus diesem Umfeld abberufen werden. Wir sind berufen, in unserem Büro, unserer Fabrik, unserer Polizeistation, unserem Krankenhaus, unserem Geschäft, oder wo immer wir auch arbeiten, Einfluß auszuüben. Hier findet unser Dienst an vorderster Front statt.

Wir sind auch berufen, Salz und Licht in unserem Wohngebiet und bei unseren Freizeitaktivitäten zu sein. Sport bietet zum Beispiel eine ideale Möglichkeit, sich in örtlichen Vereinen zu engagieren und zu beten, daß wir die Menschen dort in Christi Sinn beeinflussen können.

Außerdem sind wir berufen, unsere Aufgabe als Bürger zu erfüllen. Für manche bedeutet dies ein direktes Engagement in der örtlichen oder nationalen Politik. Wir alle sind berufen, zu Themen Stellung zu beziehen, die im Konflikt mit dem

Christentum stehen; für Gerechtigkeit, Freiheit, die Würde des einzelnen und die Abschaffung von Diskriminierung einzutreten wie auch für die Menschen sozial aktiv zu werden, die Opfer unserer Gesellschaft geworden sind.

Und diese Berufung endet nicht an den Grenzen unseres Landes. Wir leben in einer Welt, in der großes Elend herrscht. Millionen von Menschen haben die gute Botschaft über Jesus Christus noch nicht gehört. Zwei Drittel der Erdbevölkerung leiden an chronischer Unterernährung. Die Ungerechtigkeit blüht in allen Nationen, während die Menschenrechte fortwährend verletzt und die Armen ständig unterdrückt werden. John Stott bemerkt, daß viele die drohende irreversible Zerstörung der Umwelt als größte Gefahr für die Menschheit ansehen. Die Bibel lehrt, daß sowohl Gott als auch die Menschen Rechte und Pflichten gegenüber der Erde haben, vergleichbar mit einem Landbesitzer und seinen Pächtern. Ein Mißmanagement unsererseits ist eine Sünde gegen Gott und die Menschheit gleichermaßen. Christen sollten verantwortungsbewußte, ökologisch denkende Verwalter sein.[13]

Wenn wir uns vom Ausmaß dieser Probleme auch leicht eingeschüchtert und überwältigt fühlen, gibt es doch vieles, das wir tun können. Einige werden die Berufung erhalten, ihr ganzes Leben der Beschäftigung mit globalen Problemen zu widmen und werden, wie Mutter Teresa oder Jackie Pullinger, einen Einfluß gewinnen, der weit über ihre anfänglichen Erwartungen hinausgeht. Wir alle können uns die Probleme bewußtmachen, für die Armen eintreten und durch unser Gebet und unser Geld Organisationen wie *Tear Fund* unterstützen, die im Bereich christlicher Hilfe mit soviel Effektivität tätig sind.

Zweitens dürfen wir uns zwar nicht aus der säkularen Welt zurückziehen, müssen uns aber, um unseren christlichen Einfluß effektiv auszuüben, von der Welt unterscheiden. Das Salz ist anders als das Fleisch. Das Licht ist anders als die Welt.

Jesus warnte: »Wenn das Salz seinen Geschmack verliert, womit kann man es wieder salzig machen? Es taugt zu nichts mehr; es wird weggeworfen und von den Leuten zertreten« (Mt 5,13). Wir sollten ein Leben führen, das sich radikal von dem unserer Umwelt unterscheidet. Wenn wir die Charakterzüge tragen, die Jesus in den Seligpreisungen beschreibt, werden wir ohne Zweifel radikal anders sein. Man könnte diesen Lebensstil so zusammenfassen: Wir lieben Gott von ganzem Herzen und unseren Nächsten wie uns selbst. Andere Menschen werden an uns Demut, Offenheit, Wahrhaftigkeit, harte Arbeit, Verläßlichkeit, das Unterlassen von Tratsch, den Wunsch, andere zu stärken und zu ermutigen, Selbstlosigkeit, Freundlichkeit und all die Früchte des Heiligen Geistes (vgl. Gal 5,22-23) erkennen.

Drittens: Wenn wir Einfluß gewinnen wollen, müssen wir unser Licht vor den Menschen leuchten lassen, »damit sie eure guten Werke sehen und euren Vater im Himmel preisen« (Vers 16). Wiederum ist Jesus unser Vorbild. Sein Beten, Fasten und Almosengeben fand im Verborgenen statt (dies lehrte er auch seine Jünger), doch seine guten Werke tat er in aller Öffentlichkeit. Er verkündete die Gute Botschaft, heilte Kranke, weckte Tote auf, setzte Gefangene frei und speiste die Hungernden. Weil seine Jünger diesem Beispiel folgten, übten sie einen so enormen Einfluß auf die Gesellschaft aus. K. S. Latourette faßt dies am Ende seiner siebenbändigen *History of the Expansion of Christianity* [»Geschichte der Ausbreitung des Christentums«] zusammen. Mit leuchtenden Worten beschreibt er die Wirkung, die das Leben Jesu durch seine Nachfolger hatte:

> *»Kein Leben, das je auf diesem Planet gelebt wurde, hat einen solchen Einfluß auf die Geschäfte der Menschen gehabt.* [...] *Aus einem kurzen Leben und seinem scheinbar enttäuschenden Ende floß eine Kraft, die dem langen*

Kampf der Menschen mehr als jede andere den Menschen bekannte Kraft zum Triumph verhalf. […] *Durch sie wurden Abermillionen von Menschen aus dem Analphabetentum und der Unkenntnis emporgehoben auf den Weg immer größerer intellektueller Freiheit und wachsender Kontrolle ihrer physischen Umwelt. Sie hat mehr bewirkt als jeder andere menschliche Impuls, um die körperlichen Leiden von Krankheit und Hunger zu lindern. Sie hat Millionen aus der Sklaverei befreit und weitere Millionen von der Versklavung an das Laster. Sie hat viele Millionen davor bewahrt, von ihren Mitmenschen ausgebeutet zu werden. Sie war die fruchtbarste Quelle für Bewegungen, die die Schrecken des Krieges gelindert und die Beziehungen zwischen Menschen und Völkern auf die Grundlage von Gerechtigkeit und Frieden gestellt haben.«*[14]

Ich habe dieses Kapitel mit einem Zitat von Martin Luther King begonnen und möchte auch mit einem Ausschnitt aus einer Predigt abschließen, die er am 4. Februar 1968 in der *Ebenezer Baptist Church* hielt, zwei Monate vor seiner Ermordung, und die bei seiner Beerdigung abgespielt wurde.

»Ich glaube, hin und wieder denken wir alle realistisch über den Tag nach, an dem wir Opfer des letzten gemeinsamen Nenners allen Lebens werden – dieses etwas, das wir Tod nennen. Wir alle denken darüber nach. Und hin und wieder denke ich über meinen eigenen Tod nach, und über meine eigene Beerdigung. Ich denke nicht in einem morbiden Sinn darüber nach. Hin und wieder frage ich mich: ›Was würde ich bei meiner Beerdigung gerne hören?‹ Und ich überlasse die Antwort heute morgen Ihnen. Falls einer von Ihnen da sein sollte, wenn ich meinem Tag entgegentreten muß, so soll er wissen: Ich will kein langes Begräbnis. Und wenn Sie jemanden kommen lassen, um

die Grabrede zu halten, sagen Sie ihnen, sie sollen nicht zu lange sprechen. Hin und wieder frage ich mich, was ich von diesen Menschen wohl gerne hören würde. Sagen Sie ihnen, sie sollen nicht erwähnen, daß ich einen Friedensnobelpreis bekommen habe, das ist nicht wichtig. Sagen Sie ihnen, sie sollen nicht erwähnen, daß ich noch drei- oder vierhundert andere Auszeichnungen erhalten habe, das ist nicht wichtig. Sagen Sie ihnen, sie sollen nicht erwähnen, auf welche Universität ich gegangen bin. Ich würde mich freuen, wenn an diesem Tag jemand sagt, daß Martin Luther King versucht hat, sein Leben für den Dienst an anderen zu geben. Ich würde mich freuen, wenn an diesem Tag jemand sagt, daß Martin Luther King versucht hat, andere Menschen zu lieben. Ich möchte, daß Sie an diesem Tag sagen, daß ich versucht habe, in der Frage des Krieges das Rechte zu tun. Ich möchte, daß Sie an diesem Tag sagen können, daß ich versucht habe, die Hungrigen zu speisen. Und ich möchte, daß Sie an diesem Tag sagen können, daß ich während meines Lebens versucht habe, die zu kleiden, die nackt sind. Ich möchte, daß Sie an diesem Tag sagen, daß ich in meinem Leben versucht habe, die Menschen zu besuchen, die in Gefängnissen sitzen. Ich möchte, daß Sie an diesem Tag sagen, daß ich versucht habe, der Menschheit zu dienen und sie zu lieben. Ja, ich möchte, daß Sie an diesem Tag sagen, daß ich für das Recht die Trommel geschlagen habe. Sagen Sie, daß ich für den Frieden die Trommel geschlagen habe, daß ich für die Gerechtigkeit die Trommel geschlagen habe. Und all die anderen nichtigen Dinge werden keine Rolle spielen. Ich werde kein Geld hinterlassen können. Ich werde die feinen und luxuriösen Dinge des Lebens nicht hinterlassen können. Alles, was ich hinterlassen kann, ist ein engagiertes Leben. Und das ist alles, was ich sagen will. [...] *wenn ich auf meinem Weg jemandem helfen kann, wenn ich jemanden mit einem Wort oder einem Lied aufmuntern kann, wenn ich jemandem zeigen kann, daß er den falschen Weg geht, dann wird mein Leben nicht umsonst gewesen sein. Wenn ich meine Pflicht so tun kann, wie es sich für einen Christen ziemt, wenn ich bei meinem Tagwerk einer Welt Erlösung bringen kann, wenn ich die Botschaft so verbreiten kann, wie uns der Meister lehrte, dann wird mein Leben nicht umsonst gewesen sein.«*[15]

Kapitel 3

Wie ist das Alte Testament zu verstehen?

»Denkt nicht, ich sei gekommen, um das Gesetz und die Propheten aufzuheben. Ich bin nicht gekommen, um aufzuheben, sondern um zu erfüllen. Amen, das sage ich euch: Bis Himmel und Erde vergehen, wird auch nicht der kleinste Buchstabe des Gesetzes vergehen, bevor nicht alles geschehen ist. Wer auch nur eines von den kleinsten Geboten aufhebt und die Menschen entsprechend lehrt, der wird im Himmelreich der Kleinste sein. Wer sie aber hält und halten lehrt, der wird groß sein im Himmelreich. Darum sage ich euch: Wenn eure Gerechtigkeit nicht weit größer ist als die der Schriftgelehrten und der Pharisäer, werdet ihr nicht in das Himmelreich kommen« (Mt 5,17-20).

Marcion, ein reicher Schiffseigner und Sohn eines Bischofs, lebte im 2. Jahrhundert nach Christus. Er war ein ausgezeichneter Organisator und baute in vielen Teilen des Römischen Reiches Gemeinschaften auf. Seine zentrale These war, daß die christliche Botschaft eine reine Botschaft der Liebe sei, so daß er das mosaische Gesetz völlig ausschloß. Er lehnte das Alte Testament in seiner Gesamtheit ab. Diese Ablehnung des Alten Testamentes führte dazu, daß er auch weite Teile des Neuen Testamentes aussonderte. Er verwarf zum Beispiel die Schriften aller Apostel, außer denen von Paulus, der sein großer Held war. Er akzeptierte zehn seiner Briefe, nachdem er einige Änderungen vorgenommen hatte. Bei den Evangelien verhielt er sich noch dreister. Er verwarf alle außer dem Lukasevangelium, und da Lukas deutliche Anzeichen dafür zeigte, daß er die Gültigkeit des Alten Testamentes anerkannte, mußten auch beträchtliche

Teile seines Evangeliums weichen. Marcion ist ein gutes Beispiel für das Prinzip, daß man, wenn man erst einmal mit der Schere an die Bibel herangegangen ist, nur schwer eine Grenze findet, an der man wieder aufhören kann. Im Jahr 144 nach Christus wurde Marcion wegen Immoralität exkommuniziert.

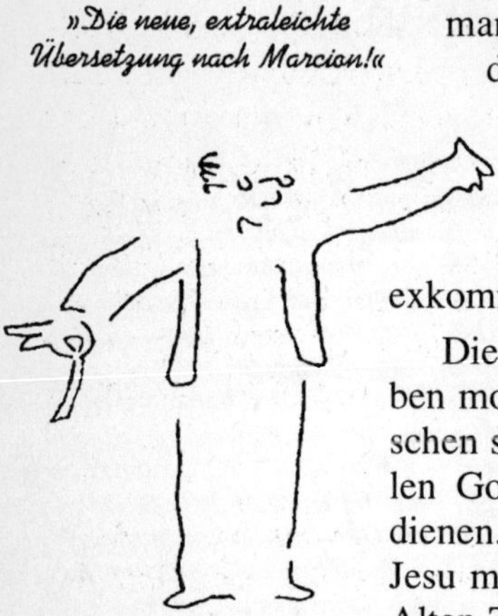

Die meisten Irrlehren der Antike haben moderne Gegenstücke. Viele Menschen sind heute sehr selektiv und wollen Gott nur in einer Beraterfunktion dienen. Sie sagen, daß sie die Lehren Jesu mögen, nicht jedoch den Gott des Alten Testamentes. Andere akzeptieren zwar formell das Alte Testament als Teil der göttlichen Offenbarung, halten es aber nicht für sehr wichtig und lesen es daher nie. Sie stimmen mit dem kleinen Jungen überein, der meinte, das Alte Testament behandle die Zeit, »bevor Gott sich zum Christentum bekehrte«! Dann gibt es noch Menschen wie Marcion, die einen Widerspruch sehen zwischen der Botschaft der Liebe, die Jesus lehrte, und dem Alten Testament, das folglich durch Jesus abgeschafft wurde.

In diesem Kapitel möchte ich einen Blick auf die Haltung Jesu gegenüber dem Alten Testament werfen und fragen, wie unsere Einstellung entsprechend dazu aussehen sollte.[16]

Eines müssen wir bedenken: Zweifellos hat Jesus das Neue Testament niemals gelesen! Für ihn bestand die Heilige Schrift aus dem Alten Testament. Jesus versah das gesamte Alte Testament mit dem Siegel seiner Autorität (vgl. Verse 17-18). Das Alte Testament wird manchmal als »das Gesetz und die Propheten« (Vers 17), manchmal auch einfach nur als

»das Gesetz« (Vers 18) bezeichnet (an anderen Stellen heißt es »das Gesetz, die Propheten und die Schriften«). Jesus erklärte, daß er das Alte Testament nicht abschaffen wolle. Vielmehr pflichtete er jedem Wort des Alten Testamentes bei. Er sagte: »Bis Himmel und Erde vergehen, wird auch nicht der kleinste Buchstabe des Gesetzes vergehen, bevor nicht alles geschehen ist« (Vers 18). Jesus lehrte, daß die Schrift nicht aufgehoben werden kann (vgl. Joh 10,35). Was die Schrift sagt, das hat Gott gesagt (vgl. Mt 19,4-5). Er las die Schrift, zitierte sie, glaubte ihr und lebte danach. Der Theologe John Wenham faßt die Meinung Jesu über das Alte Testament zusammen, indem er schreibt:

> *»Für Christus war das Alte Testament wahr, voller Autorität und von Gott inspiriert. Für ihn war der Gott des Alten Testamentes der lebendige Gott und die Lehren des Alten Testamentes waren die Lehren des lebendigen Gottes. Was die Schrift sagte, das sagte Gott selbst.«*[17]

Was meinte Jesus, als er sagte, er sei nicht gekommen, das Alte Testament abzuschaffen, sondern es zu erfüllen?

Das Alte Testament ist eine Bibliothek von neununddreißig Büchern. Es gibt eigentlich drei Möglichkeiten, wie wir das Alte Testament betrachten können. Eine Möglichkeit ist, es als das Handeln Gottes in der Geschichte anzusehen; die Geschichte als seine Geschichte zu betrachten. Das Alte Testament ist ein Bericht über die Heilsgeschichte. Im Alten Testament sehen wir die Beziehung Gottes zu den Menschen während der Schöpfung, dem Sündenfall und der Sintflut. Wir erleben das Volk Gottes von Abraham bis Josef, vom Auszug aus Ägypten in die Wüste bis zur Eroberung des Verheißenen Landes. Wir lesen von den Richtern und der Monarchie, dem Exil und der Rückkehr aus dem Exil. Wie sollen wir all dies verstehen? Welche Bedeutung besitzt es für unser Leben im 20. Jahrhundert?

Eine andere Möglichkeit besteht darin, das Alte Testament im Sinne einer Verheißung zu verstehen, denn es ist voller Hoffnung und Erwartung. Wir lesen von den Verheißungen an Noah, Abraham, Mose und David. Dann, in den Prophetenbüchern, erleben wir, wie Gott zum Volk Israel redete. Die frühen Propheten finden wir in den Büchern Josua, Richter, dem ersten und zweiten Samuelbuch und dem ersten und zweiten Buch der Könige. Sie beschreiben die frühe Geschichte Israels. Die späteren Prophetenschriften umfassen Jesaja, Jeremia, Ezechiel und Daniel sowie zwölf weitere, weniger bekannte Gestalten: Hosea, Joel, Amos, Obadja, Jona, Micha, Nahum, Habakuk, Zefanja, Haggai, Sacharja und Maleachi.

Eine dritte Möglichkeit, das Alte Testament zu betrachten, ist im Sinne eines Gesetzes. Einige Gelehrte sahen es als hilfreich an, die ersten fünf Bücher der Bibel als Moralgesetz, als bürgerliches Gesetz und als Tempelvorschriften zu betrachten. Das hebräische Wort für Gesetz, »torah«, meint eigentlich »Führung« oder »Unterweisung«.

Jesus sagte, er sei nicht gekommen, um das Alte Testament abzuschaffen, sondern es zu erfüllen. Das Thema »Erfüllung« findet sich im gesamten Neuen Testament und wird im Matthäusevangelium besonders stark ausgeführt. Matthäus demonstriert, wie Jesus jede dieser drei Ansichten über das Alte Testament erfüllt hat, und zeigt uns im Gegenzug, wie wir das Alte Testament zu verstehen haben.

Jesus ist die Erfüllung der Heilsgeschichte

Anders als Markus, Lukas und Johannes beginnt Matthäus sein Evangelium nicht mit der Geburt Jesu, sondern indem er die alttestamentliche Geschichte anhand der Vorfahren Jesu zusammenfaßt (vgl. Mt 1,1-17). Nach der Ansicht des Matthäus erzählt das Alte Testament eine Geschichte, die durch Jesus zu Ende geführt wird. Er legt die Geschichte des Volkes Gottes anhand von drei gleich langen Zeiträumen an: die vierzehn Generationen von Abraham bis David, vierzehn Generationen von David bis zum Exil und vierzehn Generationen vom Exil bis zu Jesus (vgl. Vers 17). In der Ahnenfolge werden biologische Generationen übersprungen (was in alttestamentlichen Genealogien häufig vorkam). Er weist darauf hin, daß die Geschichte des Alten Testamentes durch einschneidende Ereignisse in drei etwa gleich lange Zeitspannen aufgeteilt wird. Jesus steht am Ende dieser Geschichte, soweit es das Alte Testament betrifft – ein Höhepunkt ist erreicht.

Aus dieser Geschichte gewinnt Jesus seine Identität und seine Mission. Dies ist aber auch die Geschichte, der er Bedeutung und Autorität verliehen hat. Man liest das Alte Testament völlig anders, wenn man weiß, daß diese Erzählungen auf Jesus hinführen und durch ihn ihren Sinn erhalten. Wie sollen wir demnach das Alte Testament angesichts der Tatsache verstehen, daß Jesus diese Geschichte zum Abschluß bringt?

Erstens wird die Wirklichkeit der alttestamentlichen Geschichte bestätigt. Das Alte Testament ist mehr als nur eine auf Jesus hin zu deutende Vorhersage. Es ist die Erzählung über das Handeln Gottes in der Geschichte des Menschen, aus der heraus Verheißungen erwachsen und ihren Sinn finden. Die Geschichten erzählen uns von einer wahren und echten Beziehung zwischen Gott und seinem Volk und von einer wirklichen Offenbarung Gottes an sein Volk. So erzählt uns zum Beispiel die Geschichte vom Auszug aus Ägypten, von Gottes Fürsorge für die Unterdrückten, Armen und Leidenden. Sie erzählt uns, wie Gott den Ausgebeuteten Gerechtigkeit verschafft. Sie berichtet uns von einem Gott der Erlösung, einem Gott, der sein Volk frei macht.

Zweitens erhellt Jesus die Geschichte im Rückblick. Oft verstehen wir eine Erzählung von ihrem Ende her. Das Alte Testament kann ohne Jesus nicht völlig verstanden werden. Jesus sagte einmal zu den Pharisäern, die ihr Altes Testament bis ins Detail hinein kannten: »Ihr erforscht die Schriften, weil ihr meint, in ihnen das ewige Leben zu haben; gerade sie legen Zeugnis über mich ab. Und doch wollt ihr nicht zu mir kommen, um das Leben zu haben« (Joh 5,39-40). Wenn wir uns in einen dunklen Raum voller Möbel begeben, werden wir manche Dinge erkennen können, indem wir die Sofas, Sessel und Bilder betasten. Wenn das Licht angeschaltet wird, können wir den gesamten Raum noch einmal ganz anders erfassen. Gleichermaßen macht das Licht Jesu es möglich, daß wir das Alte Testament mit einer zusätzlichen Bedeutungsebene verstehen. Der Heilige Augustinus von Hippo hat es so ausgedrückt: »Das Neue ist im Alten verborgen. Das Alte wird durch das Neue offenbart.«

Drittens hilft uns die Geschichte des Alten Testamentes, ein umfassendes Verständnis von Christus zu gewinnen. So wie es möglich ist, den letzten Akt eines Theaterstückes anzuschauen und viel Gewinn daraus zu ziehen, so ist es auch möglich, das Neue Testament für sich allein zu lesen. Doch es ist hilfreich, sich die vorhergehenden Akte des Theaterstückes ebenfalls anzuschauen, wenn wir den Höhepunkt und den Schluß der Handlung verstehen wollen. Um Jesus zu verstehen, müssen wir die vorangegangenen Handlungen Gottes in unserer Heilsgeschichte nachlesen.

Jesus ist die Erfüllung der Verheißung Gottes

Wie wir gesehen haben, besteht eine weitere Möglichkeit zur Betrachtung des Alten Testamentes darin, es im Sinne einer Verheißung zu verstehen. Das Alte Testament endet mit Prophetien, und aus diesem Grund faßten es die frühen Christen als eine Verheißung auf, die durch Jesus erfüllt wurde. Wir haben auch gesehen, daß Matthäus die Vollendung der alttestamentlichen Geschichte durch Jesus an den Anfang seines Evangeliums stellt (vgl. Mt 1,1-17). Dann fährt er fort und zeigt, wie Jesus die Prophetien des Alten Testamentes im einzelnen erfüllt. Er verknüpft jede von fünf Szenen über die Empfängnis, die Geburt und die frühe Kindheit Jesu mit hebräischen Schriftstellen, die sich durch die beschriebenen Ereignisse erfüllt haben (vgl. Mt 1,22; 2,5-6.17.23; 4,15). Jesus ist nicht nur der Abschluß der alttestamentlichen Erzählung in historischer Hinsicht, sondern auch die Erfüllung des Alten Testamentes auf der Ebene der Verheißungen.

Wenn wir die alttestamentlichen Prophetien unter dem Gesichtspunkt der Voraussage analysieren, können wir erkennen, wie viele von ihnen Jesus erfüllt hat. Seine Geburt in Betlehem, sein frühes Leben in Nazaret, seine Wunderheilungen, der an ihm begangene Verrat, sein Leiden, sein Tod zwischen Dieben, sein Begräbnis, seine Auferstehung und Himmelfahrt sowie die Ausgießung des Heiligen Geistes wurden alle im Alten Testament vorausgesagt und von Jesus im Neuen Testament erfüllt. Er erfüllte über dreihundert Prophetien, davon neunundzwanzig allein an einem Tag; Prophetien, die über einen Zeitraum von fünfhundert Jahren von verschiedenen Personen ausgesprochen worden waren! Nach seiner Auferstehung führte Jesus zwei Jünger, die nach Emmaus unterwegs waren, durch das Alte Testament: »Und er legte ihnen dar, ausgehend von Mose und allen Propheten, was in der gesamten Schrift über ihn geschrieben steht« (Lk 24,27).

Doch wenn wir sagen, Jesus habe die Verheißungen des Alten Testamentes erfüllt, meinen wir mehr als nur die Tatsache, daß er tat, was vorhergesagt worden war. Das Alte Testament ist nicht nur eine Aneinanderreihung von Vorhersagen. Das Wort »Testament« bedeutet »Bund«. Dem Wort »Bund« liegt der Gedanke der Verheißung zugrunde. Im Alten Testament geht es um die Verheißungen, die Gott von sich aus gegeben hat und die nach einer Antwort des Menschen verlangen. Dies kann man an allen alttestamentlichen Verheißungen beobachten, bei Noah, Abraham, Mose und dem Volk Israel wie auch bei David. Wir erleben die Vielfalt der Verheißungen Gottes, die wie verschiedene Flüsse in einen großen Strom münden. Schließlich verbinden sie sich alle zu einem einzigen mächtigen Fluß, eben der bleibenden, unwiderstehlichen Verheißung Gottes, die mit dem Leben, dem Tod und der Auferstehung Jesu von Nazaret in einem neuen Bund ihren Höhepunkt erreicht.

Die Verheißungen wurden so gegeben, daß sie bereits von den Menschen, die sie empfangen hatten, erlebt und verstanden werden konnten. Die alttestamentlichen Prophetien erfüllen sich nicht immer wörtlich, so wie sie ursprünglich gesprochen wurden. Die Erfüllung durch das, was Gott in Christus getan hat, geschieht auf einer anderen Wirklichkeitsebene. Nehmen wir an, ein Mann verspricht im Jahr 1950 seinem Sohn zu dessen einundzwanzigstem Geburtstag einen Schwarzweißfernseher. Als es soweit ist, schenkt er ihm einen Farbfernseher, den es noch nicht gab, als er vor Jahren sein Versprechen aussprach. Würde sein Sohn sich wohl beklagen, daß das Versprechen nicht erfüllt worden war? Würde er auf eine wörtliche Erfüllung warten? Nein, weil die Wirklichkeit das ursprüngliche Versprechen weit übertrifft.

Jesus ist die Erfüllung von Gottes Gesetz

Drittens können wir das Alte Testament im Sinne eines Gesetzbuches betrachten. Tatsächlich haben wir ja bereits gesehen, daß Jesus selbst das Alte Testament als »das Gesetz« bezeichnet hat (Vers 18). In seinem Prolog beweist Matthäus, daß Jesus die Erzählung des Alten Testamentes zum Abschluß bringt (vgl. Mt 1,1-17). Im nächsten Abschnitt zeigt er, daß Jesus die alttestamentliche Verheißung erfüllt (vgl. Mt 1,18-4,14). In der Bergpredigt stellt Matthäus schließlich dar, daß Jesus das Alte Testament dadurch erfüllt, daß er die ganze Bedeutungstiefe des alttestamentlichen Gesetzes offenbart.

Das Gesetz wurde dem Volk Israel als Teil des Segens Gottes geschenkt, im Rahmen des Bundesschlusses (vgl. Ex 20). Das Gesetz diente wahrhaftig zu ihrem Besten, um sie vor Schaden zu bewahren und ihnen Wohlstand und Leben zu schenken (Dtn 6,24). Es war kein Mittel zur Erlösung, sondern die Antwort auf die Erlösung. Die Motivation für die Einhaltung des Gesetzes war die Dankbarkeit für das, was Gott für das Volk getan hatte, als er sie aus Ägypten führte (vgl. Ex 20,2). Indem sie das Gesetz befolgten, eiferten sie Gott nach (vgl. Lev 19,2).

Es ist falsch zu glauben, das Alte Testament als solches sei gesetzlich oder Jesus würde das Gesetz des Alten Testamentes verwerfen.[18] Was er in der Bergpredigt attackierte, waren die Fehlinterpretationen des Gesetzes durch die Schriftgelehrten. Die Schriftgelehrten und Pharisäer hatten im Alten Testament 248 Gebote und 365 Verbote ausgemacht. In der Mischna und dem Talmud, die das mündliche Gesetz der Juden umfassen, fügten sie ihre eigenen Auslegungen dieser Gesetze hinzu, um das Gesetz mit einem schützenden Wall zu umgeben und mögliche Verstöße abzuwenden.

Diese Verse geben eine Erklärung von Jesus wider, der berichtet, daß er nicht gekommen ist, um das alttestamentliche Gesetz abzuschaffen; er ist vielmehr gekommen, um es zu erfüllen und die ganze Tiefe seiner Bedeutung zu offenbaren. Im weiteren Verlauf der Predigt geht es ihm darum zu zeigen, daß diese Bedeutung nicht nach außen gerichtet und an äußerlichen Dingen interessiert ist, sondern nach innen gerichtet und ethisch zu verstehen ist. Er legt das Gesetz nicht aus, indem er neue Regeln hinzufügt, sondern indem er zeigt, daß im Herzen des Gesetzes das Gesetz des Herzens, das Gesetz der Gedanken und Motive liegt. Er zeigt, worum es beim Gesetz in puncto Zorn, Lust, Treue, Integrität und Fürsorge für andere wirklich geht. Er ruft seine Jünger zu einer Gerechtigkeit auf, die die der Schriftgelehrten und Pharisäer bei weitem übertrifft (vgl. Vers 20). Er befand sich also nicht im Widerspruch zum Alten Testament, sondern zog am gleichen Strang. Er baute auf das Alte Testament auf und übertraf es noch, während die Fehlinterpretationen der Schriftgelehrten in die entgegengesetzte Richtung gingen und zu Gesetzlichkeit führten.

Jesus faßte das Gesetz zusammen als die Pflicht, Gott zu lieben und unseren Nächsten zu lieben (vgl. Mt 22,37-40). Wir brauchen diese Zusammenfassung, um nicht in Gesetzlichkeit zu verfallen. Andererseits benötigen wir den detaillierten Abriß der Gesetze, um nicht zu falscher Sentimentalität zu neigen. Es ist nicht richtig zu meinen, Ehebruch bedeute, »unseren Nächsten zu lieben«, wenn Ehebruch ausdrücklich verboten wird. Man könnte zum Beispiel die Straßenverkehrsordnung mit der Richtlinie zusammenfassen: »Fahren Sie vorsichtig und rücksichtsvoll.« Das ist es, was zählt. Auf der anderen Seite benötigen wir detaillierte Regeln, die uns erklären, wie wir vorsichtig und rücksichtsvoll fahren.

Jesus erfüllte also das alttestamentliche Gesetz, indem er uns zeigte, worum es wirklich geht. Er erfüllte das Gesetz aber auch in der Hinsicht, daß er es lebte. Er ist der einzige Mensch, der dies je getan hat, weil er der einzige ist, der ein

Leben frei von Sünden geführt hat. Der deutsche Theologe Dietrich Bonhoeffer hat über Jesus und das alttestamentliche Gesetz gesagt: »Er hat den Geboten Gottes in der Tat nichts hinzuzufügen, er hält sie – das ist das einzige, was er hinzufügt.«[19] Er lebte ein Leben in Gerechtigkeit. Seine Gerechtigkeit überstieg die der Schriftgelehrten und Pharisäer bei weitem. Er zeigte uns, wie wir in Gerechtigkeit leben sollen.

Doch er hat es nicht dabei belassen. Er hat das Gesetz auch darin erfüllt, daß er es uns möglich gemacht hat, ein Leben in Gerechtigkeit zu führen. Durch seinen Tod und seine Auferstehung hat er uns frei gemacht von der Macht der Sünde und uns eine Gerechtigkeit erworben, die von Gott kommt (vgl. Röm 3,21-26). Er machte es möglich, daß der Geist Gottes ausgegossen werden konnte.

> *»Weil das Gesetz, ohnmächtig durch das Fleisch, nichts vermochte, sandte Gott seinen Sohn in der Gestalt des Fleisches, das unter der Macht der Sünde steht, zur Sühne für die Sünde, um an seinem Fleisch die Sünde zu verurteilen; dies tat er, damit die Forderung des Gesetzes durch uns erfüllt werde, die wir nicht nach dem Fleisch, sondern nach dem Geist leben«* (Röm 8,3-4).

Marcion hatte also unrecht. Wer das Alte Testament ablehnt, verwirft die eindeutige Lehre Jesu. Dieser lehnte es nicht ab. Er bestätigte seine Gültigkeit und erfüllte es. Das Evangelium der Liebe steht nicht im Widerspruch zum Alten Testament; vielmehr ergänzt es dieses. Das Evangelium macht uns frei von der Verurteilung durch das Gesetz (vgl. Röm 8,1), nicht jedoch von den Geboten. Jesus gibt uns vielmehr das Verlangen und die Kraft, die wahre Bedeutung des Gesetzes zu erfüllen und ein Leben in Gerechtigkeit zu führen.

Zusammenfassend können wir sagen:

»Das Alte Testament erzählt eine Geschichte, die durch Jesus vollendet wird. Es zeigt die Verheißung auf, die von Jesus erfüllt wird. Es liefert die Bilder und Vorbilder, die Jesu Identität geformt haben. Es bestimmt eine Sendung, die er angenommen und weitergegeben hat. Es lehrt die moralische Orientierung auf Gott und die Welt hin, die Jesus bejaht, geschärft und zum Fundament einer gehorsamen Jüngerschaft gemacht hat.«[20]

Wir sollten das Alte Testament regelmäßig lesen und versuchen, es nicht nur aus dem Blickwinkel der Kultur und Geschichte zu verstehen, aus der heraus es geschrieben wurde, sondern letztlich auch im Licht der Tatsache, daß Jesus dieses Testament erfüllt hat. Dann sollten wir uns wieder dem Neuen Testament zuwenden und dieses mit einem erneuerten Verständnis dafür, wer Jesus war und ist, noch einmal lesen.

Kapitel 4

Wie gehe ich mit Zorn um?

»Ihr habt gehört, daß zu den Alten gesagt worden ist: Du sollst nicht töten; wer aber jemand tötet, soll dem Gericht verfallen sein. Ich aber sage euch: Jeder, der seinem Bruder auch nur zürnt, soll dem Gericht verfallen sein; und wer zu seinem Bruder sagt: Du Dummkopf!, soll dem Spruch des Hohen Rates verfallen sein; wer aber zu ihm sagt: Du (gottloser) Narr!, soll dem Feuer der Hölle verfallen sein. Wenn du deine Opfergabe zum Altar bringst und dir dabei einfällt, daß dein Bruder etwas gegen dich hat, so laß deine Gabe dort vor dem Altar liegen; geh und versöhne dich zuerst mit deinem Bruder, dann komm und opfere deine Gabe. Schließ ohne Zögern Frieden mit deinem Gegner, solange du mit ihm noch auf dem Weg zum Gericht bist. Sonst wird dich dein Gegner vor den Richter bringen, und der Richter wird dich dem Gerichtsdiener übergeben, und du wirst ins Gefängnis geworfen. Amen, das sage ich dir: Du kommst von dort nicht heraus, bis du den letzten Pfennig bezahlt hast« (Mt 5,21-26).

Ein kleines Mädchen, das für die Schule einen Aufsatz schreiben mußte, kam zu ihrem Vater und fragte: »Papa, was ist der Unterschied zwischen Wut und einem solchen Ärger, der einen zur Verzweiflung bringt?« Der Vater antwortete: »Der Unterschied liegt vor allem im Grad der Verärgerung. Komm, ich zeig's dir!« Mit diesen Worten ging der Vater zum Telefon und wählte willkürlich irgendeine Nummer. Zu dem Mann am anderen Ende der Leitung sagte er: »Hallo, ist Melvin zu Hause?« Der Mann antwortete: »Es gibt hier keinen Melvin. Warum lernen Sie nicht, im Telefonbuch nachzuschauen, bevor Sie eine Nummer wählen?« »Siehst du«, meinte der Vater zu seiner Tochter. »Dieser Mann war nicht sonderlich erfreut über unseren Anruf. Vermutlich war er gerade sehr beschäftigt, und wir haben ihn verärgert. Und jetzt paß auf!« Der Vater wählte noch einmal dieselbe Nummer. »Hallo, ist Melvin zu Hause?« fragte der Vater. »Jetzt hören Sie mal zu«, ertönte die gereizte Antwort. »Sie haben soeben schon einmal diese Nummer gewählt, und ich sagte Ihnen, daß es hier keinen Melvin gibt! Sie haben ganz schön Nerven, hier noch einmal anzurufen!« Hart wurde der Hörer auf die Gabel geknallt. Der Vater wandte sich an seine Tochter und sagte: »Siehst du, das war Wut. Und nun zeige ich dir, was es heißt, jemanden zur Verzweiflung zu treiben.« Noch einmal wählte er dieselbe Nummer, und als eine aggressive Stimme »Hallo!« brüllte, sagte der Vater ganz ruhig: »Hallo, hier ist Melvin. Hat irgend jemand für mich angerufen?«

Zorn besitzt aber auch eine ernste Seite. Viele Menschen betrachten heute Zorn als Teil einer selbstbewußten Haltung. Gael Lindenfield, eine Psychotherapeutin, die Kurse zur Persönlichkeitsentwicklung anbietet, rät den Kursteilnehmern, eine Liste wie z. B. die unten stehende aufzustellen und mehrfach durchzulesen:

»Ich habe das Recht, wütend zu sein, wenn ich frustriert bin.
Ich habe das Recht, wütend zu sein, wenn ich entmutigt bin.
Ich habe das Recht, wütend zu sein, wenn ich verletzt bin.
Ich habe das Recht, wütend zu sein, wenn ich angegriffen wurde.
Ich habe das Recht, wütend zu sein, wenn ich unterdrückt werde.
Ich habe das Recht, wütend zu sein, wenn ich ausgenutzt werde.
Ich habe das Recht, wütend zu sein, wenn ich manipuliert werde.
Ich habe das Recht, wütend zu sein, wenn man mich betrügt.
Ich habe das Recht, wütend zu sein, wenn meine Bedürfnisse ignoriert werden.
Ich habe das Recht, wütend zu sein, wenn man mich im Stich läßt.
Ich habe das Recht, wütend zu sein, wenn ich abgelehnt werde.«[21]

Dagegen scheint uns Jesus in diesem Abschnitt zu erklären, daß eine solche Einstellung zum Zorn falsch ist, indem er einen Gegensatz aufstellt, und zwar nicht zwischen dem durch Mose gegebenen Gesetz und seiner eigenen Lehre, sondern zwischen einer falschen und einer richtigen Auslegung des mosaischen Gesetzes. Mose hat gesagt: »Du sollst nicht morden« (Ex 20,13), und das Wort »morden« deutet auf eine kriminelle Handlung hin. Die falsche Auslegung wäre, das Gebot auf das Morden als körperliche Handlung allein zu begrenzen. Jesus führt das Morden zurück bis zu dem geheimen Ort im Herzen des Menschen, an dem die Gedankengänge ihren Ursprung haben, die schließlich zum Mord führen.

Was sagt er über den Zorn? Ist jede Art von Zorn falsch? Gibt es so etwas wie eine konstruktive Wut? Wie sollen wir mit unserem Zorn umgehen? Dies sind einige der Fragen, denen ich in diesem Kapitel nachgehen möchte.

Zornige Gefühle (Verse 21-22)

Jesus erklärt: »Ich aber sage euch: Jeder, der seinem Bruder auch nur zürnt, soll dem Gericht verfallen sein« (Vers 22). In manchen Handschriften wird der Zusatz gemacht »ohne einen Grund«. Diese Worte stehen nicht in den frühesten Texten des Matthäusevangeliums, doch möglicherweise stellen sie eine zutreffende Interpretation der Lehre Jesu dar. Nicht jeder Zorn ist falsch. Jesus selbst war hin und wieder zornig. Matthäus, wie auch die anderen Evangelisten, berichten darüber, daß er voller Zorn die Tische der Geldwechsler im Tempelbereich umwarf (vgl. Mt 21,12). Er nannte die Pharisäer: »Ihr blinden Narren!« (Mt 23,17). Einmal, als Jesus ihr »verstocktes Herz« und ihr fehlendes Mitgefühl mit den Kranken sah, blickte er sie »voll Zorn« an (vgl. Mt 3,1-6).

Es gibt also so etwas wie einen »gerechten« Zorn. Im Alten Testament werden zwanzig verschiedene Wörter für »Zorn« verwendet, die insgesamt fünfhundertachtzig Mal gebraucht werden. Die Propheten verwenden sehr starke und persönliche Worte, wenn sie vom Zorn des Herrn sprechen (vgl. z. B. Jes 30,27; Jer 23,20; Ez 8,8). Sein Zorn ist Teil seiner heiligen Liebe, eine Flamme, die verzehrt und reinigt. Bei Gott gibt es kein moralisches »Wischiwaschi«. Zorn ist Gottes ureigenste Reaktion auf die Sünde. Der Zorn Jesu richtete sich gegen Sünde und Ungerechtigkeit; es war der richtende Zorn eines Mannes, dem Gott die Autorität zu richten gegeben hatte. Sein Ego war jedoch nicht an diesem Zorn beteiligt. Als Jesus verhaftet, in einen unfairen Prozeß verwickelt, gefoltert und dann gekreuzigt wurde, »gab er es nicht zurück, wenn er beleidigt wurde« und »drohte nicht mit Vergeltung, wenn er leiden mußte« (1 Petr 2,23; Gute Nachricht). Als er am Kreuz hing, unter Schmerzen, beleidigt, unterdrückt, ausgebeutet, verletzt und verworfen, erklärte er nicht: »Ich habe ein Recht darauf, wütend zu sein«, sondern er sagte: »Vater, vergib ihnen« (Lk 23,34).

Auch bei uns gibt es Raum für einen gerechten Zorn. Verärgerung über Boshaftigkeit ist in einer Welt, in der das ethisch Böse allgegenwärtig ist, sicher ein wichtiges Element des Guten im Menschen. Wer zum Beispiel von der Ungerechtigkeit und Grausamkeit der Apartheidspolitik weiß oder vom Übel des Terrorismus oder des sexuellen Mißbrauchs von Kindern und sich über eine solche Bösartigkeit nicht erzürnt, kann kein wirklich guter Mensch sein. Unser fehlender Zorn ist eigentlich ein Zeichen für unser mangelndes Interesse an unseren Mitmenschen, für einen Mangel an Liebe.

Zorn ist eine natürliche Leidenschaft. Medizinisch gesehen verändert er viele Abläufe in unserem Körper. Adrenalin fließt, Hunger verschwindet, der Blick wird klarer und geschärfter, eine größere Menge des männlichen Hormons Testosteron wird produziert, und Glukose wird aus den Körperreserven der Leber freigesetzt. All dies kann auf konstruktive Weise kanalisiert werden. Martin Luther (1483-1546) beobachtete diese Auswirkungen von Zorn auch an sich: »Wenn ich zornig bin, kann ich gut schreiben, beten und predigen, denn dann ist mein ganzes Temperament beflügelt, mein Verstand geschärft und alle weltlichen Sorgen und Versuchungen weichen.« Wir brauchen heute Männer und Frauen wie Luther, deren Leidenschaft sich erregen läßt und auch Zorn umfaßt, die das Böse in der Kirche und der Welt erkennen und dazu getrieben werden, etwas dagegen zu tun.

Unser Problem als sündige Menschen ist, daß wir uns davor hüten müssen, nicht zu sündigen, wenn wir zornig sind. Paulus riet den Mitgliedern der Gemeinde in Ephesus: »Laßt euch durch den Zorn nicht zur Sünde hinreißen!« (Eph 4,26). Über vierhundert Jahre zuvor schrieb bereits Aristoteles (348-322 vor Christus): »Jeder kann zornig werden – das geschieht leicht; doch auf die richtige Person im rechten Maß und zur rechten Zeit und aus dem richtigen Grund und zum rechten Zweck zornig zu sein – das kann nicht jeder, und das ist auch nicht leicht.« Unser Zorn ist alles in allem meist ungerechtfertigt. Anders als Jesus werden wir zornig, weil wir verletzt werden, eifersüchtig, stolz oder arrogant sind, weil man uns auf die Füße getreten ist oder uns vor den Kopf gestoßen hat.

Vielleicht wird dies beim Sport manchmal am deutlichsten: Ein Kricketspieler namens Bryn Derbyshire, dem der Schiedsrichter einen Regelverstoß vorgeworfen hatte, fuhr nach dem Spiel mit seinem Wagen mit hoher Geschwindigkeit rückwärts auf den Unparteiischen zu. Als der Schiedsrichter zur Seite sprang, verletzte er sich am Arm. Spieler des gegnerischen Teams eilten zu Hilfe, und einer von ihnen durchschlug mit einem Kricketschläger das Verdeck von Derbyshires Wagen.

Vor Gericht bekannte sich der siebenunddreißigjährige Derbyshire zur Körperverletzung durch eine mutwillig rücksichtslose Fahrweise, geschehen nach dem Match zwischen seinem Team, *Old Park of Nottingham*, und einem Team aus Blyth, Nottinghamshire. Der königliche Gerichtshof in Nottingham gab ihm drei Monate auf Bewährung und erlegte ihm ein Schmerzensgeld von vierhundert Pfund an den neunundfünfzigjährigen Schiedsrichter, Joseph Purser, auf.

Später sagte Purser: »Ich stehe zu meiner Entscheidung. Er hat gegen die Regeln verstoßen.«[22]

Ein Großteil unseres Zorns ist egoistisch und nicht von Liebe motiviert. Jesus erklärt uns, daß wir kein Recht darauf haben, zornig zu sein, wenn wir enttäuscht, entmutigt oder verletzt sind, weil wir dieses Recht – ebenso wie Jesus selbst – aufgegeben haben.

Es gibt zwei griechische Wörter für »Zorn«. Das hier verwendete Wort bedeutet »lange gehegter Zorn«, der Zorn eines Menschen, der seine Wut gepflegt hat, um sie lebendig zu erhalten. Es bedeutet »Zorn, der vor sich hin brütet, der sich nicht besänftigen lassen will und auf Rache sinnt«. Jesus erklärt uns deutlich, daß man diese Art von Zorn vielleicht nicht in einem menschlichen Gerichtshof untersuchen kann, daß wir uns aber im himmlischen Gericht dafür verantworten müssen (vgl. Vers 22).

Für Jesus ist der Zorn die Wurzel des Mordens. Der Prozeß beginnt mit zornigen Gefühlen; werden diese genährt, so folgt daraus Haß; und wird dieser wiederum nicht unter Kontrolle gebracht, so kann daraus tatsächlich ein Mord erwachsen. Johannes vertritt dieselbe Auffassung: »Jeder, der seinen Bruder haßt, ist ein Mörder« (1 Joh 3,15). Philip Henry (1631-96) hat es folgendermaßen ausgedrückt: »Als in Kains Herzen Zorn entbrannte, war der Mord nicht mehr fern.« Jesus lehrt uns, daß wir beim Kampf gegen diese Gefühle sehr früh ansetzen müssen, am besten, wenn wir in uns die ersten Anzeichen von Zorn spüren. Wir müssen ohne Rücksicht dagegen angehen.

Zornige Worte (Vers 22)

Jesus fährt fort mit der Warnung, daß zornige Worte genauso schlimm oder gar noch schlimmer sind als zornige Gefühle. Wieder fordert uns Gael Lindenfield im Gegensatz dazu auf, unserem Zorn Ausdruck zu verleihen. Sie warnt davor, »zu nett« zu sein. Sie vermutet, daß unausgesprochener Zorn durchaus schädlich sein und Depressionen, Selbstmorde von Jugendlichen, politische Unruhen und Hooligans hervorbringen kann.

Es stimmt, daß wir positive Ventile für unsere Gefühle benötigen, doch Jesus warnt uns davor, Zorn ungebändigt auszuleben. Er sagt: »[…] wer zu seinem Bruder sagt: Du Dummkopf!, soll dem Spruch des Hohen Rates verfallen sein; wer aber zu ihm sagt: Du (gottloser) Narr!, soll dem Feuer der Hölle verfallen sein« (Vers 22). Das aramäische Wort für Dummkopf, *raca*, drückt Verachtung für das Denken eines anderen aus, so, als halte man den anderen für einen »hirnlosen Idioten«. Das griechische Wort für »Narr« deutet Verachtung für das Herz oder den Charakter eines anderen an. Er wird damit zum Narren im moralischen Sinn, beziehungsweise zum Gauner gestempelt. Manche gehen davon aus, daß diese beiden von Jesus benutzten Wörter besonders anstößig waren. Doch damit mißversteht man seine Botschaft. Jesus verwendete lediglich Beispiele von besonders gemäßigten Beschimpfungen und warnt uns davor, wie gefährlich diese sind.

Zornige Worte treffen mitten ins Herz. Sie sollen treffen, verletzen und zerstören. Besonders schädlich sind sie für zwischenmenschliche Beziehungen; und wenn sie nicht bezähmt werden, können sie sogar zum Mord führen. Vor kurzem hörte ich, wie eine Mutter ihr kleines Kind, auf das sie wütend war, anschrie: »Ich bring' dich um!« An dieser Stelle warnt Jesus, daß solche Worte gegen das sechste Gebot verstoßen.

Natürlich ist es manchmal nötig, jemanden in Liebe zurechtzuweisen, und Kinder müssen Disziplin lernen. Meinungsverschiedenheiten müssen ans Tageslicht gebracht werden, denn die Wahrheit ist wichtiger als ein oberflächlicher Friede.

Zur Entwicklung der Persönlichkeit gehört die Bereitschaft, aus Kritik genauso zu lernen wie aus Ermutigung. Jesus meint nicht, daß wir alle Gefühle und Emotionen unterdrücken sollen. Vielmehr warnt er uns davor, aus Zorn heraus zu reagieren, weil wir in irgendeiner Weise verletzt worden sind.

Und dies ist auch keine Nebensächlichkeit. Im Umgang mit Mord drohte beim mosaischen Gesetz das Gericht. Der Mörder mußte vor einem Tribunal erscheinen und wurde verurteilt. Jesus warnt uns, daß zornige Gefühle und Worte genauso Gegenstand des Gerichts sind. Wer seinen Bruder einen »Dummkopf« nennt, muß vor dem Hohen Rat (dem höchsten jüdischen Gericht im Land) erscheinen. Wer den anderen »Narr« schimpft, läuft Gefahr, der Hölle zu verfallen. »Gehenna«, die Bezeichnung für Hölle, die Jesus hier verwendet, war das Tal Hinnom, die Schlucht südlich von Jerusalem, in das Müll abgeladen und verbrannt wurde. Jesus benutzte dieses Wort häufig als Bild für das Jüngste Gericht. Die Aneinanderreihung von Strafen bedeutet keine sich steigernde Drohung, sondern die Warnung, daß Gott hinter jedem Gericht steht, weil er das Herz erkennt und weiß, daß Gefühle und Worte zur endgültigen Zerstörung führen können. Jesus setzt nicht zornige Worte und Empfindungen mit Mord gleich, aber er bedient sich an dieser Stelle der Hyperbel, um vor den Gefahren eines rachsüchtigen Zorns zu warnen.

Als Jesus am Kreuz starb, machte er uns frei vom Zorn, wie auch von allen anderen Sünden. Manchmal findet die Veränderung augenblicklich statt: Vor unserer Heirat wohnte meine Frau Pippa mit einer anderen jungen Frau zusammen, die Krankenschwester war und abends sehr lange arbeitete. Immer wenn diese Frau verschlief, wachte sie wütend und frustriert auf und ließ einen Schwall von Schimpfwörtern los. Nachdem sie ein Jahr in dem Haus zusammengewohnt hatten, übergab diese Frau ihr Leben Christus. Am darauffolgenden

Morgen verschlief sie erneut. Pippa weckte sie und war erstaunt, keinen Schwall von Flüchen zu hören. Im Leben dieser Frau hatte eine außerordentliche Veränderung stattgefunden.

Wie können wir mit Zorn umgehen?

Jesu Lehre in diesem Bereich ist sehr positiv. Erstens rät er uns, daß wir uns außergemeindlich einigen sollen, wenn wir auf einen anderen Christen sehr wütend sind. Unfriede zerstört die Gemeinde. Wenn Christen aufeinander wütend sind, wenn sie einander angreifen und ihre Brüder und Schwestern beleidigen, wird die Gemeinde Christi gespalten.

Zweitens erklärt Jesus uns, daß wir uns außergerichtlich einigen sollen. Er führt uns vom Tempel zum Gerichtssaal, oder besser gesagt, bis an die Schwelle des Gerichtssaals, und sagt:

> »Schließ ohne Zögern Frieden mit deinem Gegner, solange du mit ihm noch auf dem Weg zum Gericht bist. Sonst wird dich dein Gegner vor den Richter bringen, und der Richter wird dich dem Gerichtsdiener übergeben, und du wirst ins Gefängnis geworfen. Amen, das sage ich dir: Du kommst von dort nicht heraus, bis du den letzten Pfennig bezahlt hast« (Verse 25-26).

Nach römischem Gesetz gab es einige Vergehen, wie Diebstahl, Einbruch und Entführung, für die der Täter ohne Verfahren abgeurteilt werden konnte. Wurde der Verbrecher auf frischer Tat ertappt, ergriff ihn der geschädigte Bürger und hielt ihn im Würgegriff, damit er nicht entkommen konnte. Wurde der Verdächtige für schuldig befunden, wurde er dem Gerichtsdiener übergeben, der dafür Sorge zu tragen hatte, daß die Strafe gezahlt wurde. Er besaß die Befugnis, säumige Schuldner einzusperren und nicht eher freizulassen, als daß sie den letzten »Pfennig« bezahlt hatten. Das Wort, das im griechischen Original für »Pfennig« steht, bezeichnet eine unendlich große Summe.

Dies ist keine Allegorie, also können wir nicht jedes Detail übertragen. Vielmehr handelt es um eine Parabel, in der Jesus davor warnt, uns auf Streitigkeiten und insbesondere auf gerichtliche Auseinandersetzungen einzulassen. Der Prediger C. H. Spurgeon kommentierte diese Verse im 19. Jahrhundert mit dem Hinweis: »Eine magere außergerichtliche Einigung ist besser als ein fetter Rechtsstreit.« Er merkt an: »Viele ziehen vor Gericht, um Wolle zu bekommen, aber sie kehren kurzgeschoren wieder heim.«[23] Ich weiß aus meiner eigenen Erfahrung als Anwalt, wie wahr diese Aussage ist. Ich habe viele Fälle erlebt, bei denen beide Parteien weit besser dran gewesen wären, wenn sie ihre Differenzen ohne ein Gerichtsverfahren hätten lösen können. Oft treibt unbewältigter Zorn die Parteien, ungeachtet der Folgen weiterzumachen.

Jesus ermahnt uns, ohne Zögern Frieden zu schließen (Vers 25). In vielerlei Hinsicht ist Zorn wie Fäulnis. Als meine Frau und ich in unser Haus einzogen, entdeckten wir eine kleine vermoderte Stelle am Türrahmen. Wir suchten nach der Ursache und entdeckten, daß das gesamte Kellergeschoß voller Fäulnis war. Anscheinend kann sich Moder unter günstigen Bedingungen bis zu einem Meter pro Woche ausdehnen. Meist ist er hinter Wänden und Türrahmen verborgen, und am Anfang entdeckt man ihn nur mit Mühe. Doch wenn man nichts dagegen unternimmt, kann er sich plötzlich verheerend auswirken. Das einzige, das man tun kann, ist, schnell und mit drastischen Mitteln dagegen anzugehen.

Ebenso müssen wir sofort etwas gegen den Zorn in unseren Beziehungen unternehmen und zu drastischen Mittel greifen. Tun wir dies nicht, wird der Zorn unsere Ehen, Beziehungen, Gemeinden und Organisationen zerstören.

Der richtige Weg, mit Zorn umzugehen, ist, Versöhnung zu suchen. Wir müssen entscheidende Schritte einleiten, um Beziehungen wiederherzustellen. Jesus lehrt uns:

> »Wenn du deine Opfergabe zum Altar bringst und dir dabei einfällt, daß dein Bruder etwas gegen dich hat, so laß deine Gabe dort vor dem Altar liegen; geh und versöhne dich zuerst mit deinem Bruder, dann komm und opfere deine Gabe« (Verse 23-24).

Der Laie, der kam, um Gott anzubeten, brachte seine Gabe zusammen mit einem Tier oder etwas anderem als Opfer zum Tempel. Der Text geht davon aus, daß der Betreffende im Unrecht ist. Jesus erklärt, es sei sinnlos, wenn dieser Anbeter seine Gabe opfert, solange er sich nicht mit seinem Bruder versöhnt hat. Darüber hinaus weist Jesus darauf hin, daß unser Zorn nicht nur zwischen uns und unseren Brüdern und Schwestern in Christus Mauern errichtet, sondern auch zwischen uns und Gott.

Nicht nur unser eigener Zorn schafft solche Mauern. Wenn uns bewußt ist, daß wir andere verärgert haben, müssen wir ebenfalls den Gottesdienst unterbrechen und Versöhnung suchen. Der ugandische Bischof Festo Kivengere berichtete, daß er sich nach einem Streit mit seiner Frau aufmachte, um zu predigen. Auf der Fahrt zur Gemeinde sagte der Heilige Geist zu ihm: »Geh zurück und bete mit deiner Frau!«

Er warf ein: »In zwanzig Minuten soll ich predigen. Ich werde es hinterher erledigen.«

»Okay«, meinte der Heilige Geist. »Dann geh du hin und predige; ich bleibe bei deiner Frau.«[24]

Man kann Gottesdienst nicht von unserem Verhalten loslösen. Beide sind unauflöslich miteinander verbunden. Einerseits folgt unser Verhalten aus unserem Gottesdienst. Andererseits sind wir nur dann in der Verfassung, Gott anzubeten und ihm zu dienen, wenn unser Verhalten stimmt. Auf diese Tatsache haben die Propheten immer und immer wieder hingewiesen (vgl. Jes 1,10-17; Jer 7,9-11; Am 5,21-24; Mi 6,6-8).

Schlußfolgerung

Der Maßstab, den Jesus in diesem Abschnitt setzt, ist außergewöhnlich hoch. Dies ist das erste Beispiel für einen Lebensbereich, in dem wir zu einer Gerechtigkeit aufgerufen sind, die »weit größer ist als die der Schriftgelehrten und der Pharisäer« (Vers 20). Keiner von uns erfüllt diesen Maßstab. In einer Predigt zu diesem Textabschnitt sprach der amerikanische Pfarrer Bill Hybels von dem Alptraum, in dem er eines Tages hinter Mutter Teresa vor dem Thron des Gerichts Schlange steht und mitanhören muß, wie Gott zu ihr sagt: »Du bist wirklich weit hinter meinen Idealvorstellungen zurückgeblieben!«

Wenn wir diesen Text lesen, werden uns allen sicher unsere Versäumnisse und Schwächen bewußt. Wir werden zurück zum Kreuz geführt, wo wir um Gnade und Vergebung flehen können. Die Vergebung, die wir empfangen haben, gibt uns die Kraft, selbst zu vergeben und die Versöhnung zu suchen. Wenn wir erkennen, was wir Jesus durch unsere Kränkungen angetan haben, können wir nicht länger über unsere Brüder und Schwestern zornig sein.

Der Umgang mit Zorn beinhaltet beides: durch das Kreuz Christi Vergebung zu empfangen und selbst Vergebung zuzusprechen. Ein entschlossener Willensakt ist notwendig, um rücksichtslos gegen Zorn anzugehen und diesen mitsamt der Wurzel aus unserem Leben auszureißen. Dies kann nicht ohne die Hilfe des Heiligen Geistes geschehen. Corrie ten Boom, die im holländischen Widerstand engagiert war und von den Nazis im Konzentrationslager Ravensbrück eingesperrt wurde, macht deutlich, wie diese drei Elemente im Umgang mit unserem Zorn beteiligt sind:

»Ich sah ihn in einer Kirche in München – ein kräftig gebauter Mann mit beginnender Glatze in einem grauen Mantel. Er umklammerte einen braunen Filzhut. Die Leute strömten aus dem Raum im Untergeschoß, in dem ich gerade gesprochen hatte, und bewegten sich entlang der Reihe brauner Stühle nahe des rückwärtigen Ausgangs. Es war das Jahr 1947, und ich war mit der Botschaft aus Holland nach Deutschland gekommen, daß Gott vergibt.
Das war die Wahrheit, die sie am meisten nötig hatten in jenem verbitterten, zerbombten Land, und ich erzählte ihnen von dem inneren Bild, das mir das liebste war. Vielleicht liegt es daran, daß die See dem Denken eines Holländers nie sehr fern ist, aber ich stelle mir gern vor, daß dies der Ort ist, an den die Sünden geworfen werden. ›Wenn wir unsere Sünden bekennen‹, sagte ich, ›wirft Gott sie in das tiefste Meer, und sie sind für immer verschwunden.‹
Ernste Gesichter starrten mir entgegen; sie wagten kaum, dies zu glauben. Im Deutschland des Jahres 1947 wurden nach meinem Vortrag niemals Fragen gestellt. Die Menschen erhoben sich schweigend, sammelten wortlos ihre Sachen auf, und schweigend verließen sie den Raum.
Und in diesem Moment erblickte ich ihn, wie er sich gegen die Menge nach vorne arbeitete. Im einen Moment noch

sah ich den Mantel und den braunen Filzhut, im nächsten Augenblick eine blaue Uniform und ein Barett mit Totenschädel und gekreuzten Knochen. Schlagartig erinnerte ich mich: der riesige Raum mit den kalten Deckenlampen, der traurige Haufen von Kleidern und Schuhen auf dem Boden in der Mitte des Raumes, die Scham, nackt an diesem Mann vorbeizugehen. Ich konnte die ausgemergelte Gestalt meiner Schwester vor mir sehen, deren Rippen deutlich unter der pergamentartigen Haut hervortraten. Betsie, wie dünn du warst!

Betsie und ich waren verhaftet worden, weil wir während der Besetzung Hollands durch die Nazis Juden in unserem Haus versteckt hatten. Dieser Mann war einer der Wachen des Konzentrationslagers Ravensbrück gewesen, in das man uns gebracht hatte.

Nun stand er vor mir und streckte mir die Hand entgegen: ›Eine wunderbare Botschaft, Fräulein! Wie gut zu wissen, daß all unsere Sünden, so wie Sie gesagt haben, auf dem Grund des Meeres begraben sind!‹

Und ich, die ich so leicht von der Vergebung gesprochen hatte, fummelte in meiner Handtasche herum, statt diese Hand zu ergreifen. Er erinnerte sich natürlich nicht mehr an mich – wie konnte er sich unter Tausenden von Frauen an eine Gefangene erinnern?

Aber ich erinnerte mich an ihn und an die Jagdpeitsche, die in seinem Gürtel gesteckt hatte. Es war das erste Mal seit meiner Befreiung, daß ich mich von Angesicht zu Angesicht einem meiner Häscher gegenübersah, und mein Blut schien zu gefrieren.

›Sie haben in Ihrer Rede Ravensbrück erwähnt‹, meinte er. ›Ich war dort Wärter.‹ Nein, er erinnerte sich nicht an mich.

›Aber inzwischen‹, fuhr er fort, ›bin ich Christ geworden. Ich weiß, daß Gott mir die Grausamkeiten vergeben hat,

die ich dort begangen habe, aber ich würde es gerne auch aus ihrem Mund hören. Fräulein ...‹ – wieder streckte sich mir seine Hand entgegen – ›... werden Sie mir vergeben?‹
Und da stand ich – ein Mensch, der täglich Vergebung nötig hatte – und konnte nicht vergeben. Betsie war dort gestorben – konnte er ihren langsamen, schrecklichen Tod mit dieser Frage einfach auslöschen?
Es können höchstens ein paar Sekunden gewesen sein, daß er dort stand und mir die Hand entgegenstreckte, aber für mich schienen sie wie Stunden, während ich mit dem Schwersten kämpfte, was ich je tun mußte.
Denn ich mußte es tun – das wußte ich. Die Botschaft, daß Gott uns vergibt, ist an eine Bedingung geknüpft: daß wir denen vergeben, die uns Schaden zugefügt haben. ›Wenn ihr den Menschen ihre Sünden nicht vergebt‹, sagt Jesus, ›wird der Vater im Himmel auch euch nicht vergeben.‹
Ich kannte diese Worte nicht nur als ein Gebot Gottes, sondern auch als eine tagtägliche Erfahrung. Seit Kriegsende betrieb ich in Holland ein Heim für Opfer der Nazibrutalität. Diejenigen, die ihren früheren Feinden vergeben konnten, waren auch in der Lage, in die Welt außerhalb des Heims zurückzukehren und ihr Leben wieder aufzubauen, egal, welche körperlichen Narben sie trugen. Diejenigen, die ihrer Bitterkeit Raum gaben, blieben Invaliden. Es war so einfach und doch so erschreckend.
Und dennoch stand ich da, während Kälte mein Herz umklammerte. Doch Vergebung ist kein Gefühl – auch das wußte ich. Vergebung ist ein Akt des Willens, und der Wille kann unabhängig von der Temperatur in unserem Herzen handeln. ›Jesus, hilf mir!‹ betete ich im stillen. ›Ich kann meine Hand heben. Soviel kann ich tun. Füge du das Gefühl hinzu.‹
Und so legte ich mit einer hölzernen, mechanischen Bewegung meine Hand in die Hand, die sich mir entgegen-

streckte. Und als ich es tat, geschah etwas Unglaubliches. Der Strom begann in meiner Schulter, eilte meinen Arm entlang und sprang über in unser beider Hände. Und dann schien diese heilende Wärme mein ganzes Sein zu durchfluten, bis mir Tränen in den Augen standen.

›Ich vergebe dir, Bruder!‹ sagte ich weinend. ›Von ganzem Herzen!‹ Ein langer Augenblick folgte, in dem wir beide die Hand des anderen umschlossen, der frühere Wärter und die frühere Gefangene. Ich hatte Gottes Liebe noch nie so intensiv erlebt wie damals.«[25]

Kapitel 5

Wie gehe ich sexuellen Sünden aus dem Weg?

»Ihr habt gehört, daß gesagt worden ist: Du sollst nicht die Ehe brechen. Ich aber sage euch: Wer eine Frau auch nur lüstern ansieht, hat in seinem Herzen schon Ehebruch mit ihr begangen. Wenn dich dein rechtes Auge zum Bösen verführt, dann reiß es aus und wirf es weg! Denn es ist besser für dich, daß eines deiner Glieder verlorengeht, als daß dein ganzer Leib in die Hölle geworfen wird. Und wenn dich deine rechte Hand zum Bösen verführt, dann hau sie ab und wirf sie weg! Denn es ist besser für dich, daß eines deiner Glieder verlorengeht, als daß dein ganzer Leib in die Hölle kommt« (Mt 5,27-30).

Das Thema »Ehebruch« gerät immer wieder in die Schlagzeilen. Manchmal gibt es Titelgeschichten über Politiker, denen man ehebrecherische Beziehungen vorwirft oder nachweist. In den Zeitungsnachrichten lesen wir häufig von Morden, bei denen Ehebruch die Ursache war. Auch die Kirche ist dagegen nicht immun. Nur zu oft gibt es Berichte über katholische oder protestantische Geistliche, die Ehebruch begangen haben. Auch zwei der erfolgreichsten Filme der letzten Jahre, *Eine verhängnisvolle Affäre* und *Ein unmoralisches Angebot*, handeln von Ehebruch.

Ehebruch scheint zuzunehmen. Unsere Gesellschaft legt mehr Wert auf sexuelle Erfüllung als auf die Verbindlichkeit der Institution Ehe. 1993 wurde in Großbritannien bei 44 466 Scheidungsfällen Ehebruch nachgewiesen, mehr als ein Viertel aller Scheidungen dieses Jahres. Da dies vermutlich nur die Spitze des Eisberges ist, zeigt es das entsetzliche Ausmaß dieses Problems.

Um zu verstehen, welche Ansichten Jesus zu dieser Frage vertritt, müssen wir einen Blick auf das biblische Verständnis von Ehe werfen, das seiner Lehre zugrunde liegt. Die Ehe ist eine der größten Segensgaben Gottes. Sie schenkt eine der höchsten Freuden des Menschseins. Das Leben als Single mag eine noch höhere Berufung sein, aber die Ehe stellt Gottes Norm dar. Die Familie ist die Grundstruktur der Gesellschaft, so wie Gott sie sich gedacht hat. In diesem Rahmen ist die Ehe ein unerläßlicher Bestandteil.

Die anglikanische Hochzeitszeremonie faßt den Sinn der Ehe zusammen: Erstens ist da die Freude darüber, einen Gefährten zu haben: »Mann und Frau sollen einander trösten und helfen, treu zusammenleben in der Not und in der Fülle, in Trauer und in Freude.«[26] Zweitens bildet sie den Rahmen, in dem Kinder in einer Atmosphäre von Geborgenheit und Liebe aufwachsen können. Für Kinder ist die Beziehung zwischen den Eltern noch wichtiger als die Eltern-Kind-Beziehung. Drittens kommt die Freude über die körperliche Vereinigung hinzu: »Sie sollen einander mit Freude und Zärtlichkeit in Liebe erkennen, und durch die körperliche Vereinigung möge die Einheit ihrer Herzen und Leben gestärkt werden.«[27]

Sexualität ist »das zentrale Beben im innersten Sein der Ehe«[28]. In Gottes Plan dient sie dazu, die Ehebeziehung zusammenzukitten. Sie führt zu einer Einheit, die nicht nur körperlich und biologisch ist, sondern auch emotional, psychologisch, geistlich und sozial. Sie verleiht dieser Einheit nicht nur Ausdruck, sondern bringt sie sogar hervor. »Wir neigen dazu, Sex als etwas Herabwürdigendes anzusehen; das stimmt nicht, er ist herrlich, ein enormes Privileg, aber deshalb sind die Regeln außerordentlich strikt und hart.«[29]

Ehebruch, das heißt, Sexualverkehr mit einer Person, mit der man nicht verheiratet ist, wird vom siebten Gebot ausdrücklich verboten (vgl. Ex 20,14; Dtn 5,18). Im Alten Testament war die mosaische Strafe für Ehebruch die Steinigung. Man nahm Ehebruch deshalb so ernst, weil der Ehe dadurch großer Schaden zugefügt wurde, und dies gilt natürlich auch heute noch. Ehebruch ist eine Art von Untreue, die eine Ehe häufig scheitern läßt. Er geschieht in der Regel heimlich und führt fast unweigerlich dazu, daß ein Mensch zutiefst verletzt wird. Oft nehmen alle Beteiligten Schaden, ganz besonders die Kinder. Darüber hinaus gerät das Gefüge unserer Gesellschaft durch den Zerfall der Familie, der aus dem Ehebruch resultiert, ins Wanken. Sexuelle Maßstäbe werden zunehmend locker gehandhabt, doch ganz besonders gilt dies für Ehebruch. Häufig findet man bei Menschen, die beim Ehebruch ertappt wurden, die Haltung: »Ich konnte einfach nichts dagegen machen.« Sie sind schlichtweg unfähig, sich ihrer Verantwortung zu stellen und Selbstdisziplin zu üben.

Unsere Gesellschaft fragt sich vielleicht, was eigentlich so schlimm ist am Ehebruch, doch Jesu Lehre geht in die entgegengesetzte Richtung. Er ergründet die ganze Bedeutungstiefe des Gebotes »Du sollst nicht die Ehe brechen« und zeigt, daß diese Sünde nicht auf den körperlichen Akt innerhalb einer bestehenden Ehebeziehung begrenzt ist. Er kann auch auf andere Weise begangen werden. Bei der zweiten und dritten Illustration der Maßstäbe Gottes über die Gerechtigkeit, die in Vers 20 dargestellt werden, ruft Jesus seine Jünger zu völliger Enthaltsamkeit außerhalb der Ehe und zu absoluter Treue innerhalb der Ehe auf. Er erklärt uns klipp und klar, daß wir das siebte Gebot brechen, wenn wir diesen Maßstab nicht erfüllen. In diesem Kapitel werde ich darstellen, wie man das siebte Gebot im Herzen und in den Gedanken brechen kann.

Was ist Lust? (Verse 27-28)

Jesus verstärkt und verschärft das siebte Gebot: »Ihr habt gehört, daß gesagt worden ist: Du sollst nicht die Ehe brechen. Ich aber sage euch: Wer eine Frau auch nur lüstern ansieht, hat in seinem Herzen schon Ehebruch mit ihr begangen« (Vers 28). Jesus will uns nicht den Spaß am Sex verderben, sondern warnt uns vielmehr vor einem verhängnisvollen Weg. Edmund Burke, britischer Staatsmann und politischer Denker des 18. Jahrhunderts, äußert sich folgendermaßen zu diesem Thema:

> *»Nur in sehr wenigen Fällen übertreten Menschen sofort die klar umrissene Linie zwischen Tugend und ausgesprochener Untugend und Verderbtheit. Es gibt zwischen den Extremen Nuancen und Grauzonen; es herrscht eine gewisse Unklarheit über die Grenzen der beiden Reiche, durch die sie hindurch müssen, was die Veränderung leicht macht und sie unserer Wahrnehmung entzieht.«*

Wir neigen dazu, das Verbot von Ehebruch auf den offensichtlichen Tatbestand zu beschränken. Doch wie beim ungerechten Zorn, den Jesus als ein Motiv für Mord ansieht, begreift er Lust als die Haltung und Motivation, die hinter Ehebruch steht. Ihn interessieren nicht nur unsere Taten und Handlungsweisen, sondern auch unsere Gedanken und Sehnsüchte. Selbst wenn unser Verhalten nach außen moralisch einwandfrei und korrekt ist, können wir uns in unseren Gedanken, unserem Herzen und unserer Vorstellungswelt des Ehebruchs schuldig machen.

Jesus weist darauf hin, daß die Kette der Sünden, die schließlich zum körperlichen Akt des Ehebruchs führt, im Denken ihren Anfang nimmt. Der Tatbestand des Ehebruchs ist das Symptom einer Krankheit der Gedanken. Würden wir uns diese Sünde nicht in unseren Gedanken erlauben, käme es auch niemals zum körperlichen Akt.

Es ist wichtig festzuhalten, daß Jesus nicht verbietet, einen anderen Menschen anzuschauen. Vielmehr ist es der »lüsterne« Blick, der den Ehebruch im Herzen darstellt. Es ist nichts Falsches daran, die Schönheit eines Menschen zu schätzen. Auch verbietet Jesus nicht die natürlichen und normalen menschlichen Sehnsüchte, die zu unseren Instinkten und unserem Wesen gehören. Wir sollen uns nicht schuldig fühlen, weil wir uns nach persönlicher Erfüllung sehnen und uns zu einem anderen Menschen hingezogen fühlen.

Jesus redet vielmehr von der unkontrollierten und verzehrenden sexuellen Leidenschaft, die uns zunächst dazu bringt, Ehebruch zu erwägen, und dann dazu, ihn in unseren Gedanken zu begehen. Er spricht von dem »ungezügelte[n] Verlangen nach dem Körper eines anderen Menschen«[30]. Das trifft sowohl für Männer als auch für Frauen, für Verheiratete wie für Unverheiratete zu.

Diese Art von Lust wird in einem Artikel bestens beschrieben, der vor einigen Jahren in der Zeitschrift *Leadership Today* unter dem Titel »The War Within: an Anatomy of Lust – A Christian leader recounts his experience« erschien. Er beginnt mit den Worten: »Ich erinnere mich noch sehr gut an den Abend, an dem mir zum ersten Mal Lust begegnete; eine wirkliche, willentliche Hingabe an die Lust.« Der betroffene Mann beschreibt, wie er auf einer beruflichen Reise dazu verführt wurde, eine Stripteaseshow anzuschauen:

> *»Seit diesem Erwachen sind zehn Jahre vergangen – zehn Jahre, in denen die Lust fast allgegenwärtig war.* [...] *Ich habe schnell erfahren, daß Lust, ebenso wie der körperliche Sex, nur in eine einzige Richtung führt. Man kann sie*

> *nicht zurückschrauben und trotzdem zufrieden bleiben. [...] Lust befriedigt nicht, sie erregt Unruhe. [...] Schließlich landete ich an einem Punkt, den ich zu Anfang nie für möglich gehalten hätte.«*

Auch wenn er nie den körperlichen Akt des Ehebruchs beging, beeinflußte die Lust auf subtile Weise seine Ehe, da er anfing, seine Frau in ihrer Sexualität herabzuwürdigen und ihre geringfügigen Mängel in den Vordergrund zu stellen. Die Lust wirkte sich auch zerstörerisch auf sein geistliches Leben aus, da sie einen Lebensbereich schaffte, in den er Gott nicht hineinließ. Er fühlte sich zerrissen von dem »übermächtigen Verlangen, wieder rein zu sein, und dem ebenfalls übermächtigen Verlangen, an den exotischen Freuden der Lust festzuhalten«. Die Situation spitzte sich zu, als er den Pfarrer einer großen Gemeinde besuchte und schließlich etwas von der Schuld, die er empfand, ablud, nur um zu entdecken, daß dieser Pfarrer mit dem gleichen Problem kämpfte. In der Tat zog jener sogar einen Schreibblock heraus, auf dem all die Medikamente notiert waren, die er nahm, um die Geschlechtskrankheiten zu bekämpfen, die er sich im Laufe der Zeit zugezogen hatte. Die Anwälte waren bereits dabei, sein Haus, seinen Besitz und seine Kinder aufzuteilen.[31]

Jesus warnt uns davor, daß diese Art von Lust geradewegs in die Hölle führt (vgl. Verse 29-30). Er sagt nicht, daß ein einziger Blick bereits mit dieser Strafe vergolten wird. Auch setzt er Gedanken nicht mit Taten gleich – ohne Zweifel ist der aktive Ehebruch als solcher ernster und führt zu weiterreichenden Folgen als der bloße Gedanke. Doch Jesus warnt uns, daß der Prozeß in unseren Gedanken beginnt, zu Taten führt und sich schließlich in ein Lebensmuster verwandelt, das möglicherweise in der Verdammnis endet. Darum ist dies eine so ernste Sache, und darum ist es so wichtig, daß wir sorgsam damit umgehen.

Wie können wir Lust meiden? (Verse 29-30)

Jesus ermahnt uns zu einschneidenden Maßnahmen, um der Sünde entgegenzuwirken. Seine Unterweisung bezieht sich auf jede Art von Sünde. Nirgends behauptet er, *sexuelle* Sünden seien die schlimmsten Sünden; aber seine Lehre an dieser Stelle steht in unübersehbarem Zusammenhang mit dem Thema »sexuelle Sünde«. Er rät uns:

> »Wenn dich dein rechtes Auge zum Bösen verführt, dann reiß es aus und wirf es weg! Denn es ist besser für dich, daß eines deiner Glieder verlorengeht, als daß dein ganzer Leib in die Hölle geworfen wird. Und wenn dich deine rechte Hand zum Bösen verführt, dann hau sie ab und wirf sie weg! Denn es ist besser für dich, daß eines deiner Glieder verlorengeht, als daß dein ganzer Leib in die Hölle kommt« (Verse 29-30).

Jesus wollte sicherlich nicht, daß wir seine Lehre ohne Sinn und Verstand wortwörtlich auslegen. Origenes (ca. 186-225), ein Gelehrter des 3. Jahrhunderts, kastrierte sich selbst, um nicht in Versuchung geführt zu werden. Im Konzil von Nicäa im Jahr 325 nach Christus wurden solche Praktiken schließlich verboten. Jesus sprach nicht von »einer wirklichen körperlichen Selbstverstümmelung, sondern von einer rücksichtslosen moralischen Selbstverleugnung«[32]. Wir sollen drastisch mit der Sünde umgehen, statt mit ihr zu flirten.

Im besonderen lenkt Jesus unsere Aufmerksamkeit auf drei Bereiche, in denen ein hohes Maß an Selbstkontrolle notwendig ist. Erstens müssen wir auf unser Auge achten, also darauf, wohin sich unser Blick richtet. Ijob berichtet:

> »Einen Bund schloß ich mit meinen Augen, nie eine Jungfrau lüstern anzusehen. [...] Wenn [...] mein Herz meinen

Augen folgte, an meinen Händen Makel klebte, [...] wenn sich mein Herz von einer Frau betören ließ [...], das wäre eine Schandtat und ein Verbrechen, von Richtern zu strafen. Denn das wäre Feuer, das zum Abgrund frißt und meine ganze Habe entwurzelt« (Ijob 31,1.7.9.11-12).

C. H. Spurgeon hat es so ausgedrückt: »Lieber ein blinder Heiliger als ein Sünder mit gesunden Augen.«[33] In einer Welt, die voller sexueller Stimulationen ist, müssen wir mit den Filmen, Fernsehprogrammen und Videos, die wir uns anschauen, mit Büchern und Zeitschriften, die wir lesen, und sogar mit der Werbung, die wir betrachten, vorsichtig umgehen.

»Meinst du, das ist das richtige Kinderprogramm, Hermann?«

Das bedeutet nicht, daß wir einen schönen Menschen nicht anschauen dürften. Bischof Taylor Smith sagte, es mache ihm Spaß, eine schöne Frau anzuschauen. Doch er machte sein Vergnügen zu einem Gebet. Er dankte Gott, daß dieser diese Frau so schön geschaffen hatte, und betete darum, daß ihr um so mehr Kraft gegeben werde, da sie ja auch einer um so größeren Versuchung ausgesetzt sei!

Zweitens müssen wir Kontrolle darüber besitzen, wozu wir unsere Hände gebrauchen (Vers 30). Das betrifft die Lektüre, die wir in die Hand nehmen, ebenso wie die Berührung von anderen Menschen. Eine sexuell neutrale Berührung ist gut und gesund, obwohl mehrdeutige Umarmungen, Berührungen oder Kontakte manipulativ wirken können. Sexuelle Berührungen gehören jedoch zum Vorspiel, das in der Absicht geschieht, innerhalb der Ehe einen Geschlechtsverkehr herbeizuführen. Deshalb führt das »petting« im günstigsten Fall zu Enttäuschungen, kann aber auch zur Sünde werden.

Drittens warnt uns Jesus davor, daß uns unsere Füße zur Sünde führen können (vgl. Mt 18,8). Das bedeutet, daß wir darauf achten müssen, an welche Orte wir uns begeben.

Bestimmte Stadtgebiete, Geschäfte und gewisse »Vergnügungsbetriebe« sind möglicherweise für unsere sexuelle Reinheit nicht förderlich. Jesus erklärt kategorisch, daß wir alles rücksichtslos aus unserem Leben verbannen müssen, was dazu beitragen könnte, daß wir uns zur Sünde verführen lassen. Es ist unklug, mit Gegenmaßnahmen so lange zu warten, bis wir kurz vor dem körperlichen Akt des Ehebruchs stehen.

Wir müssen in dieser Kette der Versuchung sehr viel früher einsetzen. Zum Beispiel müssen wir achthaben auf die Freundschaften, die wir eingehen. Für eine verheiratete Person ist es unklug, sich auf eine zu enge Beziehung zu einer Person des anderen Geschlechts einzulassen, ungeachtet, ob es sich nun um Arbeitskollegen, Tennispartner, Sekretärinnen oder Vertraute handelt. Ich persönlich halte es nicht für weise, wenn ein Mann eine Frau ohne eine dritte Person seelsorgerlich oder pastoral betreut; gleiches gilt im umgekehrten Fall.

Ich versuche, die Regel einzuhalten, nie allein mit einer Frau zu beten.

Viele männliche Pfarrer, die sich des Ehebruchs schuldig gemacht haben, bekennen, daß dieser das Resultat einer engen seelsorgerlichen Beziehung zu einer Frau war. Meine Reaktion mag Ihnen übertrieben und übervorsichtig scheinen, und trotzdem verstehe ich Jesu Lehre so, daß es sich lohnt, extreme Maßnahmen zu ergreifen.

Billy Graham steht als Beispiel für einen Mann, der in diesem Bereich mit Weisheit extreme Vorkehrungen getroffen hat. In seiner Biographie über Billy Graham, *A Prophet with Honour*, berichtet William Martin von dessen »Leidenschaft, rein zu sein«. Graham vertritt nicht die Ansicht, er selbst oder irgendein anderer sei über jegliche Verderbtheit erhaben. Er hat

»seit langem verstanden, daß seine beste Strategie gegen sexuelle Sünden darin besteht, ihnen aus dem Weg zu gehen. ›Ich bin sicher, daß ich schon einmal in Versuchung geraten bin ... besonders als ich jünger war. Aber es hat nie auch nur im entferntesten so etwas wie einen Vorfall gegeben.‹ Wie hat er das geschafft? ›Ich habe Vorsorge getroffen. Seit meinen Anfangstagen war ich nie mit einer Frau allein essen, außer mit Ruth – noch nicht einmal in einem Restaurant. Ich habe auch niemals allein

> *mit einer Frau in einem Auto gesessen.‹ Selbst jetzt, als er über siebzig ist, läßt er bei den wenigen Gelegenheiten, bei denen er mit seiner Sekretärin allein im Raum ist, die Tür weit offen, damit niemand ihn eines ungebührlichen Verhaltens verdächtigen kann.«*

Andererseits ist er nicht prüde. 1983 erschien er einmal in einer Fernsehshow mit Joan Collins. Der Moderator fragte: »Billy, war Ihnen bewußt, daß Joan Collins bereits im Playboy erschienen ist?« Er antwortete: »Ja, das habe ich gesehen. Beim Friseur hat mir jemand den Artikel gezeigt.« Dann fuhr er fort, das Evangelium zu predigen. Ein andermal erwähnte er, den Film *Gefährliche Liebschaften* gesehen zu haben.

> *»›Ich wohnte in der Nähe des Times Square, also schaute ich ihn mir an‹, erklärte er. ›Er spielte im Frankreich des 18. Jahrhunderts. Das war sehr interessant. Einige Szenen waren ganz schön heiß. Die Leute waren halb nackt. Aber das kann man überall sehen.‹* […] *Er schien sich keine Sorgen zu machen, daß jemand entdecken könnte, daß er einen ›ziemlich heißen‹ Film angeschaut hatte, ohne zum Boykott der satanischen Filmindustrie aufzurufen. Kurz, er schien zu wissen, wann er äußere Kontrolle brauchte und wann nicht. Grahams Leidenschaft für sexuelle Treue kommt ohne Zweifel vor allem aus seiner unerschütterlichen Überzeugung, daß Treue dem Willen Gottes entspricht und Untreue eine tödliche Sünde ist.«*[34]

Was geschieht, wenn wir versagen?

Wäre der Maßstab nur der der Pharisäer, könnten viele von uns behaupten, das Gebot »Du sollst die Ehe nicht brechen« noch nie verletzt zu haben. Doch wenn Jesus uns die wahre

Bedeutung des Gebots zeigt, werden wir uns sicher all unserer Verfehlungen bewußt. Keiner von uns könnte behaupten, niemals einen Menschen mit lüsternem Herzen angeschaut zu haben. Was können wir also tun, wenn wir versagen?

Erstens müssen wir umkehren. Im Psalm 51 erleben wir das Umkehrgebet Davids. Er erkannte die Sünde als das, was sie wirklich war. Er versuchte nicht, sich zu rechtfertigen oder zu entschuldigen, sondern er übernahm die volle Verantwortung und flehte um Gnade. Wenn wir in diesem Lebensbereich gesündigt haben, müssen wir damit aufhören. Zur Umkehr gehört, daß wir uns abwenden von dem, was wir als falsch erkannt haben. Wir müssen versuchen, die Zeitschriften, Videos oder sonstiges, das sich als hinderlich erweisen könnte, loszuwerden.

Zweitens müssen wir Vergebung empfangen. David, einer der größten Männer Gottes im Alten Testament, scheiterte ebenfalls in diesem Bereich (vgl. 2 Sam 11-12). Er entging den Folgen seiner Sünde nicht, aber die Schuld wurde von ihm genommen. Wir müssen uns nicht länger schuldig fühlen. David bat um Wiederherstellung dessen, was er einst besessen hatte, und vieles davon wurde ihm gewährt. Er gewann erneut die Gewißheit, daß Gott gegenwärtig ist, er empfing erneut den Heiligen Geist, die Freude über seine Erlösung, seine Begeisterung für das Wirken Gottes, seine Effektivität und seine innige Gottesbeziehung.

Drittens müssen wir widerstehen und die Flucht antreten. »Was es vielen Menschen so schwer macht, der Versuchung zu widerstehen, ist die Tatsache, daß sie sie nicht ganz unterbinden wollen.«[35] Petrus warnt: »Seid nüchtern und wachsam! Euer Widersacher, der Teufel, geht wie ein brüllender Löwe umher und sucht, wen er verschlingen kann« (1 Petr 5,8). Als Josef für Potifar, einen Beamten des Pharao, arbeitete, lud ihn Potifars Frau eines Tages ein: »Komm und schlaf mit mir!« Er lehnte dies kategorisch ab und meinte: »Wie könnte ich so etwas Böses tun und gegen Gott sündigen?« Obwohl sie Josef Tag für Tag ansprach, weigerte er sich, auch nur mit ihr zusammenzusein, geschweige denn, mit ihr zu schlafen. Eines Tages ergriff sie ihn bei seinem Umhang und lud ihn erneut ein: »Komm und schlaf mit mir!« Doch er ließ seinen Umhang zurück und rannte aus dem Haus (vgl. Gen 39,1-12).

Viertens benötigen wir hilfreiche Beziehungen. Wir müssen einen oder zwei Menschen finden, die uns ermutigen, mit uns beten und Fragen stellen. Ein früherer Präsident des *Inter-Varsity Christian Fellowship* und christlicher Bestsellerautor gestand freimütig, Ehebruch begangen zu haben. Ein Hauptgrund für seinen Sündenfall, so ließ er durchblicken, hatte darin bestanden, daß ihm die gegenseitige Verantwortlichkeit gefehlt hatte, wie sie in persönlichen Beziehungen zu finden ist. Wir benötigen solche Freundschaften, bei denen ein Mann dem anderen regelmäßig in die Augen schaut und ein paar harte Fragen über dessen moralisches Leben, seine Lust, seinen Ehrgeiz und sein Ego stellt.[36]

Fünftens müssen wir uns erneut Christus und dem Dienst für ihn hingeben. Wir können der Versuchung nicht entfliehen. Der heilige Antonius lebte als Eremit, fastete, schlief nicht und peinigte seinen Körper. Fünfunddreißig Jahre lebte er in der Wüste, und fünfunddreißig Jahre lang kämpfte er einen ständigen Kampf. John Wimber hat oft gesagt: »Es ist schwer, still zu sitzen und gut zu sein.« Der beste Weg, sich Schwierigkeiten vom Hals zu halten, ist ein tätiges Engagement für Christus.

Sechstens müssen wir uns neu füllen lassen. Willenskraft allein reicht nicht aus. Wir benötigen die Kraft des Heiligen Geistes. Wir sind in diesem Kampf nicht auf uns allein gestellt. Der Apostel Paulus schreibt an einige Gemeinden: »Darum sage ich: Laßt euch vom Geist leiten, dann werdet ihr das Begehren des Fleisches nicht erfüllen« (Gal 5,16). Anderen riet er: »Wenn ihr aber durch den Geist die (sündigen)

Taten des Leibes tötet, werdet ihr leben« (Röm 8,13). Natürlich bezieht er sich nicht allein auf sexuelle Sünden, doch sie sind in dem »Begehren des Fleisches« und den »Taten des Leibes« enthalten. Ihnen kann man nur mit der Kraft des Heiligen Geistes entgegenwirken.

Siebtens müssen wir wissen, was wir verpassen. Weiter oben habe ich einen Artikel aus *Leadership Today* zitiert. Dieser Artikel beschreibt nicht nur, wie jemand der Lust verfällt, er beschreibt auch, wie er der Lust wieder entkommt. Einen Monat nachdem dieser anonyme Verfasser jenen Pfarrer besuchte, las er ein Buch, das ihm deutlich machte, daß Furcht und Schuld allein ihm nicht die Entschlossenheit geben konnten, die er so dringend benötigte. Beides fügte nur noch Selbsthaß zu all seinen anderen Problemen hinzu. Vielmehr erkannte er, was ihm fehlte, wenn er weiter an der Lust festhielt: »Ich schränkte meine innige Beziehung zu Gott ein. Die Liebe, die er uns anbietet, übersteigt alles andere und ist so besitzergreifend, daß unsere Sinne rein und unbefleckt sein müssen, bevor wir sie fassen können.« Zu seiner Umkehr gehörte auch, daß er seiner Frau seine Schuld bekannte, die ihm dann Liebe und Vergebung schenkte. Im darauffolgenden Jahr geriet er nur einmal ins Wanken. In dieser Situation, so berichtet er, »rannte ich so schnell ich konnte aus diesem Stadtviertel«. Seit er sich seiner Lust gestellt hatte, waren zwei Dinge geschehen. Erstens: »Ich hatte eine Gottesbegegnung, die mich in ihrer Tiefe und Intimität in Staunen versetzte, ein derartiges Erlebnis, wie ich es zuvor noch nie gekannt hatte.« Zweitens kehrte wieder Leidenschaft in seine Ehe ein. »Meine Frau wird wieder jemand, dem ich romantische Gefühle entgegenbringe. Der Geschlechtsverkehr [...] wird wieder etwas Geheimnisvolles und Transzendentes und ist diese unaussprechliche Freude, als die er wohl ursprünglich gedacht war.«[37]

Kapitel 6

Wie kann man eine Scheidung vermeiden?

»Ferner ist gesagt worden: Wer seine Frau aus der Ehe entläßt, muß ihr eine Scheidungsurkunde geben. Ich aber sage euch: Wer seine Frau entläßt, obwohl kein Fall von Unzucht vorliegt, liefert sie dem Ehebruch aus; und wer eine Frau heiratet, die aus der Ehe entlassen worden ist, begeht Ehebruch« (Mt 5,31-32).

»Da kamen Pharisäer zu ihm, die ihm eine Falle stellen wollten, und fragten: Darf man seine Frau aus jedem beliebigen Grund aus der Ehe entlassen? Er antwortete: Habt ihr nicht gelesen, daß der Schöpfer die Menschen am Anfang als Mann und Frau geschaffen hat und daß er gesagt hat: Darum wird der Mann Vater und Mutter verlassen und sich an seine Frau binden, und die zwei werden ein Fleisch sein? Sie sind also nicht mehr zwei, sondern eins. Was aber Gott verbunden hat, das darf der Mensch nicht trennen. Da sagten sie zu ihm: Wozu hat dann Mose vorgeschrieben, daß man (der Frau) eine Scheidungsurkunde geben muß, wenn man sich trennen will? Er antwortete: Nur weil ihr so hartherzig seid, hat Mose euch erlaubt, eure Frauen aus der Ehe zu entlassen. Am Anfang war das nicht so. Ich sage euch: Wer seine Frau entläßt, obwohl kein Fall von Unzucht vorliegt, und eine andere heiratet, der begeht Ehebruch. Da sagten die Jünger zu ihm: Wenn das die Stellung des Mannes in der Ehe ist, dann ist es nicht gut zu heiraten. Jesus sagte zu ihnen: Nicht alle können dieses Wort erfassen, sondern nur die, denen es gegeben ist« (Mt 19,3-11).

In den letzten dreißig Jahren gab es in unserer Gesellschaft viele Kräfte, die an der Institution »Familie« genagt haben, und die Ehe geriet mehr und mehr unter Beschuß. Andrew Cornes, Leiter des Weiterbildungsprogramms an der *All Souls Church* in Langham Place, nennt als Ursache für diese Situation unter anderem die Tatsache, daß Rechte stärker betont werden als Pflichten, außerdem unrealistische Erwartungen vom leichten und dauerhaften Glück, den Wegfall der elterlichen Unterstützung, die hohe gesellschaftliche Akzeptanz von Scheidung und Wiederheirat sowie den Niedergang der Religion.[38] Welche Gründe im Einzelfall auch immer zutreffen: Die Statistiken sprechen für sich. 1993 gab es in Großbritannien 299 200 Eheschließungen und 162 579 Scheidungen – statistisch gesehen gehen folglich über die Hälfte der geschlossenen Ehen wieder auseinander.

Die Themen »Scheidung« und »Wiederheirat« sind vielschichtig und umstritten, schmerzhaft und voller Spannungen. Es ist für jeden Menschen ein wichtiges Thema. Selbst wenn es uns nicht direkt betrifft, kennen wir doch mit allergrößter Wahrscheinlichkeit Menschen, die mit diesem Thema zu kämpfen haben. Bereits zu Jesu Zeiten war es ein heißes Eisen, denn auch in der Entstehungszeit des christlichen Glaubens stand die Familie unter einem großen gesellschaftlichen Druck. In der griechisch-römischen Welt, wenn auch nicht im Judentum, betrachtete man Beziehungen außerhalb der Ehe als etwas Natürliches und Normales. Eine mündliche oder schriftliche Benachrichtigung vor zwei Zeugen reichte aus, um die Scheidung zu vollziehen. Damit handhabte man diese Situation fast ebenso direkt wie die Puebloindianer, bei denen sich eine Frau von ihrem Mann scheiden konnte, indem sie seine Mokassins auf der Schwelle stehenließ!

Nach rabbinischem Gesetz hatte ein Mann das Recht, sich von seiner Frau scheiden zu lassen, doch die Frau besaß dieses Recht nicht. Ein Mann mußte seiner Frau nur in Gegenwart zweier Zeugen ein Scheidungsdokument übergeben, und schon war er von ihr geschieden. Was den Scheidungsgrund anging, so gab es zwei Schulen, die das vierundzwanzigste Kapitel im Buch Deuteronomium unterschiedlich auslegten, nach welchem ein Mann sich von seiner Frau scheiden lassen kann, wenn er an seiner Frau »etwas Anstößiges« entdeckt (Vers 1). Nach der von Rabbi Schammai geleiteten, strengen Schule war hierzu ein schwerwiegender sexueller Verstoß unerläßlich. Nach der liberalen Schule des Rabbi Hillel konnte der Mann sich »aus jedem beliebigen Grund« von seiner Frau scheiden lassen (daher auch die Frage der Pharisäer im Matthäusevangelium, Kapitel 19, Vers 3). Dazu gehörten auch Schwatzhaftigkeit und Tratsch in der Öffentlichkeit, der Verlust ihrer Schönheit, ein häßlicher Leberfleck oder ein Übermaß an Salz in der Suppe. Kein Zweifel: Männern zogen die Interpretation Hillels vor!

In der Bergpredigt erklärt Jesus, wie er über Scheidung und Wiederheirat denkt; eine Ansicht, die er im Evangelium zu einem späteren Zeitpunkt näher ausführt (vgl. Mt 19,3-11). Im Grunde fragen ihn die Pharisäer, ob er mit der Ansicht Hillels übereinstimmte. In diesem Kapitel möchte ich vier Fragen stellen, die sich aus der Lehre Jesu ergeben:

Was macht eine Ehe aus?

Es gibt heute viele verschiedene Ansichten über die Ehe als solche. Die säkulare Welt betrachtet sie als etwas, das der Mensch selbst gewählt und geschaffen und von sich aus zu erhalten hat. Es ist eine freiwillige Partnerschaft, die der Entscheidung zweier Parteien entspringt und die, wie jeder andere Vertrag auch, von diesen beteiligten Parteien beendet werden kann. Oft wird sie als eine romantische Allianz angesehen, die auf erotischer Anziehung basiert. Stirbt die Liebe, besteht kein Grund, die Ehe nicht aufzulösen und beiden Parteien die Freiheit zu geben, eine neue Partnerschaft einzugehen. Manche nehmen eine zunehmend reduktionistische Haltung zu der Frage ein, worum es bei der Ehe eigentlich geht. So schreibt zum Beispiel John Diamond in der *Times* über das Wesen der Scheidung:

> *»Für die meisten Leute ist die Ehe heutzutage eine dieser freiwilligen Dinge, die man tut, wenn man dem Leben, das man ohnehin schon mit einem anderen Menschen teilt, durch eine spezielle Handlung Ausdruck verleihen will.* [...] *Ich teile mit einem anderen Menschen das Bett und die Hypothek, das ist die Grundlage unserer Beziehung: Der Trauschein erweist sich heute als ein bloßes bürokratisches Ornament, das sieben Jahre meines Lebens ziert.«*[39]

Im Gegensatz dazu diejenigen, die die Ehe für unauflöslich halten. Jesus Erklärung: »Sie sind also nicht mehr zwei, sondern eins« (Mt 19,6), wird von den Vertretern der fundamentalistischen Einstellung durchaus wörtlich verstanden. Sie sind der Ansicht, daß eine ontologische Einheit besteht, das heißt, eine Einheit des Seins, die nicht nur nicht gebrochen werden sollte, sondern gar nicht gebrochen werden kann. Augustinus (354-430 n. Chr.) vertrat diese Ansicht, die von der katholischen Kirche heute noch beibehalten wird. Deshalb wird diese trotz gesellschaftlicher Widerstände die Scheidung niemals erlauben. Um mit den praktischen Gegebenheiten zerbrochener Ehen zurechtzukommen, hat die katholische Kirche ein ausgedehntes System von Annullierungen ausgearbeitet. Eine Ehe zu annullieren, bedeutet in der Praxis zu behaupten, daß sie überhaupt niemals existiert hat. In einer kleinen Minderheit der Fälle mag dies zutreffen (zum Beispiel, wenn die Ehe niemals vollzogen wurde). Doch in vielen Fällen könnte man dies als ein künstliches Mittel ansehen, mit dem man versucht, die logischen Konsequenzen der Unauflösbarkeitstheorie zu vermeiden.

Jesus hatte die größte Achtung vor der Ehe. Als man ihn zum Thema »Scheidung« befragte, sprach er zunächst über die Ehe (vgl. Mt 19,4-6), wies auf die Schöpfungsordnung hin und zog vier Schlüsse. Erstens gehören zu einer Ehe ein Mann und eine Frau, die auf Lebenszeit zusammen sind. Zweitens beinhaltet die Ehe, daß man die Eltern verläßt. Dazu gehört eine öffentliche Zeremonie, bei der die Bindung an die frühere Familie gelöst wird. Das heißt nicht, daß man seine Eltern nie wiedersieht. Vielmehr wird eine neue Familieneinheit gegründet, und die Eheleute sind primär dieser neuen Familie gegenüber zu Verantwortung und Loyalität verpflichtet. Drittens gehen die betroffenen Parteien eine Vereinigung und eine persönliche Verpflichtung ein. Das hierfür verwendete Wort beinhaltet sowohl Leidenschaft als auch Dauerhaftigkeit. Die Verbindung ist als etwas Tiefgehendes und Bleibendes gedacht. Viertens werden die zwei »ein Fleisch«. Während es etwas Aktives ist, zu verlassen und sich zu verbinden, ist dieses »Ein-Fleisch-Werden« etwas, das im Paar vor sich geht – sie werden von Gott miteinander verbunden. Die Verbindung geschieht auf der tiefsten Ebene der Persönlichkeit; der Sexualverkehr ermöglicht und symbolisiert diese Verbundenheit.

Jesus faßte diese Lehre mit dem Gedanken zusammen, daß in der Ehe Mann und Frau nicht mehr zwei, sondern eins sind. »Was aber Gott verbunden hat, das darf der Mensch nicht trennen.« Diese Grundregel besagt, daß die Ehe etwas Bleibendes ist und Scheidung ausgeschlossen sein sollte; und zwar nicht, weil man den Ehebund nicht brechen kann, sondern, weil man ihn nicht brechen sollte. Eine Trennung ist zwar möglich, aber falsch. Karl Barth hat es einmal so ausgedrückt: »In den Stand der Ehe einzutreten bedeutet, der Möglichkeit, die Ehe wieder zu verlassen, zu entsagen«[40]

1991 forderte die *Law Society* ein Gesetz, daß es Ehepaaren ermöglichen sollte, gesetzlich bindende Eheverträge abzuschließen, in denen festgelegt würde, wer welche Güter erhält, wenn die beiden sich scheiden lassen. Diese Forderung widerspricht dem christlichen Verständnis von Ehe völlig, und man kann sich kaum etwas vorstellen, das diese stärker untergraben könnte, als ein solcher Ehevertrag. Die Möglichkeit, sich scheiden zu lassen, sollte von vornherein ausgeschlossen werden. Es wäre in der Tat klug, das Wort »Scheidung« niemals in die Ehebeziehung hineingeraten zu lassen, nicht einmal im Spaß.

Was führt zum Bruch der Ehe?

Die Pharisäer fochten Jesu Ansicht über die Ehe an, indem sie ein Wort aus dem Buch Deuteronomium, Kapitel 24, Vers 1 zitierten oder vielmehr falsch zitierten (vgl. Mt 19,7). Dieses falsche Zitat kam wohl damals häufig vor, denn Jesus bemerkt dazu: »Ferner ist gesagt worden: Wer seine Frau aus der Ehe entläßt, muß ihr eine Scheidungsurkunde geben« (Mt 5,31). Die Scheidung wird durch dieses Fehlzitat moralisch gebilligt. Doch der ursprüngliche Sinnzusammenhang im 24. Kapitel des Buches Deuteronomium besagte etwas völlig anderes. Das mosaische Gesetz hatte den Sinn, die Frau zu schützen, und schränkte die Möglichkeit der Wiederheirat ein, indem es dem Ehemann verbot, sich von seiner Frau scheiden zu lassen und sie dann wieder zu heiraten, falls seine nächste Ehe scheitern sollte. Mit anderen Worten: Wenn er seiner Frau eine Scheidungsurkunde gab, dann sollte diese Scheidung dauerhaft sein.

Jesus weist darauf hin, daß den Israeliten an keiner Stelle *befohlen* wurde, sich von einer Ehefrau zu trennen, selbst unter den extremsten Umständen nicht. Eine Scheidung wird nur in sehr seltenen Fällen erlaubt – sie ist ein Zugeständnis, »weil ihr so hartherzig seid« (Mt 19,8). Gott wollte ursprünglich nicht, daß die Ehe mit einer Scheidung endete, und so verkündet er, daß ihm Scheidungen zuwider sind (vgl. Mal 2,16).

Auf dieser Grundlage fährt Jesus fort, daß die Scheidung einem Ehebruch gleichkommt (vgl. Mt 5,32; 19,9). Er macht dabei eine vieldiskutierte Ausnahme. Diese eine Ausnahme wird nur im Matthäusevangelium genannt und betrifft »Unzucht« in der Ehe (Mt 19,9). Was hat er damit gemeint? Exegeten, die die Autorität der Schrift anerkennen, sind geteilter Meinung. Ich gebe zum Abschluß dieses Kapitels dazu Gedanken weiter, die meine eigenen vorläufigen Schlußfolgerungen widerspiegeln.

Manche meinen, das hier verwendete griechische Wort, *porneia*, weise darauf hin, daß es sich um Ehen handle, die innerhalb der verbotenen Verwandtschaftsgrade geschlossen wurden (vgl. Lev 18,6-18). Eine solche Eheschließung wäre eine unzulässige Verbindung gewesen und daher überhaupt keine Ehe im juristischen Sinne. Diese Interpreten verstehen Jesus so, daß er Scheidungen in jedem Fall verbietet, was zu der Position von der Unauflösbarkeit der Ehe passen würde.

Andere denken, *porneia* bedeute »Unzucht vor der Ehe«, die dann erst in der Ehe entdeckt wird. Weiter verbreitet ist die Ansicht, das Wort schließe auch Ehebruch mit ein. In beiden Fällen war die vom Alten Testament vorgesehene Strafe der Tod (vgl. Dtn 22,20-22), die unter römischem Gesetz jedoch nicht vollzogen werden konnte. Dennoch bedeutet

Ehebruch, daß eine neue Verbindung gebildet wurde, und daher war die Scheidung die Anerkennung der Tatsache, daß die Ehe bereits beendet worden war. Im Grunde wird durch sie »der Bruch besiegelt«.[41]

Jesus bekräftigt die Ansicht, daß die Ehe etwas ist, das dauerhaft sein soll. Nur in ganz extremen Fällen kann die Ehe beendet werden. Manche haben die Lehre Jesu in der Tradition der Pharisäer wörtlich interpretiert. Ein einziger Ehebruch reicht aus, um dem Ehepartner das »biblisch begründete« Recht zu geben, die Ehe zu beenden. Dies deckt sich nicht mit dem Geist der Lehren Jesu, auch nicht mit dem übrigen Neuen Testament. Paulus bestätigt zwar in seinem ersten Brief an die Gemeinde in Korinth (1 Kor 7,1-16) den dauerhaften Charakter der Ehe, nennt aber noch ein weiteres Beispiel, wann die Ehe beendet werden kann. Wenn ein ungläubiger Ehepartner seinen gläubigen Partner verläßt und sich nicht mit ihm versöhnen lassen will, dann darf dieser ihn guten Gewissens ziehen lassen. Paulus hätte keinen weiteren Scheidungsgrund hinzugefügt, wenn er nicht geglaubt hätte, daß dieser mit dem Gesamtzusammenhang der Lehre Jesu im Einklang steht. Jesus, wie auch die Autoren des Neuen Testamentes, bekräftigen, daß die Ehe für immer geschlossen wird und daß eine Scheidung nur in den extremsten Fällen erlaubt sein sollte – Fälle von gröbstem Fehlverhalten, die die gesamte eheliche Beziehung untergraben. Wenn zum Beispiel ein Ehepartner den anderen verläßt und mit einer dritten Person einen eigenen Haushalt gründet, mit dieser Person Kinder hat und nicht zu seinem Ehepartner zurückkehren will, so wurde faktisch die erste Ehe durch Ehebruch beendet. Wenn ein ungläubiger Ehepartner einen gläubigen verläßt und sich nicht mit ihm versöhnen will, so muß dieser ihn gehen lassen. Ein weiterer Extremfall könnte sein, daß jemand fortwährend körperlichem oder mentalem Mißbrauch ausgesetzt ist. In diesen Fällen bleibt keine andere Wahl.

Jesu Lehre, die der Schammais näher kommt als der Hillels, führte unter seinen Jüngern zu heftigen Reaktionen: »Wenn das die Stellung des Mannes in der Ehe ist, dann ist es nicht gut zu heiraten« (Mt 19,10). Sie waren von seiner Strenge überrascht. Doch Jesus wußte, welchen Schaden eine Scheidung anrichtet. Wenn das auseinandergerissen wird, was Gott zusammengefügt hat, führt dies unweigerlich mindestens für einen der Eheleute, vermutlich aber für beide, zu großem Schaden. Darüber hinaus werden Kinder, soweit es welche gibt, mit Sicherheit von einer Scheidung der Eltern schwer getroffen, möglicherweise mit Auswirkungen auf ihr ganzes Leben.

In einer nationalen britischen Studie über die Entwicklung von Kindern aus dem Jahr 1995 werden Ergebnisse aufgeführt, die auf einer Untersuchung von 17 000 im Jahr 1958 geborenen Kindern basieren. Die Kinder, deren Eltern sich hatten scheiden lassen, waren im Schnitt emotional instabiler, gingen früher von Zuhause fort und erlebten häufiger selbst eine Scheidung oder Trennung vom Lebenspartner. Sie hatten in der Schule häufiger Verhaltensprobleme, waren öfter unglücklich und besorgt und hatten mit doppelt so großer Wahrscheinlichkeit noch vor Erreichen des zwanzigsten Lebensjahres ein Kind. Bei Kindern von mittelständischen Eltern, die sich scheiden ließen, war die Wahrscheinlichkeit doppelt so hoch, daß sie die Schule ohne einen qualifizierten Abschluß verließen. Ihre Chance auf einen sicheren Vollzeitjob waren wesentlich geringer.

Ist es jemals in Ordnung, wenn ein geschiedener Christ wieder heiratet?

Auch wenn Jesus die Scheidung im Falle eines Ehebruchs erlaubt hat, sagen manche, habe er doch nicht gestattet, erneut zu heiraten. Diese Aussage basiert auf der Ansicht, daß die erste Ehe unauflöslich ist, bis einer der Ehepartner stirbt. Doch diese Auffassung ist in vielerlei Hinsicht problematisch. Erstens ermuntert der Text aus dem Buch Deuteronomium, Kapitel 24, Verse 1-4, zwar nicht zu Scheidung und Wiederheirat, doch er erwägt eine solche Möglichkeit. Die Ehe wird im Alten Testament also keinesfalls als unauflöslich angesehen.

Zweitens ging man in der Gesellschaft zu Jesu Zeiten im allgemeinen davon aus, daß Geschiedene wieder heiraten würden. Deshalb sagt Jesus, daß jeder, der sich scheiden läßt, seine Frau »dem Ehebruch ausliefert« (Mt 5,32). Dies könnte zweifelsfrei nicht geschehen, wenn sie unverheiratet bliebe. Doch die Frau hatte kaum eine andere Wahl. In einer Gesellschaft, in der es für Frauen keine Sozialhilfe und keine bezahlte Arbeit gab, war eine Frau aus finanzieller Not heraus gezwungen, entweder erneut zu heiraten, oder als Prostituierte zu arbeiten. Praktisch in jeder Kultur der antiken Welt war es selbstverständlich, daß zur Scheidung die Erlaubnis gehörte, wieder zu heiraten.

Drittens müssen sich die Vertreter der Position, nach der die Ehe unauflöslich sei, den Vorwurf der Ungereimtheit gefallenlassen. Wer diese Position zum logischen Schluß führt, müßte behaupten, daß jemand, der oder die nach einer Scheidung Christ wird, den neuen Ehepartner verlassen und zu seinem früheren Ehepartner zurückkehren müßte. (Dies ist natürlich vor allem dann sehr pikant, wenn aus beiden Ehen Kinder hervorgegangen sind.) Doch statt dessen erklären die Verfechter der fundamentalistischen Haltung: »Sie sollten erkennen, daß die gegenwärtige Ehe nun Gottes Wille für Ihr Leben ist.«[42] Ein anderer Vertreter dieser Position vertritt die Auffassung:

»Das neue Paar ist in einen Ehebund eingetreten. Sie hätten dies nicht tun sollen, doch sie haben es getan; und nun ist dieser Bund für sie bindend. Sie können ihn nicht nach Belieben verwerfen; sie sollten ihn auch nicht verwerfen, selbst wenn sie im nachhinein merken, daß es ein Fehler war (vgl. Koh 5,4-7). Daher ist es völlig richtig, daß ein Christ für eine zweite Ehe, die in Schwierigkeiten geraten ist, darum beten soll, daß Gott sie erhalten möge.«[43]

Dies ist unlogisch, wenn die erste Ehe unauflöslich wäre.

Selbst wenn die Scheidung eine Ehe rechtlich und moralisch beendet, bedeutet das für Christen heute nicht, daß sie eine Wiederheirat in jedem Fall für selbstverständlich erachten sollten. Auch wenn die Ehepartner die Freiheit haben, erneut zu heiraten, mag es in manchen Fällen nicht richtig sein. Es könnte sein, daß Gott eine bestimmte Person zum Zeugen dafür beruft, daß die Ehe eine dauerhafte Einrichtung ist und jemand aufgrund dessen nicht noch einmal heiraten soll.

Wenn wir dies bedenken, ist die Frage, ob eine Wiederheirat in der Kirche stattfinden sollte, sehr schwer zu beantworten. Die Kirche besitzt eine zweifache Aufgabe: Erstens besitzt sie eine prophetische Aufgabe und soll Zeugnis für die Dauerhaftigkeit der Ehe ablegen. Zweitens hat sie eine hirtliche Aufgabe und soll Zeugnis dafür ablegen, daß Vergebung und Neubeginn möglich sind. Die anglikanische Kirche vertritt in der Regel die Auffassung, daß eine Wiederheirat in der Kirche nicht erlaubt ist, in angemessenen Fällen jedoch nach der standesamtlichen Trauung ein Segnungsgottesdienst gefeiert wird. Obwohl Raum für unterschiedliche Ansichten besteht, ist die anglikanische Lösung vielleicht eine angemessene Form, beiden Aufgaben gerecht zu werden.

Wie sollen wir uns angesichts dieser Tatsachen verhalten?

Bei denen, die *bereits geschieden* sind, ist es in einem gewissen Sinne offensichtlich zu spät, insbesondere, wenn einer oder beide früheren Ehepartner bereits wieder verheiratet sind. Hier ist die gegenseitige Vergebung der Schlüssel. In fast allen Fällen tragen bis zu einem gewissen Grad beide Parteien die Schuld an der Scheidung. Es ist unbedingt notwendig, dort Umkehr zu üben, wo dies notwendig ist. Das mag heißen, daß jemand den früheren Partner um Vergebung bitten muß, statt Bitterkeit, Zorn und Ablehnung in sich zu tragen. Dies ist vermutlich ein längerer Prozeß. Noch häufiger findet man bei Geschiedenen das Gefühl, schuldig zu sein und versagt zu haben, und hier muß man unbedingt Vergebung empfangen. Eine Scheidung ist keine unvergebbare Sünde. Jesus starb, um uns von der Schuld frei zu machen. Es ist wichtig zu akzeptieren, daß die Ehe zu Ende ist, daß die Schuld in Christus von uns genommen werden kann und daß wir nun die Freiheit haben, neu anzufangen. Das bedeutet jedoch nicht, daß eine Wiederheirat in jedem Fall recht ist, aber sie ist auch nicht notwendigerweise falsch.

Für die, die *verheiratet* sind, gilt es, alles zu tun, um eine Scheidung zu vermeiden. Selbst wenn jemand schon im Scheidungsprozeß steht, ist es nie zu spät. In Christus gibt es keine unwiederbringlich zerstörte Ehe. Wenn Ihr Partner sich von Ihnen scheiden lassen will, so ist es wichtig, jeden Weg zur Versöhnung zu erkunden. Versöhnung ist immer möglich, selbst in letzter Minute.[44]

Wenn Sie sich *gerade von Ihrem Partner scheiden lassen* wollen, denken Sie doch noch einmal darüber nach. Selbst wer grobes Fehlverhalten durch den anderen ertragen mußte, sollte bereit sein, die Versöhnung zu suchen. Wie lange dieser Prozeß dauern wird, ist von Fall zu Fall verschieden. Reden

Sie mit jemandem darüber, und überlegen Sie, ob es nicht eine Möglichkeit zur Versöhnung gibt.

Wenn es bei Ihnen noch nicht ganz so weit gekommen ist, Ihre Ehe jedoch in Schwierigkeiten steckt, suchen Sie frühzeitig Hilfe. Nur allzuoft fällt es Menschen schwer, sich einzugestehen, daß ihre Ehe unter Druck geraten ist. Warten Sie nicht, bis es zur Ehekrise kommt. Profitieren Sie von Seminaren und gemeinsam verbrachten Wochenenden, die das Ziel haben, die Ehe zu stärken.

Wir alle, die wir verheiratet sind, müssen widerstandsfähige Ehebeziehungen aufbauen. Wir müssen dies, nach unserer Beziehung zu Gott, zur höchsten Priorität in unserem Leben machen. Wir dürfen uns nicht der Versuchung beugen, unsere Arbeit oder unsere Kinder unserem Ehepartner vorzuziehen.

Starke Ehen entstehen durch das regelmäßige und intime Gespräch und damit durch eine wachsende Freundschaft, durch Vertrauen und gegenseitige Achtung. Es zerbrechen mehr Ehen durch einem Mangel an Kommunikation als an irgendeinem anderen Grund. Kommunikation benötigt Zeit, und wir müssen das Gespräch fest in unsere Ehebeziehung einbauen.

Wir werden von zwei Seiten heftig bedrängt: von der Gesellschaft, deren Werte nicht den Werten Jesu entsprechen, und vom Teufel, dessen Ziel es ist, zu rauben, zu töten und zu zerstören. Ein Sprichwort sagt: »Wenn die Äpfel in Nachbars Garten süßer sind als unsere eigenen, wird es Zeit, sich intensiver um unsere zu kümmern.« Starke Ehen benötigen Pflege und

werden durch das Gebet getragen. Ehepaare müssen Zeit für das gemeinsame Gebet finden, wie auch jeder Ehepartner für die Beziehung beten muß.

Die *Unverheirateten* sollten lernen, daß ihr Singledasein kein Fluch, sondern ein Segen ist, eine Chance, viel im Leben zu erreichen ohne die Ablenkungen und die Notwendigkeit, einem Partner und der Familie Zeit und Energie zu widmen. Ohne Frage ist es besser, unverheiratet zu sein, als unglücklich verheiratet. Obwohl es offensichtlich erscheinen mag, sollte man auch betonen, daß es bei der Auswahl eines Ehepartners auf größte Sorgfalt ankommt (vgl. auch das Kapitel 11: »Wie führt uns Gott?« meines Buches *Fragen an das Leben*).

Wir müssen der Welt ein Vorbild sein, indem wir ihr zeigen, wie eine gesunde Ehe aussieht. Viele kennen keine Vorbilder für eine starke Ehe. Das mächtigste Zeugnis für Christus ist die andere Qualität, die unser Leben, unsere zwischenmenschlichen Beziehungen und besonders auch unsere Ehen besitzen. Wir müssen außerdem mit Barmherzigkeit, Verständnis und ohne zu verurteilen die Menschen mit in unser Boot nehmen, die in ihrer Ehe Probleme haben.

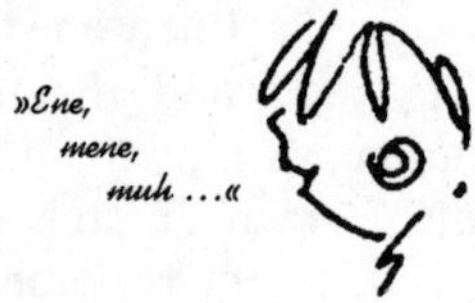

Im Zentrum des christlichen Glaubens steht die Versöhnung. Gott versöhnte die Welt durch Christus mit sich. Unsere Aufgabe besteht darin, der Welt diese Botschaft zu verkünden. Wir tun dies durch unser Leben, durch das Beispiel, das wir den Menschen in unseren Beziehungen zu ihnen geben, und mit unseren Lippen, mit denen wir die Lehre Jesu der Welt verkünden – so bemühen wir uns darum, Menschen mit Gott und untereinander zu versöhnen. Wenn die Kirche wirklich beginnt, die Lehren Jesu zu leben, dann wird die Welt aufhorchen und erhält so die Chance, auf diese Lehre zu reagieren.

Kapitel 7

Wie kann ich mit Integrität leben und handeln?

»Ihr habt gehört, daß zu den Alten gesagt worden ist: Du sollst keinen Meineid schwören, und: Du sollst halten, was du dem Herrn geschworen hast. Ich aber sage euch: Schwört überhaupt nicht, weder beim Himmel, denn er ist Gottes Thron, noch bei der Erde, denn sie ist der Schemel für seine Füße, noch bei Jerusalem, denn es ist die Stadt des großen Königs. Auch bei deinem Haupt sollst du nicht schwören; denn du kannst kein einziges Haar weiß oder schwarz machen. Euer Ja sei ein Ja, euer Nein ein Nein; alles andere stammt vom Bösen« (Mt 5,33-37).

Kürzlich kehrten wir nach einer Woche Abwesenheit nach Hause zurück und trafen vor unserem Haus einen Mann an, der behauptete, der Cousin eines unserer Nachbarn zu sein. Er erzählte uns, daß die Polizei seinen Wagen samt all seiner Habseligkeiten wegen Falschparkens abgeschleppt habe, und nun müsse er ein Strafgeld bezahlen, um das Auto zurückzubekommen. Er fragte, ob er sich von uns etwas Geld leihen könne, und so gaben wir ihm fünfzig britische Pfund. Wenig später kehrte er zurück und sagte, er benötige noch weitere zwanzig Pfund. Nachdem wir ihm auch diese geliehen hatten, wurden wir plötzlich mißtrauisch. Ich ging hinüber zu unseren Nachbarn und sah, daß das Haus hell erleuchtet war. Ich wußte, daß man mich für dumm verkauft hatte. Es stellte sich heraus, daß der Mann drogensüchtig war und mit der gleichen Geschichte bereits viele Leute in unserem Wohngebiet betrogen hatte. Mir wurde bewußt, was für ein leichtgläubiger Tölpel ich gewesen war. Aber ich dachte auch, wie schade es ist, daß wir in einer Welt leben, in der wir den Menschen nicht trauen können.

Vor einiger Zeit berichtete auch Lynda Lee-Potter in der Zeitung *Daily Mail* über dieses Thema:

> *»Die Zeitschrift Sun führte vor kurzem eine Untersuchung zur Frage der Wahrheitsliebe durch, um mehr über das Denken, das Herz und die Integrität ihrer Leser herauszufinden. Sie behauptete, hocherfreut zu sein, daß nur 22 Prozent ihrer Leser einen Partner des Geldes wegen umbringen würden und nur 38 Prozent der Männer es zulassen würden, daß ihre Ehefrauen als Prostituierte ihr Geld verdienten. ›Herzlichen Glückwunsch‹, strahlte die fürsorgliche Sun. ›Wir haben es immer gewußt, doch nun haben wir den Beweis: Sun-Leser sind anständig, ehrlich, fürsorglich und vertrauenswürdig. Sie sind loyale Arbeitnehmer, treue Liebhaber und Mitglieder unserer Gesellschaft, die sich um andere kümmern.‹*
> *›Abgesehen von der Tatsache‹, so hätten sie vielleicht hinzufügen sollen, ›daß manche unter Ihnen potentielle Zuhälter und Mörder sind.‹«*[45]

Wir leben in einer Welt, die voller Lügen ist. Die Unehrlichkeit nimmt überhand. Die Verbrechensrate steigt ins Unermeßliche. Die Mehrzahl der Delikte hängt mit Unehrlichkeit zusammen: Einbruch, Betrug oder Diebstahl. Es ist jedoch offensichtlich, daß man Unehrlichkeit nicht nur in Gangsterkreisen begegnet.

In der heutigen Zeit ist zu beobachten, daß man selbst in den großen Behörden der Londoner Stadtregierung und bei anderen offiziellen Stellen nicht mehr mit Zuversicht sagen kann, daß »das Wort eines Mannes gilt«. Die Lügen der Politiker sind geradezu infam. So war zum Beispiel das Wahlversprechen George Bushs, die Steuern nicht zu erhöhen, von den unvergeßlichen Worten begleitet: »Read my lips!« [»Lesen Sie es von meinen Lippen ab!« Anmerk. d. Übers.] Doch dieses Versprechen wurde nicht eingehalten.

Weil es soviel Unehrlichkeit gibt, werden Anwälte herangezogen, die wasserdichte Verträge aufsetzen sollen, um die Leute bei ihrem Wort zu halten. Doch heute vertraut man nicht einmal mehr den Anwälten, und auch sie sind eine Karikatur zum Thema »Ehrlichkeit«. Das Gewissen wurde als etwas beschrieben, das »ein Anwalt von Montag bis Freitag wegpackt und erst am Wochenende wieder herausholt«.

Auch die Presse ist nicht gerade für ihre Wahrheitsliebe bekannt. Ihre Werte sind Schnelligkeit und Profit und nicht Stimmigkeit und Wahrheit. »Einer Zeitung darfst du nichts glauben, außer dem Datum«, so heißt es häufig.

Andere Berufsstände leiden ebenfalls an einem ähnlichen Mangel an Glaubwürdigkeit. Makler betrachtet man nur sehr selten als ehrlich und wahrheitsliebend. Auch Gebrauchtwarenhändler stehen nicht in dem Ruf, gewissenhaft darauf zu achten, daß ihre Versprechungen zutreffen. Sie würden vermutlich ihrerseits behaupten, daß die Leute auch nicht immer die Wahrheit erzählen, wenn sie dem Händler ein Fahrzeug verkaufen wollen.

Selbst in der Welt von Kunst und Musik ist ein Schwund an Ehrlichkeit zu beobachten. Einer meiner Freunde, der in der Musikbranche arbeitet, erzählte mir, daß die Leute ständig übertreiben, wenn es um die Frage geht, wo ein Titel in den Hitlisten steht. Man sagt, der Titel habe Platz dreißig erreicht, wenn er gerade mal auf Platz siebzig ist. Der Zuhörer korrigiert diese Aussage dann von selbst entsprechend.

Dieser Mangel an Vertrauen reicht auch in die persönlichen Beziehungen hinein. In *Life and How to Survive it* führen John Cleese und sein Therapeut, Robin Skinner, eine interessante Diskussion über die Neigung der Menschen, Versprechen zu brechen. Sie kommen zu dem Schluß, daß ein Teil von uns Versprechen macht und der andere Teil diese wieder bricht. Nachdem wir etwas versprochen haben, ändert sich unsere Stimmung, oder die Umstände sind anders, und so wird das Versprechen auf einmal unbequem. Man kann dies im Kleinen wie im Großen beobachten: Ein Schulkind verrät ein Geheimnis, ein Erwachsener bricht das Eheversprechen.

In anderen Situationen ist der Grund, warum Versprechen gebrochen werden, weniger komplex – die Leute sind einfach unehrlich. Kinder versprechen etwas und schwören dabei zum Beispiel: »Ich schwöre auf die Bibel …« Doch ein solcher Schwur kann nach allgemeinem Brauch gebrochen werden, indem man einfach seine Finger hinter dem Rücken kreuzt. Das bedeutet, daß man seinen Schwur gefahrlos zurücknehmen kann. Viele junge Menschen scheinen geradezu mit hinter dem Rücken gekreuzten Fingern aufzuwachsen.

Die Gesellschaft, zu der Jesus sprach, war ebenso unehrlich. Nachdem er das sechste und siebente Gebot abgehandelt hat (vgl. Verse 21-26 und 27-32), kehrt Jesus zum dritten Gebot zurück (vgl. Verse 33-37). Wieder gibt er ein praktisches Beispiel dafür, wie Christen in Gerechtigkeit leben und Salz und Licht ihrer Gesellschaft sein sollen. Diesmal geschieht dies durch Integrität, Ehrlichkeit und Wahrhaftigkeit.

Gott wollte, daß die menschliche Gesellschaft von Integrität geprägt ist (Vers 33)

Jesus erklärt seinen Zuhörern: »Ihr habt gehört, daß zu den Alten gesagt worden ist: Du sollst keinen Meineid schwören, und: Du sollst halten, was du dem Herrn geschworen hast« (Vers 33). Dies ist kein Zitat des Alten Testamentes, faßt aber treffend zusammen, was das Alte Testament über das Schwören lehrt. Gott gestattete es, daß Menschen einen Eid schworen und dabei seinen Namen benutzten, um ihre Verbindlichkeit zu unterstreichen. Doch wenn ein solcher Eid erst einmal ausgesprochen worden war, mußte er auch eingehalten werden. Das Alte Testament verbietet jegliche Art von Meineiden und Falschaussagen. Dadurch sollte der Lüge ein Riegel vorgeschoben und das Chaos vermieden werden, das entsteht, wenn sich die Menschen nicht mehr auf das Wort eines anderen verlassen können. Dieser Grundsatz war so wichtig, daß er im dritten Gebot festgeschrieben wurde: »Du sollst den Namen des Herrn, deines Gottes, nicht mißbrauchen; denn der Herr läßt den nicht ungestraft, der seinen Namen mißbraucht« (Ex 20,7; Dtn 5,11).

Weitere Unterweisungen zu diesem Thema finden sich auch in weiteren Kapiteln der fünf Mose-Bücher: »Ihr sollt nicht stehlen, nicht täuschen und einander nicht betrügen. Ihr sollt nicht falsch bei meinem Namen schwören; du würdest sonst den Namen deines Gottes entweihen. Ich bin der Herr« (Lev 19,11-12) und: »Wenn ein Mann dem Herrn ein Gelübde ablegt oder sich durch einen Eid zu einer Enthaltung verpflichtet, dann darf er sein Wort nicht brechen; genauso wie er es ausgesprochen hat, muß er es ausführen« (Num 30,3). Im allgemeinen wurde niemand gezwungen, einen Eid zu schwören, doch wer es tat, mußte seinen Eid halten.

> »Wenn du vor dem Herrn, deinem Gott, ein Gelübde machst, sollst du nicht zögern, es zu erfüllen; sonst wird es der Herr, dein Gott, von dir einfordern, und die Strafe für diese Sünde wird über dich kommen. Wenn du davon absiehst, Gelübde zu machen, wird auch die Strafe für diese Sünde nicht über dich kommen. Was deinem Munde entfahren ist, darauf sollst du auch achten, und du sollst es halten, da du dem Herrn, deinem Gott, ja aus freien Stücken gelobt hast, was dein Mund genannt hat« (Dtn 23,22-24).

In einigen Fällen wurde jedoch sogar ein Eid geboten (vgl. Num 5,19). Im übrigen Alten Testament gibt es Hinweise auf die Notwendigkeit, solche Eide auch einzuhalten: »[...] erfülle dem Höchsten deine Gelübde!« (Ps 50,14) und: »Wenn du Gott ein Gelübde machst, dann zögere nicht, es zu erfüllen. Die Ungebildeten gefallen Gott nicht: Was du gelobst, erfülle! Es ist besser, wenn du nichts gelobst, als wenn du etwas gelobst und nicht erfüllst« (Koh 5,3-4).

Hinter allen Geboten Gottes steht der Wunsch eines liebenden Vaters, eine Gesellschaft zu schaffen, in der man gern lebt. Wenn die drei Gebote, auf die sich Jesus in diesen Versen (Mt 5,21-37) bezieht, eingehalten würden, gäbe es keinen Krieg, keinen Verteidigungshaushalt, keine Scheidung, keinen Ehebruch, keine Schlüssel, keine Diebstahlsicherungen, und jeder könnte seinem Ehepartner, seinen Nachbarn, Geschäftspartnern, Angestellten, seinem Arbeitgeber und allen anderen Menschen vertrauen. Es wäre eine Gesellschaft, in der man den Politikern trauen könnte, und Anwälte wären wahrscheinlich arbeitslos.

Integrität berührt alles, was wir tun und sagen (vgl. Verse 34-36). Gottes Gebote sollten Meineide vermeiden. Die Pharisäer bauten um die Gebote des Alten Testamentes ein ganzes System von Gesetzen und unterschieden zwischen diversen Eiden: Manche waren bindend, manche nicht. Formulierungen, in denen der Name Gottes benutzt wurde, waren bindend, aber man mußte nicht so sorgsam mit Gelübden umgehen, wenn man den Namen Gottes dabei nicht ausgesprochen hatte. Wie die Kinder, die hinter dem Rücken die Finger kreuzen, fanden sie Wege, um bindende Zusagen zu vermeiden.

Dieses System, mit dem man die Gesetze Gottes umging, fand seinen Höhepunkt in der Diskussion, die wir im jüdischen Gesetz verfolgen können, in dem ein gesamter Abschnitt dem Schwören gewidmet ist. Man ging davon aus, daß

Gott zum Teilhaber einer Transaktion wurde, wenn dabei der Name des Herrn ausgesprochen wurde. War dies nicht der Fall, so hatte Gott damit auch nichts zu tun. Wenn ein Zeuge beim »Himmel« oder bei der »Erde« schwor, so war er dadurch nicht gebunden. Nach Ansicht eines Rabbis waren Gelübde »bei Jerusalem« bindend. So wurde der ausweichende Schwur eine Berechtigung zu lügen. Statt zur Integrität anzuhalten, wurden Eide zu einem Brutplatz der Korruption. Statt Versprechen zu bekräftigen, boten Schwüre Hintertüren, mit deren Hilfe die Menschen Ihre Zusagen ohne Auswirkungen für sie selbst brechen konnten.[46]

Jesus greift dieses ganze System an. Er zeigt, daß es nicht darum geht, Gott in dieses System hineinzubringen; man kann ihn erst gar nicht ausschließen. Er steckt bereits darin. Am Ende kehrt alles zu Gott zurück. Jesus zitiert das Alte Testament, um zu zeigen, daß der Himmel Gottes Thron und die Erde sein Fußschemel sind (vgl. Verse 35-36; Jes 66,1) und daß Jerusalem die Stadt des großen Königs ist (vgl. Vers 35; Ps 48,2). Selbst unser Kopf, von dem wir meinen, er sei unser ureigenster Besitz, gehört Gott, denn er bestimmt, welche Haarfarbe wir erhalten (vgl. Vers 36).

Im weiteren Verlauf des Matthäusevangeliums greift Jesus dieses Thema noch einmal auf und erläutert den Schriftgelehrten und Pharisäern:

> »Weh euch, ihr seid blinde Führer! Ihr sagt: Wenn einer beim Tempel schwört, so ist das kein Eid; wer aber beim Gold des Tempels schwört, der ist an seinen Eid gebunden. Ihr blinden Narren! Was ist wichtiger: das Gold oder der Tempel, der das Gold erst heilig macht? Auch sagt ihr: Wenn einer beim Altar schwört, so ist das kein Eid; wer aber bei dem Opfer schwört, das auf dem Altar liegt, der ist an seinen Eid gebunden. Ihr Blinden! Was ist wichtiger:

das Opfer oder der Altar, der das Opfer erst heilig macht? Wer beim Altar schwört, der schwört bei ihm und bei allem, was darauf liegt. Und wer beim Tempel schwört, der schwört bei ihm und bei dem, der darin wohnt. Und wer beim Himmel schwört, der schwört beim Thron Gottes und bei dem, der darauf sitzt« (Mt 23,16-22).

Ob Gott im Schwur genannt wird oder nicht, ist irrelevant, weil er immer zugegen ist. Wenn man einen Eid abgelegt hat, wird man auf jeden Fall die Konsequenzen tragen müssen. Das Leben kann nicht in verschiedene Bereiche aufgeteilt werden – Bereiche, mit denen Gott etwas zu tun hat, und Bereiche, in denen er nichts zu suchen hat. Es gibt keine zwei Sprachen: eine für die Kirche und eine andere für den Arbeitsplatz. Gott ist in allem, was wir tun oder sagen. Er hört jedes Wort, das wir äußern, egal, ob es nun an ihn gerichtet ist oder nicht. Unsere Worte und unser Leben sollten im Einklang miteinander stehen, innerhalb *und* außerhalb unserer Gemeinde. Wir können Gott ebensowenig aus unseren Transaktionen heraushalten, wie wir ihn hineinzwingen können. Alle Versprechen sind heilig, denn sie werden alle in der Gegenwart Gottes ausgesprochen.

Integrität ist ein Merkmal christlicher Jüngerschaft (Vers 37)

Jesus schaffte das Gesetz nicht ab; vielmehr kehrte er mit seiner radikalen Lehre zu dem ursprünglichen Ziel zurück, das hinter dem Gesetz stand. Dieses Ziel bestand in der Wahrung der Wahrhaftigkeit. Da das gesamte System des Schwörens korrupt geworden war und dazu mißbraucht wurde, der Wahrheit aus dem Wege zu gehen, verbot Jesus jeglichen Eid. Er erklärte: »Schwört überhaupt nicht [...]. Euer Ja sei ein Ja, euer Nein ein Nein; alles andere stammt vom Bösen« (Verse 34 und 37).

Jakobus, Jesu Bruder, lehrte in seinem Brief, der vermutlich der älteste des gesamten Neuen Testamentes ist, etwas Ähnliches. Er schrieb: »Vor allem, meine Brüder, schwört nicht, weder beim Himmel noch bei der Erde noch irgendeinen anderen Eid. Euer Ja soll ein Ja sein und euer Nein ein Nein, damit ihr nicht dem Gericht verfallt« (Jak 5,12). Ehrliche Menschen müssen nicht auf einen Schwur zurückgreifen.

> *»Und Klemens von Alexandrien betonte, daß Christen so leben und sich als so charakterfest erweisen müßten, daß niemand sich einfallen lassen würde, ihnen einen Eid abzuverlangen. Das Ideal jeder Gesellschaft wäre erreicht, wenn es zur Bekräftigung der Wahrheit ebensowenig eines Eides bedürfte wie zur Bekräftigung eines Versprechens.«*[47]

Ich erinnere mich, daß mein Vater zu sagen pflegte: »Ich erwarte, daß man mir glaubt.« Er sah Ehrlichkeit als den höchsten Wert überhaupt an und gab sich bis zur Absurdität Mühe, seinem eigenen Maßstab gerecht zu werden. Einmal stiegen er und meine Mutter in den verkehrten Bus und kamen auf diese Weise davon, ohne den Fahrpreis zu zahlen. Mein Vater schickte zwei Pence und einen halben Penny an die Busgesellschaft, doch die sandten das Geld wieder zurück. Dies führte zu einer langen Reihe von Briefwechseln, für die meine Mutter nur schwer Verständnis aufbringen konnte. Später unterhielt er eine ähnliche Korrespondenz mit der britischen Eisenbahn, als er den Eindruck hatte, er schulde der Bahngesellschaft Geld. Unglücklicherweise kam deren Buchungssystem mit dem von ihm eingeschickten Geld nicht zurecht.

Jesus lehrte seine Jünger, einfach in jeder Situation die Wahrheit zu sagen. Auch wir sollen mit dem Fingerkreuzen Schluß machen: Ein Ja muß ein Ja sein, und ein Nein ein Nein. Es ist unnötig, irgend etwas hinzuzusetzen. Ja, er sagt sogar: »[…] alles andere stammt vom Bösen« (Vers 37). Das griechische Wort für »Böse« kann mit »der Böse« oder »das Böse« übersetzt werden. Als »das Böse« ist es die Folge der sündhaften Natur des Menschen und der Verderbtheit dieser Welt. Als »der Böse« ist es personifiziert; es ist der Teufel selbst, der der »Vater der Lüge« (Joh 8,44) ist. Mit diesen Worten schafft Jesus das gesamte System des Schwörens ab: Nun ist das Schwören kein Instrument des Bösen mehr, das den Menschen ein Hintertürchen schafft, damit sie nicht die Wahrheit sagen müssen.

Bedeutet das, daß dem Christen jede Art von Eid oder Schwur verboten ist? C. H. Spurgeon meint in seinem Kommentar zu diesen Versen, daß Christen keinen Eid ablegen sollten, noch nicht einmal vor Gericht. »Christen sollten sich einer schlechten Tradition nicht beugen, wie sehr man sie auch dazu drängen mag; sie sollten vielmehr dem schlichten und unmißverständlichen Gebot ihres Herrn und Königs gehorchen.«[48] Diese Ansicht vertreten z. B. auch seit jeher die Quäker.

Doch man muß die Worte Jesu nicht so wörtlich nehmen, daß sie einen Eid vor Gericht ausschließen. Jesus selbst stand bei seiner Verhandlung unter Eid (vgl. Mt 26,63-64). Paulus benutzte feierliche Formulierungen, um an Gott zu appellieren (vgl. 2 Kor 1,23; Gal 1,20; 1 Thess 5,27). Der Verfasser des Hebräerbriefes schrieb:

> »Menschen nämlich schwören bei dem Höheren; der Eid dient ihnen zur Bekräftigung und schließt jeden weiteren

Einwand aus; deshalb hat Gott, weil er den Erben der Verheißung ausdrücklich zeigen wollte, wie unabänderlich sein Entschluß ist, sich mit einem Eid verbürgt« (Hebr 6,16-17).

Der Verfasser hätte dieses Argument nicht anführen können, wenn er der Ansicht gewesen wäre, Eide an sich wären etwas Sündhaftes. Jesus verbietet zum Beispiel auch nicht das Ehegelübde, denn dies ist ein feierliches Gelübde, bei dem der Name Jesu angerufen wird, um die Ernsthaftigkeit zu unterstreichen, mit der man zu diesem Ehebund steht.

Wir dürfen bei unserer Auslegung der Worte Jesu nicht pedantisch sein, sonst stolpern wir in die gleiche Falle wie die Pharisäer. Sie verstanden die Worte Gottes im Alten Testament zu wörtlich und erkannten nicht, daß hinter den Geboten die Tatsache stand, daß die Welt Ehrlichkeit, Wahrhaftigkeit und Verläßlichkeit benötigt. Die gleiche Sehnsucht steht hinter den Worten Jesu, wenn er erneut zum Geist und zu der ursprünglichen Absicht des alttestamentlichen Gesetzes zurückkehrt.

Die Worte Jesu haben zum Ziel, daß wir Menschen sein sollen, die ihr Wort halten. Jesus hat gesagt: »Ich bin [...] die Wahrheit« (Joh 14,6). Christen sollten zu Hause, in ihren persönlichen Beziehungen und am Arbeitsplatz für ihre Wahrhaftigkeit, Verläßlichkeit und Vertrauenswürdigkeit bekannt sein.

Ich kannte einmal einen gottesfürchtigen Mann, man hatte ihm den Spitznamen »Gibbo« gegeben, der in jungen Jahren als Angestellter in dem Londoner Kaufhaus *Selfridges* arbeitete. Eines Tages, als der Besitzer Gordon Selfridge gerade im Haus war, klingelte das Telefon, und Gibbo nahm den Hörer ab. Der Anrufer bat darum, Gordon Selfridge zu sprechen. Gibbo gab die Nachricht weiter, und Selfridge antwortete:

»Sagen Sie ihm, ich sei außer Haus.« Gibbo hielt ihm den Hörer hin und entgegnete: »Sagen Sie's ihm selbst.« Gordon Selfridge nahm den Anruf entgegen, aber er kochte vor Wut. Gibbo meinte daraufhin: »Wenn ich für Sie zu einer Lüge greife, dann könnte ich auch gegen Sie zur Lüge greifen.« Von diesem Tag an brachte Gordon Selfridge Gibbo höchste Achtung und äußerstes Vertrauen entgegen.

Christen sind dazu berufen, sich von der Gesellschaft zu unterscheiden. Wir sind berufen, eine Gerechtigkeit zu leben, die »weit größer ist als die der Schriftgelehrten und der Pharisäer« (Mt 5,20). Wenn wir das tun, werden wir in unserer Gesellschaft Salz und Licht sein (vgl. Mt 5,13-16).

Dietrich Bonhoeffer war einer der Christen in Deutschland, die sich gegen Hitler stellten. Seine Integrität kostete ihn das Leben. Er wurde kurz vor Ende des Krieges von den Nationalsozialisten ermordet. In seinem Kommentar zu diesen Bibelversen hat er geschrieben:

> *»Nur wer ein in der Nachfolge Gebundener Jesu ist, steht in der völligen Wahrhaftigkeit. Er hat vor seinem Herrn nichts zu verbergen [...]. Völlige Wahrhaftigkeit gibt es nur aus der aufgedeckten Sünde heraus, die auch von Jesus vergeben ist [...]. Allein das Kreuz, als die Wahrheit Gottes über uns, macht uns wahrhaftig. Wer das Kreuz kennt, scheut andere Wahrheiten nicht mehr. Wer unter dem Kreuz lebt, für den ist der Eid als Gesetz zur Herstellung der Wahrhaftigkeit abgetan; denn er ist in der vollkommenen Wahrheit Gottes.*
> *Es gibt keine Wahrheit Jesus gegenüber ohne Wahrheit den Menschen gegenüber. Die Lüge zerstört die Gemeinschaft. Wahrheit aber zerschneidet falsche Gemeinschaft und begründet echte Bruderschaft.«*[49]

Kapitel 8

Wie reagiere ich, wenn mir Menschen Schaden zufügen?

»Ihr habt gehört, daß gesagt worden ist: Auge für Auge und Zahn für Zahn. Ich aber sage euch: Leistet dem, der euch etwas Böses antut, keinen Widerstand, sondern wenn dich einer auf die rechte Wange schlägt, dann halt ihm auch die andere hin. Und wenn dich einer vor Gericht bringen will, um dir das Hemd wegzunehmen, dann laß ihm auch den Mantel. Und wenn dich einer zwingen will, eine Meile mit ihm zu gehen, dann geh zwei mit ihm. Wer dich bittet, dem gib, und wer von dir borgen will, den weise nicht ab« (Mt 5,38-42).

Wir haben gesehen, daß Jesu Lehre von uns verlangt, daß sich unsere Einstellung und unser Verhalten anderen gegenüber radikal wandelt. Doch das garantiert nicht, daß deren Verhalten uns gegenüber eine ähnliche Wandlung durchläuft. Wie liebevoll wir auch handeln mögen, es wird immer Leute geben, die uns weh tun.

Wie nun sollen wir in Situationen, in denen ein anderer Mensch uns Unrecht tut, reagieren? Was fühlen wir, wenn wir beleidigt werden oder wenn jemand unhöflich zu uns ist? Wie reagieren wir, wenn uns etwas gestohlen wird oder wenn unser Besitztum durch Einbruch oder einen Autounfall beschädigt wird oder wenn uns jemand unsere Zeit stiehlt oder eine Situation herbeiführt, die uns Zeit und Nerven kostet? Was sollen wir tun oder sagen, wenn wir Geld verlieren, weil uns jemand betrügt, bestiehlt oder nachlässig handelt?

Jesus verlangt von seinen Jüngern das Außergewöhnlichste. Er lehrt sie: »Leistet dem, der euch etwas Böses antut, keinen Widerstand« (Vers 39). Was bedeutet das? Bedeutet es, daß alle Christen Pazifisten sein sollten? Oder könnte es bedeuten, daß wir niemals vor Gericht ziehen sollten, wenn uns Unrecht geschieht? Sollten wir uns wortlos Arbeitgebern beugen, die uns unterdrücken? Sollten wir jedem Alkoholiker, der uns auf der Straße anspricht, Geld geben?

Manche haben die Worte Jesu ganz und gar wörtlich interpretiert. Martin Luther beschreibt den verrückten Heiligen, der »die Läuse an sich knabbern läßt und sich aufgrund dieses Textes weigert, auch nur eine von ihnen zu töten, weil er behauptet, er müsse das Böse ertragen statt sich ihm zu widersetzen«[50].

Der russische Schriftsteller Leo Tolstoi (1828-1910) verstand diese Passage gegen Ende seines Lebens völlig wörtlich. Er glaubte nicht nur, daß es keine Soldaten geben sollte, sondern auch keine Polizei, keine Friedensrichter und keine Gerichte. Er war gegen eine organisierte Regierung, da diese ihre Macht mit Hilfe von Zwang durchsetzte. Und er verurteilte Privatbesitz, weil er glaubte, daß das Besitztum durch Gewalt gesichert würde. Er zog sich ganz aus der Welt zurück und verbrachte seinen Lebensabend in einer bedauerlichen Einsamkeit. Was er zu diesem Thema schrieb, übte großen Einfluß auf Gandhi aus, der an den totalen Pazifismus glaubte. Auch heute noch halten sich manche Christen, wie die Mennoniten, aus beinahe jeder Form von sozialer Kontrolle heraus und begründen dies größtenteils mit diesem Abschnitt der Bergpredigt.

Das andere Extrem bildete der atheistische Philosoph Friedrich Nietzsche, der für seine Behauptung »Gott ist tot!«

berüchtigt war und diese Lehre Jesu völlig ablehnte. Er behauptete, Jesu Worte seien der Beweis dafür, daß das Christentum etwas für die Schwachen und Feigen sei. Er betrachtete es als eine sklavische Haltung, bei der Barmherzigkeit, Demut und Gehorsam solche Dinge wie Wettbewerb, Stolz und Autonomie ersetzten. Seine Suche nach dem »Übermenschen«, der an geistiger und körperlicher Stärke vollkommen und ohne Skrupel sein sollte, wurde später von Adolf Hitler aufgenommen und für seine Zwecke umgewandelt.

Wie soll man also diesen Teil der Bergpredigt verstehen? Wir müssen betrachten, was das Alte Testament zu diesem Thema lehrte, um im Anschluß daran zu untersuchen, was Jesus dazu sagt und wie beides auszulegen und umzusetzen ist.

Was lehrte das Alte Testament?

Wenn Jesus in seinen Predigten sehr oft sagt: »Ihr habt gehört, daß gesagt worden ist: …«, nahm er in der Regel Bezug auf Zusätze oder Verkürzungen der Schriftgelehrten. Hier zitiert er jedoch das Alte Testament direkt und greift wiederum Fehlinterpretationen und falsche Umsetzungen des alttestamentlichen Textes durch die Schriftgelehrten an.

»Auge für Auge und Zahn für Zahn« ist das älteste Gesetz der Welt. Es ist als das *lex talionis* bekannt, das im Grunde bedeutet: »Wie du mir, so ich dir.« Es gehörte zum Zivilrecht in Israel und wird im Alten Testament dreimal zitiert (vgl. Ex 21,23-25; Lev 24,19-20; Dtn 19,21). Bereits früher war es Teil des Kodex des Hammurabi, der zwischen 2288 und 2242 vor Christus in Babylonien herrschte. Der Kodex selbst datiert vermutlich aus dem 18. Jahrhundert vor Christus und ist einer der ältesten Gesetzestexte, die uns bekannt sind. Der Kodex des Hammurabi unterschied zwischen Strafen für ein

Vergehen gegen einen Adligen (Auge um Auge) und Vergehen gegen einfache Leute (Geldstrafen). Das Alte Testament macht eine solche Unterscheidung jedoch nicht.

Wie hätte das Alte Testament ausgelegt und umgesetzt werden sollen?

William Barclay macht in seinem Kommentar zu diesem Textabschnitt darauf aufmerksam, daß man bei der Auslegung des alttestamentlichen Gesetzes vier Charakteristika dieser Gesetzgebung berücksichtigen muß. Erstens war das Gesetz des Alten Testamentes als ein *Gesetz der Gnade* gedacht; es war eher restriktiv als permissiv. Die Strafe sollte die Schwere des Vergehens nicht übersteigen, sondern vielmehr eskalierende Racheakte ausschließen und uneingeschränkte Blutfehden ersetzen. Solche Fehden waren für die frühgeschichtliche Gesellschaft charakteristisch. Wenn ein Mitglied des Stammes von einem Angehörigen eines anderen Stammes verletzt wurde, nahmen alle Angehörigen des geschädigten Stammes Rache an allen Angehörigen des Clans, zu dem der Übeltäter gehörte. Das Gesetz sollte solche Vendettas ausschließen. Vielmehr sollte ein Gleichgewicht zwischen Vergehen und Kompensation herrschen.

Dieses Gesetzesprinzip gilt auch heute noch. Es verhindert eskalierende Reaktionen, wie zum Beispiel: »Ich hau dir auf die Nase. Du hackst mir die Hand ab. Ich töte dich. Dein Bruder tötet mich und meine Familie.« Im Mai 1989 sprach sich Ali Akhbar Rafsandschani, der Sprecher des iranischen Parlaments, dafür aus, für jeden getöteten Iraner fünf Amerikaner, einen Briten und einen Franzosen umzubringen. Solche Eskalationen sollte das alttestamentliche Gesetz abwenden, indem es das Recht definierte und die Vergeltung begrenzte.

Zweitens war das Gesetz ganz eindeutig *für Richter gemacht* worden und nicht für Privatpersonen. »[Die Richter] sollen alles gründlich untersuchen. [...] Ihr müßt das Böse aus eurer Mitte entfernen. [...] Stets gilt der Grundsatz: Leben für Leben, Auge für Auge, Zahn für Zahn, Hand für Hand, Fuß für Fuß« (Dtn 19,18-21; Gute Nachricht). Es war ein Handbuch für Richter, das diesen bei der Festlegung der Strafe behilflich sein sollte. Die Strafe sollte mit dem Vergehen genauestens übereinstimmen. Niemals war beabsichtigt worden, daß ein einzelner auf grausame, ungerechtfertigte Weise Vergeltung übt.

Drittens wurde es *fast nie wörtlich* genommen, außer bei Tötungsdelikten. Statt Strafen wurden in der Regel Geldbußen und Schadensersatzleistungen verhängt. Das jüdische Gesetz[51] legte fest, wie Schäden zu beurteilen waren. Ähnlich wie bei der Schadensbemessung im deutschen Rechtssystem heute, geschah die Schadenserstattung für die Verletzung als solche, für den erlittenen Schmerz, für medizinische Kosten und den Verdienstausfall.

Viertens wurde der einzelne gelehrt, keine Vergeltung zu suchen und nicht nachtragend zu sein. Vielmehr wurde er unterwiesen: »Du sollst deinen Nächsten lieben wie dich selbst« (Lev 19,18) und: »Sag nicht: Wie er mir getan hat, so will ich auch ihm tun, einem jedem will ich vergelten, wie es seine Taten verdienen« (Spr 24,29). Und es wurde sogar ausdrücklich gelehrt: »Er biete die Wange dem, der ihn schlägt« (Klgl 3,30).

Was lehrte Jesus?

Für die Zeitgenossen von Jesus war das alttestamentliche Gesetz »Auge für Auge, Zahn für Zahn«, das ursprünglich eine Eskalation vermeiden sollte, zu einer Rechtfertigung für persönliche Rachefeldzüge geworden, was zu Bitterkeit, Vergeltung, Boshaftigkeit und Haß führte. Die Exegeten hatten eine restriktive Verfügung zu einem Weg der Vergeltung gemacht. Jesus verurteilt diese Fehlinterpretation und die falsche Umsetzung. Damit hebt er das Gesetz nicht auf, sondern erfüllt es bis aufs kleinste Iota (vgl. Mt 5,17-20).

Jesus erklärt uns: »Leistet dem, der euch etwas Böses antut, keinen Widerstand«, das heißt, dem Menschen, der danach trachtet, uns zu schaden. Er verbietet uns, Vergeltung zu üben. Mehr noch, er verbietet uns eine unversöhnliche und rachsüchtige Herzenshaltung. Wir sollen nicht auf unser Recht pochen, und es ist sogar fraglich, ob wir überhaupt von »Rechten« reden sollten. Jesus gibt vier konkrete Beispiele für eine Haltung, die ohne Vergeltung ist. Bei allen vier Beispielen geht es darum, wie jemand darauf reagiert, daß er durch die Schuld eines anderen einen Verlust oder Schaden erleidet.

Als erstes gibt uns Jesus ein Beispiel dafür, wie jemand *seinen Stolz verliert.* »Wenn dich einer auf die rechte Wange schlägt, dann halt ihm auch die andere hin« (Vers 39). Nach dem jüdischen Gesetz der Rabbiner war ein Schlag mit dem Handrücken doppelt so beleidigend wie ein Schlag mit der flachen Hand. Auch heute noch gilt im Nahen Osten ein Schlag ins Gesicht als eine besondere Beleidigung, er ist eine Geste äußerster Mißhandlung, die ein Höchstmaß an Verachtung ausdrückt. Jesus selbst ertrug solche Angriffe mehr als einmal (vgl. Mk 14,65; Joh 18,22; 19,3).

Billy Bray, ein Minenarbeiter und Evangelist aus dem Cornwell des 19. Jahrhunderts, war vor seiner Bekehrung ein recht guter Boxer gewesen. Bald nach seiner Bekehrung nutzte ein anderer Minenarbeiter, der zuvor schreckliche Angst vor Billy Bray gehabt hatte, die Gelegenheit und schlug Billy grundlos. Billy Bray hätte ihn mit Leichtigkeit bewußtlos schlagen können, aber er schaute ihn statt dessen nur an und sagte: »Möge Gott dir so vergeben, wie ich dir vergebe.« Schließlich bekehrte sich der Mann, nachdem er aufgrund dieser Begebenheit mehrere Tage in seinem Geist und Herzen mit Gott gerungen hatte.

Natürlich wissen wir alle, daß unser Stolz auch ohne körperliche Gewalt verletzt werden kann. Jesus wurde ein Vielfraß und Säufer genannt. Die frühen Christen wurden als Kannibalen beschimpft (weil sie den Leib Christi aßen), und man warf ihnen Unmoral vor (wegen ihrer Liebesmahle). Auch wenn die Umstände heute anders sind, sind auch wir aufgerufen, keine Vergeltung zu suchen, sondern dem Vorbild der ersten Christen zu folgen und »die andere Wange hinzuhalten«.

Als zweites wendet sich Jesus dem *Verlust von Besitztum* zu. »Und wenn dich einer vor Gericht bringen will, um dir das Hemd wegzunehmen, dann laß ihm auch den Mantel« (Vers 40). Das Hemd, also das untere Bekleidungsstück, zu verlieren, wäre kein Grund zur Verzweiflung gewesen, denn selbst die Ärmsten besaßen mehr als ein Hemd. Ein Mantel war weit wertvoller und unentbehrlicher. Die meisten besaßen nur einen Mantel, den sie tagsüber als Kleidungsstück und nachts als Decke benutzten. Er gehörte zu den Besitztümern eines Mannes, die ihm niemand nehmen durfte (vgl. Ex 22,26; Dtn 24,13). So ermutigt uns Jesus hier, nicht nur entbehrliche Dinge ohne Widerstand aufzugeben, sondern auch das noch hinzuzufügen, was wir als lebensnotwendig betrachten.

Wieder lehrt Jesus den Verzicht auf Vergeltung, selbst da, wo unser gesetzliches Recht verletzt und uns unser Besitz genommen wird. Wir sollen nicht von Rechten sprechen, sondern von Pflichten. Wir sollen zu unseren Rechten und zu unserem Besitz eine selbstlose Einstellung haben. Diese Ansicht finden wir auch bei Spurgeon wieder: »Lieber ein paar Kleider verlieren als einen Prozeß.«[52]

Als drittes gibt Jesus ein Beispiel, in dem es um den *Verlust von Zeit* geht. »Und wenn dich einer zwingen will, eine Meile mit ihm zu gehen, dann geh zwei mit ihm« (Vers 41). In ihrer Eigenschaft als Besatzungsmacht zwangen die Römer Bürger dazu, ihnen Nahrungsmittel zur Verfügung zu stellen oder ihnen ihre Lasten zu tragen. Wenn ein Bürger einen römischen Speer auf seiner Schulter spürte, dann wußte er sogleich, daß er gezwungen sein würde, die nächsten tausend Schritte (etwas mehr als einen Kilometer) das Gepäck eines Römers zu tragen. Diese Art Frondienst galt als unsinnig und war verhaßt. Gemäß dieser Sitte wurde Simon von Zyrene gezwungen, das Kreuz Jesu zu tragen (vgl. Mt 27,32).

Jesus lehrt, daß wir auf solche Formen des Bösen nicht mit einer rachsüchtigen Haltung reagieren sollen. Vielmehr sollen wir anbieten, noch mehr zu tun. Man kann sich nur mit Mühe eine moderne Entsprechung vorstellen. Vielleicht können wir etwas von der Verärgerung, die eine solche Sitte hervorrufen würde, nachempfinden, wenn wir uns vorstellen, wie wir uns fühlen würden, wenn man unseren Wagen, unmittelbar bevor wir zu einer wichtigen Sitzung fahren müssen, zu Unrecht abschleppen würde!

Als viertes gibt Jesus ein Beispiel zum *Verlust von Geld*: »Wer dich bittet, dem gib, und wer von dir borgen will, den weise nicht ab« (Vers 42). Auch das Alte Testament lehrt Großzügigkeit gegenüber den Armen:

> »Wenn bei dir ein Armer lebt, irgendeiner deiner Brüder in irgendeinem deiner Stadtbereiche in dem Land, das der Herr, dein Gott, dir gibt, dann sollst du nicht hartherzig sein und sollst deinem armen Bruder deine Hand nicht verschließen. Du sollst ihm deine Hand öffnen und ihm gegen Pfand leihen, was der Not, die ihn bedrückt, abhilft. […] Du sollst ihm etwas geben, und wenn du ihm gibst,

> soll auch dein Herz nicht böse darüber sein; denn wegen dieser Tat wird dich der Herr, dein Gott, segnen in allem, was du arbeitest, und in allem, was deine Hände schaffen. Die Armen werden niemals ganz aus deinem Land verschwinden. Darum mache ich dir zur Pflicht: Du sollst deinem notleidenden und armen Bruder, der in deinem Land lebt, deine Hand öffnen« (Dtn 15,7-8.10-11).

Jesus geht noch weiter. Er lehrt uns, zu Geiz und Pfennigfuchserei nein zu sagen und die Nöte anderer über das zu stellen, was für uns am bequemsten wäre. Wir sollen bereit sein, finanzielle Verluste hinzunehmen, um anderen zu dienen, die uns die Schuld niemals zurückerstatten werden.

Wie soll das, was Jesus lehrt, ausgelegt und umgesetzt werden?

Wir dürfen nicht den gleichen Fehler machen wie die Pharisäer. Sie hatten die Lehren zu diesem Thema äußerst wörtlich ausgelegt und waren dadurch gesetzlich geworden. Sie hatten es versäumt, den Geist zu erkennen, der hinter diesen Gesetzen stand, und betrachteten die Gebote nicht im Gesamtzusammenhang des Alten Testamentes. Jesus lehrt keine neue Sammlung von Gesetzen, die wortwörtlich genommen werden sollen. Er lehrt eine neue Herzenshaltung. Diesen Textabschnitt mit hölzerner Wörtlichkeit auszulegen, wäre genau das, was Jesus abzuwenden versucht. Es würde bedeuten, den Buchstaben des Gesetzes auf Kosten des zugrundeliegenden Prinzips zu verherrlichen. Es geht um unsere Herzenshaltung – es wäre ja durchaus möglich, auf äußerst provozierende Weise »die andere Wange hinzuhalten«. Manchmal handeln die Vertreter des absoluten Pazifismus aus einem Geist heraus, der weit von dem entfernt ist, was Jesus lehrt.

Außerdem würde eine wörtliche Auslegung dem gesunden Menschenverstand widersprechen. Diese Lehre war nicht als eine »Menschenrechts-Charta« für Rowdies, Betrüger, Rabauken und Bettler gedacht. Es wäre absurd vorzuschlagen, daß man sich niemandem entgegenstellen dürfte, der einem Böses antun will. Sollten sich Frauen etwa einem Vergewaltiger beugen? Sollten wir tatenlos zusehen, wie man uns ermordet, falls es dazu kommen sollte? Jesus gibt Beispiele, die das Gesetz der Liebe verdeutlichen sollen. Ein Christ ist »kein Fußabstreifer, sondern ein starker Mensch, dessen Selbstdisziplin und Nächstenliebe so stark sind, daß er jede erdenkliche Form der Vergeltung ganz und gar verneint.«[53]

Vor allem aber widerspräche eine ausschließlich wörtliche Auslegung dem Leben und der Lehre Jesu und des übrigen Neuen Testamentes. Johannes berichtet uns, daß Jesus aus Schnüren eine Peitsche machte und damit die Geldwechsler aus dem Tempelbereich vertrieb. Er warf ihre Münzen durcheinander, stürzte ihre Tische um und befahl ihnen, den Tempel zu verlassen (vgl. Joh 2,13-16). Er erhob sich gegen die Heuchelei der Schriftgelehrten und Pharisäer und griff sie mit Worten an (vgl. z. B. Mt 23). Er verlangte eine Erklärung, als er von einem Beamten des Hohenpriesters geschlagen worden war (vgl. Joh 18,23).

Ebenso wollte auch Paulus die Behörden von Philippi nicht damit davonkommen lassen, daß sie ihn und Silas ohne Recht geschlagen hatten (vgl. Apg 16,37). In einem anderen Fall berief er sich auf sein Recht als römischer Bürger, nicht ohne Schuldspruch ausgepeitscht zu werden (vgl. Apg 22,25), und setzte sein Recht auf einen Prozeß vor dem Kaiser durch (vgl. Apg 25,8-12).

Außerdem macht Paulus in seiner Lehre einen deutlichen Unterschied zwischen dem Handeln des Staates und der persönlichen Moral. Die Regierungen sind von Gott eingesetzt. Wem weltliche Autorität gegeben ist, der:

»steht im Dienst Gottes und verlangt, daß du das Gute tust. Wenn du aber Böses tust, fürchte dich! Denn nicht ohne Grund trägt sie das Schwert. Sie steht im Dienst Gottes und vollstreckt das Urteil an dem, der Böses tut« (Röm 13,4).

Was Paulus lehrt, steht in keinem Gegensatz zur Lehre Jesu; vielmehr stellt es eine Ergänzung dar. Darüber hinaus gleicht die Einstellung des Paulus zu Fragen der persönlichen Moral der seines Meisters: »Vergeltet niemand Böses mit Bösem! [...] haltet mit allen Menschen Frieden! Rächt euch nicht selber [...]« (Röm 12,17-19). Hinter beiden steht das Prinzip der Liebe. Der Staat ist um den Schutz der Menschen bemüht. Wer danebenstehen und einen Mord oder eine Gewalttat zulassen würde, verhielte sich lieblos und unchristlich.

Genauso wie es richtig ist, wenn staatliche Stellen Gewalt anwenden, um Bürger gegen Gefahren innerhalb des Staates zu schützen, ist es auch recht, Gewalt gegen äußere Feinde anzuwenden. Thomas von Aquin hat dies folgendermaßen ausgedrückt: »Ebenso wie sie zur rechtmäßigen Verteidigung gegen innerstaatliche Unruhen vom Schwert Gebrauch machen, um Verbrecher zu bestrafen [...], nehmen sie auch mit Recht das Schwert des Krieges zum Schutz vor Angriffen aus anderen Staaten.« Unsere Verantwortung als Bürger verwickelt uns möglicherweise in Situationen, in denen wir Gewalt anwenden müssen, um Menschen in Schach zu halten, die uns und anderen schaden wollen. Es kann durchaus sein, daß ein christlicher Soldat im Verlauf seines Dienstes töten muß. Ein christlicher Polizeibeamter mag bei der Ausübung seines Dienstes Gewalt anwenden müssen. Und für einen christlichen Richter wird es wahrscheinlich unvermeidlich sein, daß er Menschen ins Gefängnis steckt. Jeder von uns könnte als Christ und Bürger in eine Situation geraten, in der er Gewalt anwenden muß, um Böses abzuwenden und andere zu beschützen. Wenn wir Zeuge einer Kindesmißhandlung werden, dürfen wir nicht untätig zusehen. Das Prinzip der Liebe verlangt von uns, daß wir notfalls unter Anwendung von Gewalt einschreiten.

Das alles führt natürlich dazu, daß wir in einen inneren Zwiespalt geraten. Wir alle sind Privatpersonen, denen Jesus gebietet, nicht zurückzuschlagen und keine Vergeltung zu üben. Wir sind auch Staatsbürger, die die Pflicht haben, Verbrechen zu verhindern und Übeltäter der Justiz zu übergeben. Wenn wir Opfer eines Verbrechens werden, sollten wir dem Kriminellen vergeben, nicht nach Rache sehnen und doch alles in unserer Macht Stehende tun, um den Verbrecher der Justiz zu überantworten. Es ist nicht leicht, diese Spannung auszuhalten, doch der Grundsatz, daß wir aus einer Haltung der Liebe heraus handeln sollen, verlangt es so.

Gleiches gilt für Vergehen gegen uns, die nicht in den Bereich des Strafrechts fallen. Es ist nicht falsch, vor Gericht zu ziehen, vorausgesetzt, unsere Motivation dazu beruht auf Liebe und Gerechtigkeit und nicht auf Vergeltung und Rache. Es mag ebenso notwendig sein, einem Arbeitgeber, der seinen Angestellten Schaden zufügt und sie unterdrückt, einen Riegel vorzuschieben. Doch wir müssen sicherstellen, daß wir aus den richtigen Motiven heraus handeln. In ähnlicher Weise ist es nicht besonders liebevoll, Menschen Geld zu geben, von denen wir wissen, daß sie damit nur Alkohol oder Drogen kaufen und ihrem eigenen Körper schaden werden. Wir müssen sicherstellen, daß wir uns nicht nur deshalb weigern, etwas zu geben, weil wir nicht bereit sind, einen finanziellen Verlust hinzunehmen. Vielleicht besteht die Feuerprobe in der Frage, ob wir bereit sind, die nötige Zeit zu investieren, um hinzugehen und diesen Menschen etwas zu essen zu kaufen.

Wir müssen die Herausforderung spüren, die in diesen Worten Jesu steckt, und dürfen es nicht zulassen, daß seine

Worte unter tausenderlei Einschränkungen untergehen. Wir dürfen es nicht zulassen, daß wir von Rachsucht oder Böswilligkeit geleitet werden. Vielmehr sollen wir friedfertig, bereitwillig, großzügig und freizügig mit unserer Zeit, unserem Geld und unseren sonstigen Mitteln umgehen. Wir sind berufen, unsere eigenen Rechte völlig außer acht zu lassen und uns mit Leidenschaft für die Rechte anderer einzusetzen. Wer leicht an seiner Bitterkeit festhält, wer schnell Anstoß nimmt, wer zu Streitsucht und Streitlust neigt und wer eilfertig seine eigenen Rechte geltend macht, steht im Widerspruch zu den Lehren Jesu.

Einer, der dem Vorbild seines Meisters folgte, war Martin Luther King. Er ertrug es, als Führer der Bürgerrechtsbewegung in den USA Anfang der fünfziger Jahre und bis zu seiner Ermordung zu Unrecht zu leiden. Er tat mehr als jeder andere, um die schrecklichen Gesetze zur Rassentrennung zu brechen. Dr. Benjamin Mays sagte bei Kings Beerdigung:

> *»Wenn je ein Mensch die Bedeutung des Wortes ›Leiden‹ kannte, dann war dies King. Sein Haus wurde von einer Bombe zerstört, dreizehn Jahre lang erhielt er Tag und Nacht Morddrohungen, er wurde böswillig als Kommunist beschimpft, fälschlicherweise warf man ihm vor, es nicht ernst zu meinen [...], ein Angehöriger seiner eigenen Rasse verletzte ihn mit einem Messer, in einer Hotellobby wurde er niedergeschlagen; mehr als zwanzig Mal verhaftete man ihn, manchmal war er tief verletzt, weil Freunde ihn verraten hatten – und doch spürte dieser Mann keine Bitterkeit in seinem Herzen, hegte keinen Groll in seiner Seele, sann in seinem Geist nicht auf Rache; und er durchwanderte diese Welt in alle vier Himmelsrichtungen, um die Gewaltlosigkeit und die erlösende Kraft der Liebe zu predigen.«*[54]

Wir sind berufen, einen völlig anderen Lebensstil zu führen als unsere Umwelt. Wir sind berufen, in unserer Gesellschaft Salz und Licht zu sein. »Gutes mit Bösem zu vergelten ist teuflisch; Gutes mit Gutem zu vergelten ist menschlich; Böses mit Gutem zu vergelten ist göttlich.«[55]

Wieder hebt Jesus das alttestamentliche Gesetz auf eine andere Ebene. Er löst die Anforderungen des Alten Testamentes nicht etwa durch etwas Neues ab. Vielmehr zeigt er seinen Jüngern die wahre Bedeutung des Gesetzes. Er ruft seine Jünger im Angesicht des Bösen zu einer leidenden Liebe auf. Durch sein eigenes Vorbild am Kreuz hat er gezeigt, daß letztlich nur eine solche Haltung über das Böse siegen kann. Dietrich Bonhoeffer schreibt dazu sehr überzeugend: »Im Kreuz allein ist es wahr und wirklich, daß die Vergeltung und Überwindung des Bösen die leidende Liebe ist.«[56]

Kapitel 9

Wie kann ich meine Feinde lieben?

»Ihr habt gehört, daß gesagt worden ist: Du sollst deinen Nächsten lieben und deinen Feind hassen. Ich aber sage euch: Liebt eure Feinde und betet für die, die euch verfolgen, damit ihr Söhne eures Vaters im Himmel werdet; denn er läßt seine Sonne aufgehen über Bösen und Guten, und er läßt regnen über Gerechte und Ungerechte. Wenn ihr nämlich nur die liebt, die euch lieben, welchen Lohn könnt ihr dafür erwarten? Tun das nicht auch die Zöllner? Und wenn ihr nur eure Brüder grüßt, was tut ihr damit Besonderes? Tun das nicht auch die Heiden? Ihr sollt also vollkommen sein, wie es auch euer himmlischer Vater ist« (Mt 5,43-48).

Die Welt sucht Vergeltung. In der Woche, in der ich dieses Kapitel schrieb, ging es der BBC in der Fernsehsendung *Kilroy* um das Thema »Vergeltung«. Robert Kilroy Silk fragte: »Ist es möglich, seine Feinde zu lieben?« Die meisten Teilnehmer glaubten, es sei weder möglich noch richtig, dies zu tun. Auf die Frage »Sollten wir Vergeltung üben?« kamen unter anderem folgende Antworten:

»Ja, ganz sicher.«

»Ich kann doch nicht zulassen, daß er damit davonkommt.«

»Man fühlt sich viel besser, wenn man sich gerächt hat.«

»Es befriedigt innerlich, wenn man denen, die einen verletzt haben, genauso weh tut.«

»Ich erschieße ihn, damit er das, was er mir angetan hat, keiner anderen mehr antut.«

»Vergeltung kann von Vorteil sein.«

»Wenn man sich nicht rächt, verliert man seine Selbstachtung.«

Jedesmal, wenn einer der Teilnehmer beschrieb, wie er oder sie Vergeltung geübt hatte, gab es Applaus und zustimmende Zurufe von den übrigen.

Für viele waren die Antworten, die sie gaben, verständlich. Eine Frau war sexuell mißbraucht worden, ein anderer hatte wegen eines medizinischen Fehlers ein Gliedmaß eingebüßt, eine weitere Frau war mit einem Mann verheiratet, der eine Affäre mit ihrer Schwester hatte. Wie können wir in solchen Situationen unsere Feinde lieben? Und warum sollten wir dies überhaupt tun?

Wir kommen nun zu dem Abschnitt, der als »der eigentliche Mittelpunkt der Bergpredigt«[57] bezeichnet worden ist. An dieser Stelle wird zum ersten Mal das Wort »Liebe« erwähnt. Das Alte Testament lehrte: »Du sollst deinen Nächsten lieben« (Lev 19,28). Nirgends im Alten Testament wird gesagt: »Du sollst deinen Feind hassen.« Wieder befaßt sich Jesus mit einer Fehlinterpretation des Alten Testamentes durch die Schriftgelehrten. Das Gebot, seinen Nächsten zu lieben, wurde so ausgelegt, als beziehe es sich nur auf andere *Juden* und als sei es von daher erlaubt, ja sogar rechtens, die zu hassen (oder zumindest »weniger zu lieben«[58]), die nicht zum Volk Israel gehörten. Eine ähnliche Lehre findet sich in der Gemeinschaft von Qumran, von der wir durch die Schriftrollen vom Toten Meer wissen: »Mögen sie [die Mitglieder der Gemeinschaft] alle Söhne des Lichts lieben, jeden nach dem Los, das Gott ihm

zugedacht hat, und alle Söhne der Finsternis hassen, jeden nach seiner Schuld in der Vergeltung Gottes.«[59] Es gibt im Alten Testament keinen Freibrief für ein solches Verhalten. In der Tat finden wir bereits im Alten Testament eine ganze Reihe von Textstellen, die das Gegenteil besagen (vgl. Ex 23,4-5; Dtn 22,1-4; Spr 25,21).

Doch keine Textpassage im Alten Testament geht so weit wie Jesus an dieser Stelle. Es gibt in der jüdischen Literatur tatsächlich keine Parallele zu der »alles umfassenden Allgemeingültigkeit«[60] der Lehre Jesu. Wir sollen unsere Feinde lieben, ungeachtet ihrer Rasse, Hautfarbe, ihres Glaubens oder ihres sozialen Standes; unabhängig von dem Ausmaß des Schadens, den sie uns zugefügt haben, und unabhängig von der Frage, wie berechtigt es auch scheinen mag, Vergeltung zu üben.

Diese Lehre war für die Jünger nichts rein Hypothetisches. Sie waren durchaus beleidigt und verlacht worden; man hatte sie wegen ihrer Demut und scheinbaren Schwäche ausgelacht und sie zu Unrecht beschuldigt, gefährliche Revolutionäre zu sein. Bald sollten sie noch schlimmere Verfolgung erleiden; sie sollten geschlagen und gefoltert werden, und viele von ihnen sollten um ihres Glaubens willen hingerichtet werden. Doch Jesus sagt zu ihnen: »Liebt eure Feinde.« Verständlicherweise mußten sie denken: »Was soll das bedeuten?« Und: »Warum sollten wir das tun?« Jesus rechnet mit diesen Fragen und gibt in den darauffolgenden Versen eine Antwort.

Was bedeutet es, seine Feinde zu lieben?

Jesus erklärt: »Betet für die, die euch verfolgen« (Vers 44; oder wie Lukas es wiedergibt: »Betet für die, die euch mißhandeln«; Lk 6,28). Eine Fußnote zur Bibelübersetzung *New*

International Version weist darauf hin, daß es in einigen späteren Manuskripten heißt: »Liebt eure Feinde, segnet, die euch verfluchen; tut denen Gutes, die euch hassen.« Das stand vermutlich nicht in der Originalfassung des Matthäusevangeliums, findet sich aber durchaus in der Lehre Jesu (vgl. Lk 6,27-28).

Erstens sollen wir unsere Feinde *mit unseren Worten* lieben: »Segnet die, die euch verfluchen« (Lk 6,28). Wir sollen mit Komplimenten auf Beleidigungen reagieren. Im allgemeinen gibt es immer etwas Positives, das man sagen kann. Der Verfasser der Sprüche meint: »Eine sanfte Antwort dämpft die Erregung« (Spr 15,1). Eine freundliche Antwort auf eine unhöfliche und aggressive Bemerkung kann einen potentiellen Feind zum bleibenden Freund machen.

Zweitens sollen wir unsere Feinde *mit unserem Tun* lieben: »[...] tut denen Gutes, die euch hassen« (Lk 6,27). Das fängt zunächst und vor allem mit der Vergebung an, doch es umfaßt auch bekräftigende Taten. »Hat dein Feind Hunger, gib ihm zu essen, hat er Durst, gib ihm zu trinken« (Spr 25,21).

Ich hörte einmal, daß der Evangelist Luis Palau von einem jungen lutherischen Pfarrer in der früheren DDR namens Holmer berichtete, der verheiratet war und drei Kinder hatte. Als die Kommunisten nach dem Krieg in Ostdeutschland die Macht übernahmen und begannen, Menschen zwangsweise aus ihren alten Berufen zu verbannen, beklagte sich Holmer bei den kommunistischen Behörden. Diese Auseinandersetzung machte ihn dort sehr unbeliebt. Seine Kinder waren, was ihre schulischen Leistungen anging, hervorragend und wollten nach dem Gymnasium zur Universität gehen. Doch die Behörden hatten Holmers Widerstand in diesen ersten Jahren nicht vergessen. Deshalb konnte keines seiner Kinder einen Hochschulabschluß machen. Jahre später fiel das kommunistische Regime in Osteuropa, und Erich Honecker, der Vorsitzende der SED, wurde geächtet. Niemand wollte etwas mit ihm zu tun haben. Man warf ihn aus seinem Haus. Da rief Holmer seine Frau und seine Kinder, die zu diesem Zeitpunkt bereits verheiratet waren, zusammen und erklärte ihnen: »Niemand will Honecker aufnehmen. Meint ihr, wir sollten ihn zu uns einladen?« Er fragte seine Kinder: »Würdet ihr euer früheres Zimmer zur Verfügung stellen, damit Honecker darin schlafen kann?« Seine Familie meinte: »Wenn Gott uns in Christus unsere Sünden vergeben hat, werden wir Honekker all das Böse vergeben, das er uns angetan hat – die akademische Ausbildung, die wir nie bekommen haben, und all die Probleme, die wir durch ihn hatten.« So wohnte Honecker etwa neun Monate bei ihnen, bis ihnen die Nachbarn soviel Ärger machten, daß sie ihn ziehen lassen mußten und er nach einem Krankenhausaufenthalt nach Rußland ging.

Drittens sollen wir unsere Feinde lieben, indem wir *für sie beten* – »betet für die, die euch verfolgen« (Vers 44). Bonhoeffer hat das so ausgedrückt: »Im Gebet treten wir zum Feind, an seine Seite, wir sind mit ihm, bei ihm, für ihn vor Gott. [...] in fürbittendem Gebet [...] nehmen wir seine Not und Armut, seine Schuld und Verlorenheit mit auf uns, treten vor Gott für ihn ein.«[61] Das Gebet ist der Härtetest, ob wir jemanden wirklich lieben. Wenn wir in das Licht der Gegenwart Gottes treten, werden die wahren Gefühle tief in unserem Herzen offenbar, die sonst manchmal durch Worte überdeckt werden können.

Eines der bewegendsten Beispiele hierfür ist mir in einem Gebet des früheren zypriotischen Bischofs H. B. Dehqani-Tafti begegnet; ein Gebet, das er sprach, nachdem sein Sohn kaltblütig ermordet worden war:

»Oh Gott, wir gedenken nicht nur Bahrams, sondern auch seiner Mörder; nicht, weil sie ihn in der Blüte seines Lebens getötet haben und unsere Herzen bluten und unsere Tränen fließen ließen, sondern weil wir durch ihr Verbrechen nun noch mehr in deinen Fußstapfen gehen und wie du Opfer bringen.
Dies Geschehen zeigt uns deutlicher denn je, wie wichtig es ist, daß wir der Liebe Gottes vertrauen, die er uns am Kreuz und in der Auferstehung Jesu erwiesen hat. Liebe, die uns frei macht vom Haß auf die, die uns verfolgen; Liebe, die uns lehrt, uns auf unseren eigenen Tod vorzubereiten. Oh Gott, Bahrams Blut hat die Frucht des Heiligen Geistes in unserer Seele um ein vielfaches vermehrt; wenn wir mit diesen Mördern am Tag des Gerichts vor dir stehen, dann erinnere dich an die Frucht des Heiligen Geistes, um die sie unser Leben reicher gemacht haben und vergib ihnen.«[62]

Warum sollten wir unsere Feinde so lieben?

Es gibt viele gute und praktische Gründe, unsere Feinde zu lieben. Erstens führt Haß nur zu noch mehr Haß. Daraus entsteht ein Teufelskreis aus Streit, Unfreundlichkeit und Leid. Wir alle kennen Familien, Freundschaften, Firmen und Organisationen, die vom Haß auseinandergerissen wurden. Diesen Teufelskreis können wir nur durch die Liebe brechen.

Zweitens ist Haß selbstzerstörerisch. Wer auf Haß mit Haß reagiert, verletzt seine Seele und verbiegt seine Persönlichkeit. Eines prägte die *Kilroy*-Sendung über Vergeltung: der Zorn und die Bitterkeit, die in den Gesichtern derer zu lesen waren, die auf Vergeltung bestanden. Diese raubt uns Zeit und Energie. Sie nagt an unserer Seele und zerstört uns schließlich von innen heraus. Vielleicht meinen wir, es wäre »unser gutes Recht«, jemanden zu hassen. Doch es hat wenig Sinn, auf unser Recht zu pochen, wenn es uns umbringt. Canon Keith de Berry zitierte gewöhnlich das folgende kleine Gedicht:

»This is the story of Jonathan Jay,
who died defending his right of way.
He was right, dead right, as he went along,
but now he's as dead as if he were wrong.«

(»Dies ist die Geschichte von Jonathan Jay,
der starb, als er auf seiner Vorfahrt bestand.
Er befand sich im Recht, das ist todsicher,
doch nun ist er genauso tot, als hätte er unrecht gehabt.«)

Drittens ist Liebe der Weg, um sich einen Feind zum Freund zu machen. Abraham Lincoln hatte einen Erzfeind, Edwin Stanton, der ihn haßte und seine ganze Energie daransetzte, ihn in den Augen der Öffentlichkeit schlechtzumachen. Dabei machte er auch vor Lincolns körperlicher Erscheinung nicht halt. Nachdem Lincoln zum Präsident gewählt worden war, suchte er einen geeigneten Mann für den wichtigen Posten des Kriegsministers. Er wählte Stanton, obwohl er dessen Reden und Tun kannte und obwohl ihm seine engsten Mitarbeiter von dieser Wahl abgeraten hatten, denn Lincoln wußte, daß Stanton der Richtige für diesen Job war. Als Lincoln ermordet wurde, hielten viele eine Lobrede auf ihn. Doch die Worte Stantons waren am bewegendsten. Er prägte den unvergeßlichen Satz: »Nun gehört er der Ewigkeit an.« Damit bezeichnete er Lincoln als einen der größten Männer, die je gelebt hatten. Die Kraft der Liebe Lincolns hatte den Feind Stanton in einen Freund verwandelt.

Doch Jesus nennt keinen dieser Argumente, sondern führt zwei völlig andere Beweggründe an: Erstens eifern wir unserem Vater im Himmel nach, wenn wir unsere Feinde lieben: »[…] damit ihr Söhne eures Vaters im Himmel werdet« (Vers 45). Gottes Liebe gilt auch denen, die ihm feindlich gegenüberstehen. »Er läßt seine Sonne aufgehen über Bösen und Guten, und er läßt regnen über Gerechte und Ungerechte« (Vers 45). Manchmal jedoch scheint es uns, als ginge es den Ungerechten besser als den Gerechten.

Der zweite Grund, den Jesus nennt, ist die Tatsache, daß die Liebe uns von der Welt unterscheidet. »Wenn ihr nämlich nur die liebt, die euch lieben, welchen Lohn könnt ihr dafür erwarten? Tun das nicht auch die Zöllner?« (Vers 46). Selbst die verhaßten Zöllner waren in der Lage, einander zu lieben. Unsere Liebe ist gewöhnlich auf unseren Freundeskreis begrenzt und erstreckt sich nur selten auf Menschen, die uns wirklichen Schaden zugefügt haben. Wenn wir als Christen eine solche Einstellung haben, was ist dann das »Besondere«? Das griechische Wort, das in Vers 47 für »Besonderes« benutzt wird, bedeutet »das, was man unter Menschen gewöhnlich nicht findet«.[63] Wir sind berufen, anders zu sein. Bonhoeffer schreibt: »Das Christliche ist das ›Sonderliche‹, […] das Außerordentliche, Nichtreguläre, Nichtselbstverständliche.«[64] Dazu sind wir berufen.

In der *Kilroy*-Sendung war auch eine Frau aus der Karibik, die eine besondere Ausstrahlung hatte. Als Robert Kilroy Silk sie fragte: »Sollten wir vergeben?«, antwortete sie: »Auf jeden Fall. Als ich vergab, wurde ich wieder frei zum Leben. Man vergibt, und man empfängt die Heilung, die einen zu einem besseren Menschen macht.« Sie hatte mit einem Mann zusammengelebt und ein Kind von ihm erwartet. Ihr Partner fuhr in den Urlaub und traf eine andere Frau. Kurze Zeit später kam er zurück und erklärte ihr: »Ich habe geheiratet.« Sie sagte, es habe drei Wochen gedauert, bis sie es glauben konnte, und dann sei die Wut in ihr hochgestiegen. Sie schmiedete Pläne. Sie ging in die Küche, nahm einen Hammer aus einem Schrank und steckte ihn in eine Einkaufstasche. »Ich wollte ihm den Kopf einschlagen«, erklärte sie. »Ich wollte ihm eine solche Narbe verpassen, daß er beim Blick in den Spiegel immer daran erinnert werden würde. Er würde denken: ›Das ist nur wegen dem, was ich Mary angetan habe.‹« Kilroy fragte sie, was sie davon abgehalten habe, und sie antwortete: »Ich wurde Christ. Man sagte mir, ich müsse vergeben.« Sie strahlte in dieser Sendung wie ein Leuchtturm. Sie drängte andere, zu vergeben und Menschen zu helfen, die sich in einer ähnlichen Situation befanden, statt ihre Bitterkeit in sich hineinzufressen. Ein Mann meinte zu ihr: »Die Welt ist nicht so wie das, was sie da predigen. Es gibt nicht viele Menschen wie sie.« Kilroy beendete das Programm daraufhin mit den Worten: »Vielleicht sollte es mehr solche Menschen geben.«

Jesus schließt den Textabschnitt, wie auch diesen ganzen Teil der Bergpredigt, mit einer allumfassenden Forderung: »Ihr sollt also vollkommen sein, wie es auch euer himmlischer Vater ist« (Vers 48). Dieser Teil begann mit der Forderung nach einer Gerechtigkeit, die größer ist als die der Schriftgelehrten und Pharisäer (Vers 20). In den letzten Kapiteln dieses Buches haben wir sechs Beispiele dafür gesehen, was dies mit Blick auf Zorn, Lust, Ehe, Integrität, Vergebung und auf die Feindesliebe bedeutet. Jesus schließt mit einer scheinbar unmöglichen Forderung. Zweifellos können menschliche Wesen nicht so vollkommen sein wie Gott. Niemand außer Jesus hat je ein sündloses Leben geführt. Das griechische Wort bedeutet: »den beabsichtigten Zweck erreicht habend, vollständig, ausgewachsen, reif, voll entwickelt«.

Jesus verlangt, daß seine Jünger sich nicht mit dem Zweitbesten zufriedengeben. Wir sollen nicht zufrieden sein, wenn wir zwar gut mit Zorn umgehen können, aber nur wenig Integrität besitzen, oder wenn wir gut sind in der Feindesliebe, aber schlecht mit unserem Verlangen zurechtkommen. Wir sind dazu aufgerufen, uns an den höchstmöglichen Maßstäben in diesen Bereichen zu messen. Wir sind zu einer von ganzem Herzen kommenden Hingabe aufgerufen, damit wir ganz danach trachten, unserem himmlischen Vater nachzueifern. Wir sollen uns ganz und gar von der Welt um uns herum unterscheiden. Kurzum, wir sollen dem Vorbild Jesu folgen.

Der Lebensstil Jesu stand völlig im Einklang mit seiner Lehre. Er machte seine Liebe in seinem eigenen Leben und, auf unvergleichliche Weise, in seinem eigenen Sterben deutlich. Er wurde mißbraucht, geschlagen, gefoltert und gekreuzigt. Doch mit unendlicher Würde, Selbstkontrolle und Liebe bewahrte er seinen Frieden, indem er sagte: »Vater, vergib ihnen, denn sie wissen nicht, was sie tun« (Lk 23,34). Das ist kein Zeichen von Schwäche oder dafür, daß er seine Selbstachtung verloren hatte. Es war der Beweis für die enorme Stärke und Tapferkeit im Angesicht ausgesprochener Grausamkeit und unverdienten Leidens. Jesus ruft uns auf, ihm nachzufolgen, und weissagt uns, daß die Welt aufhorchen wird, wenn wir dies tun.

Mehdi Dibaj war ein iranischer Christ, der wegen seines christlichen Glaubens neun Jahre im Gefängnis verbracht hatte und schließlich zum Tode verurteilt worden war. Während er sein Schicksal erwartete, schrieb er seinen letzten Willen nieder, der an die gerichtet war, die ihn gefangenhielten. Er schrieb:

»Ich [...] bitte die anwesenden Vertreter des Gerichts, meine Verteidigung geduldig und mit Achtung vor dem Namen des Herrn anzuhören.
Ich bin Christ, ein Sünder, der glaubt, daß Jesus am Kreuz für meine Sünden gestorben ist und daß er mich durch

seine Auferstehung und seinen Sieg über den Tod vor dem heiligen Gott gerecht gemacht hat. [...] *Als Antwort auf seine Freundlichkeit hat er mich aufgefordert, mich selbst zu verleugnen und mich ihm als sein Nachfolger ganz hinzugeben. Ich solle die Menschen nicht fürchten, selbst wenn sie meinen Körper töten, sondern mein Leben vielmehr dem Schöpfer allen Lebens anvertrauen, der mich mit der Krone der Gnade und Barmherzigkeit gekrönt hat und der seine Geliebten schützt und selbst ihr höchster Lohn ist.* [...]
Die Liebe Jesu hat mein ganzes Sein erfüllt, und ich spüre die Wärme seiner Liebe in meinem ganzen Körper. Gott, der meine Herrlichkeit, meine Ehre und mein Schutz ist, hat mir durch seinen großzügigen Segen und seine Wunder das Siegel seines Wohlgefallens aufgedrückt. [...]
Der Gott, der Daniels Freunde im Feuerofen bewahrte, hat mich neun Jahre lang im Gefängnis bewahrt, und all die schlimmen Dinge, die geschehen sind, haben sich zu unserem Guten und zu unserem Gewinn gewandelt, in einem Maß, daß ich überfließe vor Freude und Dankbarkeit. [...] *In diesen neun Jahren hat er mich frei gemacht von all meinen Aufgaben, so daß ich unter dem Schutz seines Segensnamens meine Zeit mit Gebet und mit dem Studium seines Wortes verbringen durfte, ich konnte mein Herz erforschen und zerbrechen und in meinen Herrn kennenlernen. Ich preise den Herrn für diese einmalige Gelegenheit. ›Du machtest mir Raum in meiner Bedrängnis, mein schweres Los brachte Heilung, und deine Freundlichkeit belebte mich.‹ Oh, welch großen Segen hält Gott für die bereit, die ihn fürchten!* [...]
Ich habe mein Leben in Gottes Hand gegeben. Leben ist für mich eine Möglichkeit, ihm zu dienen, der Tod ist eine noch bessere Möglichkeit, bei Christus zu sein. Daher bin ich nicht nur zufrieden, zur Ehre seines heiligen Namens

im Gefängnis zu sein, ich bin auch bereit, mein Leben um Jesu willen hinzugeben und früher in sein Reich einzutreten. […]
Möge der Schatten der Güte Gottes und seine segnende Hand und Heilung über Ihnen sein und für ewig bleiben. Amen.
Hochachtungsvoll, Ihr Gefangener und Christ, Mehdi Dibaj.«[65]

Kapitel 10

Wie geht das mit dem Geben?

»Hütet euch, eure Gerechtigkeit vor den Menschen zur Schau zu stellen; sonst habt ihr keinen Lohn von eurem Vater im Himmel zu erwarten. Wenn du Almosen gibst, laß es also nicht vor dir herposaunen, wie es die Heuchler in den Synagogen und auf den Gassen tun, um von den Leuten gelobt zu werden. Amen, das sage ich euch: Sie haben ihren Lohn bereits erhalten. Wenn du Almosen gibst, soll deine linke Hand nicht wissen, was deine rechte tut. Dein Almosen soll verborgen bleiben, und dein Vater, der auch das Verborgene sieht, wird es dir vergelten« (Mt 6,1-4).

Warum verlieren Christen ihren Glauben an Gott? Warum scheinen manche ihr Leben als Christ mit soviel Begeisterung zu beginnen, nur um dann wieder aufzugeben?

Im Herbst 1992 machte sich Michael Plant, ein berühmter amerikanischer Segler, zu einer Alleinüberquerung des Nordatlantiks zwischen den USA und Frankreich auf. Er war ein Fachmann, der den Globus schon mehr als einmal allein umrundet hatte. Unter Seglern galt Michael Plant unumstritten als einer, dessen seefahrerisches Können ohnegleichen war. Sein mittelgroßes Segelboot, die *Coyote*, war der Inbegriff modernster Segeltechnik. Er besaß das größte Fachwissen, die größte Erfahrung und die beste Ausrüstung.

Am elften Tag seiner Reise brach der Funkkontakt zu Michael Plant ab. Als mehrere Tage vergingen, ohne daß man ein Funksignal von der *Coyote* erhielt, startete man eine Suchaktion. Die *Coyote* wurde von der Mannschaft eines Frachters kieloben vierhundertfünfzig Seemeilen nordwestlich der Azoren gefunden.

Jeder, der sich mit Segeln auskannte, mußte überrascht sein, daß man die *Coyote* mit dem Kiel nach oben im Wasser fand. Segelboote richten sich immer wieder von alleine auf, selbst wenn Wind oder Wellen sie für einen kurzen Moment auf die Seite legen oder sogar ganz umkippen sollten. Damit Segelboote ihren Kurs halten können und nicht unter der enormen Kraft des Windes kentern, sondern den Wind nutzen können, muß unter der Wasserlinie mehr Gewicht verteilt sein als darüber. Wer diesen Grundsatz der Gewichtsverteilung verletzt, erlebt ein Unheil. Als die *Coyote* gebaut wurde, brachte man aus eben diesem Grund ein 8 000 Pfund schweres Gewicht am Kiel an. Niemand weiß, wie oder warum, doch das Gewicht unterhalb der Wasserlinie brach vom Kiel ab. Diese vier Tonnen Gewicht fehlten nun. Und als das geschah, verlor das Boot seine Stabilität, so daß ein äußerst fähiger, erfahrener und vielbewunderter Mann auf See verlorenging.[66]

In diesem Abschnitt möchte ich nun darstellen, wie Jesus den Teil des christlichen Lebens untersucht, der unterhalb der »Wasserlinie« liegt. Auch im Glauben gilt der gleiche Grundsatz wie im Segeln: Es muß mehr Gewicht unterhalb der Wasserlinie liegen als darüber. Was ist also das Äquivalent zu diesem Gewicht unter der Wasserlinie? Es ist der Teil unseres Christseins, den außer uns niemand sehen kann – unser verborgenes Leben mit Gott.

Zu Beginn der Bergpredigt (vgl. Mt 5,1-16; Kapitel 1 und 2 dieses Buches) sprach Jesus darüber, welche Art Mensch wir als Christen sein sollen. Im nächsten Teil (vgl. Mt 5,17-48; Kapitel 3-9 dieses Buches), sprach er davon, wie wir unseren christlichen Glauben in der Welt leben sollen. Nun, in diesem Teil (vgl. Mt 6,1-18; Kapitel 10-12 dieses Buches), beschreibt er unsere Intimbeziehung zu unserem Vater im Himmel. Die Stärke dieser Beziehung wird darüber entscheiden, ob wir einen kraftvollen und gesunden christlichen Glauben besitzen werden oder nicht.

Der bisherige Teil der Bergpredigt befaßte sich größtenteils mit unserer Beziehung zu anderen Menschen; diese werden manchmal als die Beziehungen auf »horizontaler Ebene« bezeichnet. Nun kommen wir zu der »vertikalen« Beziehung, unserer Beziehung zu Gott. Zum Christsein gehören beide Ebenen.

Als man Jesus fragte, welches das größte Gebot sei, antwortete er: »Du sollst den Herrn, deinen Gott, lieben mit ganzem Herzen, mit ganzer Seele und mit all deinen Gedanken. Das ist das wichtigste und erste Gebot. Ebenso wichtig ist das zweite: Du sollst deinen Nächsten lieben wie dich selbst« (Mt 22,37-39). Manche meinen, es gehe allein darum, andere Menschen zu lieben, doch Jesus lehrt, das erste Gebot sei, Gott zu lieben. Andere haben behauptet oder zumindest so gehandelt, als käme es nur darauf an, Gott zu lieben, und als wäre die Art, wie wir mit anderen umgehen, nicht so wichtig. Solche Menschen zeigen häufig kein Interesse an Themen wie Hunger, Arbeitslosigkeit und anderen sozialen Problemen.

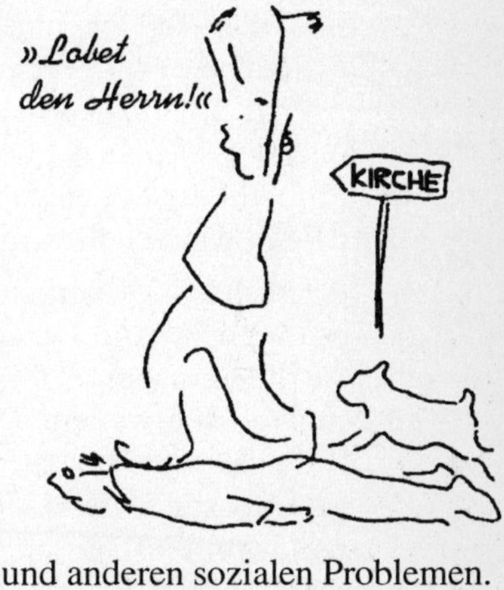

Jesus lehrt, daß sowohl die vertikalen als auch die horizontalen Beziehungen äußerst wichtig sind. Wir sollen Gott *und* unsere Nächsten lieben; beides ist untrennbar miteinander verwoben. Doch in diesem Teil der Bergpredigt wandert das Hauptaugenmerk von der Nächstenliebe zu unserer Liebe zu Gott.

In einem der herausforderndsten Abschnitte der Bibel betrachtet Jesus die drei Säulen jüdischer Frömmigkeit in der damaligen Zeit: das Almosengeben, das Gebet und das Fasten. Wieder vergleicht er das Verhalten, das er von seinen Jüngern fordert, mit dem Handeln der Pharisäer und der Heiden. Die religiösen Leute – die Pharisäer – nennt er »Heuchler« (vgl. Verse 2.5.16), denn diese möchten, daß jeder die Größe ihres Glaubens sieht. Sie protzten mit ihrer Religiosität. An der Gottesbeziehung der Unreligiösen – der »Heiden« (Vers 7) – war nichts Echtes. Wenn sie beteten, war dies ein »mechanischer Formalismus«[67]. Die Nachfolger Jesu sollen sich von beiden Gruppen unterscheiden.

Bei seiner Betrachtung des Almosengebens, Gebets und Fastens verfolgt Jesus in seiner Lehre jeweils dieselbe Vorgehensweise. Jeder Teil beginnt mit dem Gebot, anders zu sein als die Heuchler (vgl. Verse 2.5.16), denn in jedem der drei Fälle erklärt er: »Amen, das sage ich euch: Sie haben ihren Lohn bereits erhalten.« Er lehrt, wie ein Christ sein soll (vgl. Verse 3.7ff.17ff.), denn: »dein Vater, der auch das Verborgene sieht, wird es dir vergelten« (Verse 4.6.16).

Dieser Abschnitt wird von einem allgemeinen Gebot eingeleitet: »Hütet euch, eure Gerechtigkeit vor den Menschen zur Schau zu stellen; sonst habt ihr keinen Lohn von eurem Vater im Himmel zu erwarten« (Vers 1). Der Rest dieses Abschnitts stellt einen Kommentar zu diesem Vers dar. Obwohl Jesus uns geboten hat, unser Licht vor den Menschen leuchten zu lassen, damit diese unsere guten Werke sehen und den Vater im Himmel preisen (vgl. Mt 5,16), soll uns die Ehre Gottes dazu motivieren, unseren christlichen *Glauben* sichtbar zu leben, und nicht unsere eigene *Ehre*. Der entscheidende Unterschied besteht in den Worten: »vor den Menschen zur Schau zu stellen«. Es sollte nicht unser Motiv sein, von den Menschen gesehen zu werden. Es kann sein, daß man unser Handeln als Christen beobachtet, doch wir dürfen niemals aus dem Grund heraus handeln, daß wir gesehen werden wollen. A. B. Bruce hat dazu gesagt: Wir sollten unseren Glauben »vorzeigen, wenn wir versucht sind [ihn] zu verstecken, und [ihn] verstecken, wenn wir versucht sind, [ihn] zur Schau zu stellen«.[68]

Wie wir nicht geben sollen

Jesus leitet sein erstes Beispiel mit den Worten ein: »Wenn du Almosen gibst ...« (Vers 2). Er ging also davon aus, daß seine Jünger Almosen gaben. Ein gläubiger Jude gab auf zweierlei Weise: zum einen den Zehnten, das heißt, den zehnten Teil seines Einkommens (dies war Pflicht), und zum anderen durch Almosen (dies war freiwillig). »Almosen zu geben, ging über den Buchstaben des Gesetzes hinaus«, und es war damit »ein besonderer Verdienst« verbunden.[69] Alles in allem gab ein gläubiger Jude mindestens ein Sechstel seines Einkommens.

Jesus stellt das Geben an die erste Stelle in seinem Katalog der Dinge, die zwischen uns und Gott im Verborgenen geschehen. Er redet darüber, noch bevor er sich dem Thema »Gebet« zuwendet. Für Juden war das Geben die heiligste aller religiösen Pflichten.

Die Rabbiner betonten nicht nur, wie wichtig das Geben war, sie verboten darüber hinaus, prahlerisch zu geben. Nicht die Lehre der Rabbiner verwirft Jesus an dieser Stelle, sondern die praktische Umsetzung der Pharisäer, die hinter dieser Lehre zurückblieb und heuchlerisch war (vgl. Vers 2). Das griechische Wort für »Heuchler« wurde ursprünglich für einen Theaterschauspieler benutzt und bezeichnete jemanden, »der vorgab, etwas zu sein, das er nicht war«. Jesus parodiert das Geben der Pharisäer, so als würden diese, wenn sie geben,

Trompeter vorausschicken, die eine Fanfare blasen und eine möglichst große Menschenmenge zusammenrufen, damit man ihre Großzügigkeit bewundern und sie dafür ehren würde (vgl. Vers 2). Wir würden heute sagen: »Sie stoßen ins eigene Horn.«

Wenn wir geben, um von den Menschen gesehen zu werden, so lehrt Jesus, wird das auch unser einziger Lohn bleiben. Er fährt fort: »Amen, das sage ich euch: Sie haben ihren Lohn bereits erhalten.« Wenn wir geben, damit andere uns bewundern, können wir uns vielleicht in ihrem Dank und ihren Lobeshymnen sonnen, aber das ist dann auch schon alles. Wenn wir diesen Lohn von den Menschen empfangen, verlieren wir unseren Lohn bei Gott. Martyn Lloyd-Jones ermuntert uns in seinem Kommentar zu diesen Versen, unser Leben im Licht dieser Worte Jesu zu überprüfen und zu fragen: »Wieviel von dem Lohn, der uns zukommt, wird uns noch von Gott erstattet werden können?« Er fügt hinzu: »Das ist ein erschreckender Gedanke.«[70]

Wie wir geben sollen

Jesus lehrt weiter, daß wir, wenn wir geben, nicht nur niemand *anderem* davon erzählen sollten, sondern auch nicht einmal uns selbst. Er erklärt: »Wenn du Almosen gibst, soll deine linke Hand nicht wissen, was deine rechte tut« (Vers 3).

Jesus benutzt diese bildliche Sprache, um auszudrücken, daß es auf völlige Verschwiegenheit ankommt. Unser Geben soll nicht selbstbewußt sein. Um nicht Gefahr zu laufen, sich selbst für gerecht zu halten oder sich selbst zu beglückwünschen oder stolz auf sich zu sein, sollen noch nicht einmal wir selbst recht wissen, daß wir etwas gegeben haben. Sonst »tritt ein verzerrter Egoismus an die Stelle der Uneigennützigkeit«[71]

Unser Geben soll die Folge überfließender Liebe und Freundlichkeit des Herzens sein. Es sollte uns unmöglich sein, nicht zu geben. Es sollte für uns eine Freude und ein Glück sein, »denn Gott liebt einen fröhlichen Geber« (2 Kor 9,7). Unser Herz sollte so voller Dank an Gott sein für all das, was er uns gegeben hat, daß wir es gar nicht erwarten können, auf diese Liebe zu antworten.

Wenn wir aus dieser Haltung heraus geben, so sagt Jesus, wird »dein Vater, der auch das Verborgene sieht, […] es dir vergelten« (Vers 4). In manchen Manuskripten steht hier das Wort »sichtbar«, das einen Gegensatz zwischen dem *verbor-*

genen Geben und dem *sichtbaren* Vergelten andeutet. Doch Jesus kontrastiert nicht zwei Methoden der Belohnung, sondern die Quelle, aus der die Belohnung fließt, und damit deren Qualität. Er stellt die wunderbare Belohnung, die vom himmlischen Vater kommt, der relativ armseligen Belohnung durch menschliche Anerkennung gegenüber.

Viele finden dieses Denken über den Lohn des Gebens abscheulich und im christlichen Kontext unangemessen. Mit Sicherheit, so sagen sie, sollten wir geben, ohne überhaupt einen Lohn zu erwarten. Ist der Gedanke an einen Lohn nicht weltlich und materialistisch? Doch wir müssen vorsichtig sein, daß wir nicht geistlicher sind als Jesus selbst. Jesus hat ziemlich oft von Belohnung gesprochen. Sicher ist diese Lehre oft mißverstanden und falsch interpretiert worden. Weder Jesus noch die Verfasser des Alten Testamentes haben uns jemals materiellen Wohlstand in diesem Leben versprochen, dennoch sprechen sie von einem Lohn.

C. S. Lewis machte eine sehr hilfreiche Unterscheidung zwischen den verschiedenen Arten von Lohn. Er schrieb:

»Wir müssen uns nicht beunruhigen lassen, wenn Ungläubige sagen, daß diese Verheißung einer Belohnung das christliche Leben zu einer gewinnsüchtigen Sache mache. Es gibt unterschiedliche Arten von Lohn. Es gibt einen Lohn, der keine natürliche Verbindung zu den Dingen hat, die wir tun, um diesen Lohn zu verdienen, und dem das

Verlangen, das diese Dinge begleiten sollte, fremd ist. Geld ist nicht der natürliche Lohn der Liebe; deshalb nennen wir einen Mann, der eine Frau ihres Geldes wegen heiratet, gewinnsüchtig. Doch die Ehe ist der rechte Lohn für einen Liebhaber, und er ist nicht gewinnsüchtig, wenn er sich danach sehnt. Ein General, der gut kämpft, um befördert zu werden, ist gewinnsüchtig, doch ein General, der um des Sieges willen kämpft, ist es nicht, weil der Sieg der rechte Lohn einer Schlacht ist, so wie die Ehe der rechte Lohn der Liebe ist. Der rechte Lohn wird nicht einfach an die Tätigkeit, für die man den Lohn erhält, angeheftet, sondern er ist die Tätigkeit selbst in Vollendung.«[72]

Was ist aber nun der Lohn des Gebens? Paulus zeigt etwas davon in seinem zweiten Brief an die Gemeinde in Korinth auf (2 Kor 9,6-15). Erstens ist Geben die beste Investition, die wir tätigen können: »Wer kärglich sät, wird auch kärglich ernten; wer reichlich sät, wird reichlich ernten« (Vers 6). Das ist das Prinzip der Ernte. Geben bedeutet, einen Samen in die Erde zu legen. Es ist eine Investition in die Zukunft. Was immer wir geben, wird der Herr vervielfältigen, ob es nun unsere geistlichen Gaben sind oder unser materieller Besitz. Wenn wir uns hier auf Erden Schätze beiseite legen, werden Motten und Rost sie fressen. Nur die Schätze im Himmel haben Bestand. Wenn wir uns Schätze im Himmel wünschen, müssen wir sie vorab dorthin schicken. Woran wir festhalten, das werden wir verlieren, doch was wir geben, werden wir für immer besitzen.

Zweitens werden wir die Liebe Gottes erfahren: »[...] denn Gott liebt einen fröhlichen Geber« (Vers 7). Darum drängt uns Paulus, »nicht verdrossen und nicht unter Zwang« zu geben. Unser Geben soll nicht in Trauer geschehen, auch sollte es nicht gezwungen sein, weil wir eine strenge Pflicht erfüllen oder einer Notwendigkeit folgen müssen. Das Geben soll Spaß machen. Wenn wir Geschenke bekommen, ist das etwas Schönes, aber Geschenke zu machen, ist ein noch größeres Vergnügen.

Es gibt keine Regel dafür, wieviel wir geben sollen; nur sollte es ein großzügiger Teil dessen sein, was wir haben. Oswald Sanders weist darauf hin, daß Zachäus, der verhaßte Zöllner, die Hälfte seines Besitzes gab, und die namen- und mittellose Witwe »hat alles gegeben, was sie besaß, ihren ganzen Lebensunterhalt« (Mk 12,44). Der gläubige Jude gab mindestens ein Sechstel seines Einkommens. Jesus diskutiert nicht darüber, wieviel Prozent wir geben sollten. Wenn wir uns auf diese Lehre Jesu einlassen, dann werden wir erkennen, daß allein schon die Diskussion um Prozentsätze an der entscheidenden Frage vorbeigeht. Es geht nicht um die Frage: »Wieviel muß ich hergeben?«, sondern um die Entscheidung: »Wieviel muß ich notwendigerweise behalten?«

Der inzwischen verstorbene texanische Industrielle R. G. LeTourneau beschreibt in seiner Autobiographie die Schlüsselfrage zur Gabe des Almosengebens. Er schreibt darin:

> *»›Die Frage ist nicht, wieviel Geld ich Gott gebe, sondern vielmehr wieviel von Gottes Geld ich behalte.‹ Er beantwortete diese Frage zu seinen Lebzeiten, indem er neunzig Prozent des Vermögenswertes seiner Firma seiner christlichen Stiftung überschrieb; und dann gaben er und seine Frau in bar neunzig Prozent ihres Einkommens aus den Aktienanteilen, die er besaß. Er und seine Frau litten nie Mangel.«*[73]

Der wichtige Punkt, auf den Paulus hinweist, ist: »Jeder gebe, wie er es sich in seinem Herzen vorgenommen hat« (2 Kor 9,7).

Drittens befreit uns das Geben von finanzieller Sorge. »In seiner Macht kann Gott alle Gaben über euch ausschütten, so daß euch allezeit in allem alles Nötige ausreichend zur Verfügung steht und ihr noch genug habt, um allen Gutes zu tun« (2 Kor 9,8). Wenn wir geben, bedeutet das nicht, daß wir Gott die Verantwortung für unsere Finanzen übertragen. Aber es bedeutet, daß wir die Last und die Sorgen über diese Verantwortung an ihn abgeben. Gott bleibt keinem etwas schuldig. John Bunyan hat geschrieben:

»Es war einmal ein Mann,
sie sagten, er wäre verrückt,
je mehr er gab,
um so mehr blieb ihm zurück.«

Ein christlicher Leiter erzählte mir, daß er, immer wenn sein Konto überzogen sei, etwas Geld spendete, mit dem Ergebnis, daß der Herr ihm jedesmal soviel gab, wie er brauchte, um seine Schulden auszugleichen!

Hudson Taylor, der Gründer der China-Inlandsmission, war entschlossen, »mit Gottes Hilfe und allein durch das Gebet Menschen anzusprechen«. Er erlebte, wie sich Tausende durch seinen Dienst bekehrten, und wird von vielen als der angesehen, der den Grundstein für die gegenwärtige Erweckung in China gelegt hat. Mit siebenundzwanzig Jahren bereitete er sich darauf vor, nach China zu gehen. Er arbeitete schwer, hielt sonntags Gottesdienste und führte ein sehr karges Leben. Eines Sonntags, nachdem er am Abend zuvor eine Schüssel Haferschleim, am Morgen Brei gegessen und noch kein Abendessen bekommen hatte, bat man ihn, zu einem armen Ehepaar zu gehen und mit dem Mann zu beten, der im Sterben lag. Taylor hatte noch eine halbe Krone in der Tasche. Er sah ihre Armut und wollte ihnen etwas geben. Er erzählte, daß er, wenn er zwei Schillinge und ein 6-Pence-Stück besessen hätte, ihnen einen Schilling gegeben hätte. Als er die Armut der Mutter und ihrer fünf Kinder sah, hätte er gerne einen Schilling und das 6-Pence-Stück gegeben. Dann erzählte er ihnen von der Liebe des himmlischen Vaters, aber er kam sich wie ein Heuchler vor, weil er selbst nicht bereit war, Gott zu vertrauen, auch wenn er keine zwei Schillinge und sechs Pence mehr gehabt hätte. In diesem Augenblick hätte er liebend gerne zwei Schillinge gegeben und nur das 6-Pence-Stück behalten. Schließlich meinte er: »Gut, ihr wollt, daß ich mit euch bete, also laßt uns beten.« Er hob an: »Vater unser, [...]« Er kämpfte sich durch das Gebet. Der Familienvater entgegnete: »Wenn Sie uns helfen können, dann tun Sie es in Gottes Namen.« Nach einem heftigen inneren Kampf gab er ihnen die halbe Krone – alles, was er noch besaß. Freude durchströmte sein Herz. Er sang auf dem ganzen Weg nach Hause, und als er seine Schleimsuppe aß, erinnerte er den Herrn an die Worte: »Wer den Armen gibt, leiht dem Herrn.« Er schlief voller Frieden. Am nächsten Morgen war er überrascht, als er ein Päckchen erhielt, da er keine Post erwartet hatte. In diesem Päckchen fand er ein Paar Handschuhe und ein 20-Schilling-Stück. Er hatte in zwölf Stunden einen vierhundertprozentigen Gewinn erhalten. Dieser Vorfall war ein Wendepunkt in seinem Glaubensleben, und Taylor kam immer wieder darauf zurück, weil er durch dieses Erlebnis gelernt hatte, Gott auch in den kleinen Dingen zu vertrauen. Das half ihm in den ernsthafteren Prüfungen seines Lebens.[74] An diesem Beispiel wird deutlich, daß Geben ein Segenskreislauf ist.

Viertens verändert das Geben unseren gesamten Charakter. »Gott [...] wird die Früchte eurer Gerechtigkeit wachsen lassen« (2 Kor 9,10). Das Geben befreit unseren Charakter aus dem Würgegriff des Materialismus, der so viele Leben zerstört hat. John Wesley hat gesagt: »Wenn ich einmal Geld besitze, versuche ich, es so schnell wie möglich wieder loszuwerden, damit es keinen Zugang zu meinem Herzen findet.«

Ebeneezer Scrooge, die zentrale Figur in Dickens *Eine Weihnachtsgeschichte*, war ein grausamer alter Geschäftsmann.

> *»Aber Scrooge war eine feste Hand an dem Mühlstein – ein auspressender, an sich reißender, zupackender, zusammenscharrender, zäh festhaltender, habgieriger alter Sünder, aus dem nie ein edelmütiger Funken geschlagen – verschwiegen und verschlossen und einsam wie eine Auster. Seine innere Kälte machte sein altes Gesicht frostig, zwickte seine spitzige Nase, runzelte seine Wangen, machte seinen Gang steif, seine Augen rot, seine dünnen Lippen blau und sprach hämisch aus seiner knarrenden Stimme.«*[75]

Er bezahlte seinen Angestellten einen zu niedrigen Lohn, er nahm keine Rücksicht auf die Familie des Angestellten, verweigerte Tiny Tim, dessen verkrüppeltem Sohn, jegliche Hilfe und war nicht bereit, auch nur einen Pfennig von seinem Geld an die Armen zu geben. Es wird deutlich, wie das Geld zu seinem Gott geworden war und wie sein Leben und sogar seine Ehe darüber zerbrochen waren. In der Weihnachtsnacht erscheinen ihm drei Geister, die ihm seine Vergangenheit, Gegenwart und Zukunft zeigen, und er sieht ein, daß er seine Seele zerstören wird, wenn er sein Geld behält. Scrooge erkennt auch, daß er die Möglichkeit hat, das Leben anderer zu verändern, wenn er von seinem Geld etwas gibt. Er verändert sein Leben, kehrt um und beginnt zu geben, er verdoppelt das Gehalt seines Angestellten, schickt ihm einen Truthahn, gibt eine Spende an die Armen und wird für Tiny Tim zum zweiten Vater. Dickens faßt die Veränderung von Scrooges Charakter in die Worte:

»Er begab sich zur Kirche, ging in den Straßen umher, sah zu, wie die Leute auf und ab liefen, tätschelte Kindern den Kopf, unterhielt sich mit Bettlern, blickte in die Küchen der Häuser hinunter oder nach den Fenstern hinauf und fand, daß ihm alles eine Freude bereiten konnte. Er hatte sich's nie träumen lassen, daß ein Spaziergang oder irgend etwas imstande wäre, ihn so glücklich zu machen.«[76]

Fünftens können wir uns darüber freuen, daß andere aufgrund unserer Gabe Gott danken und ihn loben. »[…] und wenn wir diese Gabe überbringen, wird sie Dank an Gott hervorrufen. Denn euer Dienst und eure Opfergabe füllen nicht nur die leeren Hände der Heiligen, sondern werden weiterwirken als vielfältiger Dank an Gott. Vom Zeugnis eines solchen Dienstes bewegt, werden sie Gott dafür preisen […]« (2 Kor 9,11-13). Wir sind wie Gefäße, die an einer Quelle gefüllt wurden. Andere Menschen trinken von uns, aber sie preisen nicht das Gefäß, sondern die Quelle.

Sechstens können wir uns freuen und zufrieden sein, weil wir »die leeren Hände der Heiligen füllen« (2 Kor 9,12). Wir haben Teil an der Gemeinschaft der Kirche, indem wir ihre Nöte teilen: »[…] daß ihr ihnen und allen selbstlos geholfen habt« (2 Kor 9,13). Wir erleben den Frieden, der aus dem Gehorsam gegenüber Gott entspringt. »[…] daß ihr euch gehorsam zum Evangelium Christi bekannt habt« (2 Kor 913).

Siebtens besteht unser Lohn in dem Wissen, daß wir das tun, was Jesus auch getan hat (vgl. 2 Kor 9,15). Er ist das größte Vorbild. Bill Gates, Gründer und Geschäftsführer der Firma *Microsoft*, besitzt etliche Millionen und ist dabei, noch ein paar weitere hinzuzuverdienen. Napoleon eroberte so manches Land. Alexander der Große eroberte die gesamte, damals bekannte Welt. Doch sie alle sind wie Kinder beim Monopoly-Spiel, verglichen mit dem, was Jesus besitzt. Ihm gehört das gesamte Universum mit all seinen Milliarden von Sternen. Das alles wurde durch ihn geschaffen. Er war reich, aber für Sie und für mich wurde er arm, damit wir reich werden können. Wir sind nun seine Miterben. Wir werden all das erben, was er besitzt. In der Zwischenzeit fordert er uns auf, in seine Fußstapfen zu treten und freizügig zu geben.

Kapitel 11

Wie geht das mit dem Beten?

»Wenn ihr betet, macht es nicht wie die Heuchler. Sie stellen sich beim Gebet gern in die Synagogen und an die Straßenecken, damit sie von den Leuten gesehen werden. Amen, das sage ich euch: Sie haben ihren Lohn bereits erhalten. Du aber geh in deine Kammer, wenn du betest, und schließ die Tür zu; dann bete zu deinem Vater, der im Verborgenen ist. Dein Vater, der auch das Verborgene sieht, wird es dir vergelten. Wenn ihr betet, sollt ihr nicht plappern wie die Heiden, die meinen, sie werden nur erhört, wenn sie viele Worte machen. Macht es nicht wie sie; denn euer Vater weiß, was ihr braucht, noch ehe ihr ihn bittet. So sollt ihr beten: Unser Vater im Himmel, dein Name werde geheiligt, dein Reich komme, dein Wille geschehe wie im Himmel, so auf der Erde. Gib uns heute das Brot, das wir brauchen. Und erlaß uns unsere Schulden, wie auch wir sie unseren Schuldnern erlassen haben. Und führe uns nicht in Versuchung, sondern rette uns vor dem Bösen. Denn wenn ihr den Menschen ihre Verfehlungen vergebt, dann wird euer himmlischer Vater auch euch vergeben« (Mt 6,5-14).

Am besten lernen wir etwas, wenn wir es von einem Fachmann lernen. Ich war schon immer ein großer Kricketfan und brachte Stunden damit zu, mir Sportsendungen im Radio anzuhören und in alten Ausgaben des *Wisden*-Jahrbuchs für Kricketfans zu schmökern. Ich war nie gut genug, um von einem Trainer geschult zu werden, aber ich übte stundenlang. Wenn es ans Spielen ging, schied ich fast immer aus, und wenn ich schlug, bestand die Gefahr, daß die Feldspieler in meiner Nähe einen Ball an den Kopf bekamen. Andererseits könnte ich meinen Söhnen stundenlang beim Kricket zuschauen und ihr Spiel bewundern. Es macht

Spaß, ihnen zuzusehen, denn sie wurden beide von Experten trainiert. Wenn wir lernen wollen, wie man betet, müssen wir uns von dem Fachmann fürs Beten schlechthin – von Jesus Christus – unterweisen lassen.

Jesus lehrte seine Jünger, wie sie beten sollten, und ging davon aus, daß sie dies auch tun würden, denn er sagt dreimal: »Wenn ihr betet ...« (Verse 5-7). Die Juden beteten regelmäßig. Zweimal am Tag sprachen sie ein Gebet, das »Schema« (Höre, Israel) genannt wird, und dreimal täglich beteten sie die »Tefillah«, eine komplexe Reihe von Segensgebeten für das Volk Gottes. Ohne Zweifel erwartete Jesus von seinen Jüngern, daß sie jeden Tag beteten (Vers 11).

Doch wie sollten sie beten? In diesem Textabschnitt stellt Jesus vier unschätzbar wertvolle Richtlinien auf.

Ernsthaftigkeit

Jesus lehrt: »Wenn ihr betet, macht es nicht wie die Heuchler. Sie stellen sich beim Gebet gern in die Synagogen und an die Straßenecken, damit sie von den Leuten gesehen werden. Amen, das sage ich euch: Sie haben ihren Lohn bereits erhalten« (Vers 5).

Jesus kritisiert nicht das öffentliche oder gemeinschaftliche Gebet. Er warnt lediglich davor, aus den falschen Motiven in der Öffentlichkeit zu beten, nämlich aus der Hoffnung heraus, daß wir andere mit unserer Frömmigkeit beeindrukken werden. Wenn wir nur deshalb zu einem Gebetstreffen gehen, damit andere uns sehen, dann wird das unser alleiniger Lohn sein. Wir sind Heuchler, weil wir eine geistliche Haltung vorgeben, wenn wir gar nicht geistlich gestimmt sind. Wir meinen es nicht ernst. Die richtige Motivation zum Beten ist das Verlangen, uns mit unserem Vater im Himmel zu unterhalten.

Verborgenheit

Jesus erklärt weiterhin: »Du aber geh in deine Kammer, wenn du betest, und schließ die Tür zu; dann bete zu deinem Vater, der im Verborgenen ist. Dein Vater, der auch das Verborgene sieht, wird es dir vergelten« (Vers 6).

Jesus ermutigt seine Nachfolger, allein mit Gott an einem der Öffentlichkeit nicht zugänglichen Ort zu sein. Sicher ist ein Grund für diesen Rat die Tatsache, daß es an einem solchen Ort keine Ablenkung gibt. In unserem Haushalt ist die einzige Zeit ohne Ablenkung der frühe Morgen, bevor die Kinder aufstehen und bevor das Telefon zum ersten Mal klingelt. An dieser Stelle denkt Jesus jedoch mehr an Prahlerei als an Ablenkungen. »Geh in deine Kammer« ist eine metaphorische Ausdrucksweise, die Abgeschiedenheit und einen Ort frei von allen Bewunderern andeutet.

Das griechische Wort für »Kammer« bedeutet »innerer Raum« und konnte auch einen Aufbewahrungsort für Schätze bezeichnen. An diesem Ort wird »dein Vater, der auch das Verborgene sieht, […] es dir vergelten« (Vers 6). Wir bekommen das, wonach wir suchen. Wenn wir durch die bewundernden Blicke anderer belohnt werden wollen, dann ist das unser ganzer Lohn. Wenn wir uns danach sehnen, Gott zu begegnen, dann wird das unser Lohn sein. Wir werden seine Liebe zu uns erfahren und mit Liebe für andere Menschen erfüllt werden. Er wird uns seine Gegenwart erkennen lassen. »Vor deinem Angesicht herrscht Freude in Fülle«, schreibt der Psalmist (Ps 16,11).

Wir werden in die Lage versetzt, unsere Schuld, unsere Probleme und unsere Lasten abzuladen und einen Frieden zu finden, der unser Denken übersteigt. Wir werden eine neue Perspektive für unser Leben empfangen, wenn wir lernen, die Dinge aus der Perspektive Gottes zu sehen. Wir werden seine

Stimme hören und Anweisungen für unser Leben empfangen. Wir werden uns freuen können, weil wir Gebetserhörungen erleben. Wir empfangen Lebenskraft, weil der Herr uns mit seinem Heiligen Geist erfüllt. Im Vergleich dazu und zu den unzähligen weiteren Segnungen, die Gott uns schenkt, verblaßt der Lohn, von anderen bewundert zu werden, bis zur Bedeutungslosigkeit.

Schlichtheit

Während die Heuchler aus falschen Motiven heraus beten, beten die Heiden auf falsche Weise. Jesus rät seinen Jüngern: »Wenn ihr betet, sollt ihr nicht plappern wie die Heiden, die meinen, sie werden nur erhört, wenn sie viele Worte machen. Macht es nicht wie sie; denn euer Vater weiß, was ihr braucht, noch ehe ihr ihn bittet« (Verse 7-8).

Die Heiden beteten nicht zu dem einen wahren Gott, sondern zu einer ganzen Vielzahl von Göttern. Um sicher zu gehen, daß sie in jeder Situation den richtigen Gott ansprachen, nannten sie alle Götter bei ihren verschiedensten Anreden. Was zählte, so glaubten sie, war die korrekte Litanei und nicht Haltung und Intention des Betenden. Jesus verurteilt eine solche formelhafte Anrufung und magische Beschwörung als »Plappern«.

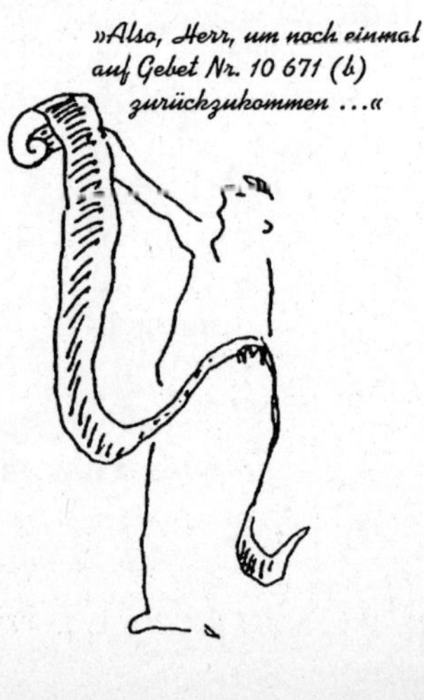

Außerdem hatten die Heiden ein mathematisches Verständnis vom Beten. Sie glaubten, je länger sie beteten, um so größer wäre die Wahrscheinlichkeit, erhört zu werden. Jesus sagt jedoch, daß nicht die Länge eines Gebetes zählt, sondern die Ernsthaftigkeit, nicht die Quantität, sondern die Qualität.

Er hatte die Absicht, ihnen ein Gebet beizubringen, das aus nur siebenundfünfzig griechischen Wörtern bestand und in weniger als dreißig Sekunden gesprochen werden konnte.

Jesus hatte nichts gegen Wiederholungen beim Beten, aber er hatte etwas gegen Wiederholungen ohne Sinn und Verstand.

Ja, er lehrte seine Jünger sogar, daß sie unaufhörlich und geduldig beten sollten, immer wieder bitten, immer wieder suchen und immer wieder anklopfen sollten. Zur Verdeutlichung erzählte er ihnen zwei Gleichnisse. In der heutigen Zeit würde man das erste wahrscheinlich folgendermaßen erzählen: Stellen Sie sich vor, sie bekommen überraschend Besuch von einem Freund, der einige Zeit im Ausland gewesen ist. Es ist schon spät, und der Kühlschrank ist leer. Also gehen Sie rüber zu einem guten Bekannten, weil Sie wissen, daß der immer viel Essen im Haus hat. Sie klingeln und stellen fest, daß er schon schläft. Er wacht auf und vertröstet sie auf den nächsten Morgen. Doch Sie bleiben hartnäckig und entgegnen: »Nein, ich brauche das Zeug jetzt!« Und weil sie so hartnäckig sind, holt er Ihnen etwas zu Essen aus dem Kühlschrank (vgl. Lk 11,5-8).

Um seinen Jüngern zu zeigen, daß sie anhaltend beten sollten, ohne aufzugeben, erzählte er ihnen außerdem die Geschichte von einem hartherzigen Richter, der nicht das geringste Interesse an Gerechtigkeit hatte, sondern ganz und gar gottlos war. Eine verwitwete Frau hatte Streitigkeiten mit ihren Nachbarn und ging vor Gericht. Der Richter interessierte sich nicht für den Fall, aber sie kam immer wieder. Schließlich dachte sich der Richter, daß es wohl einfacher sei, ihr Gerechtigkeit widerfahren zu lassen, als sich permanent mit der Sache herumschlagen zu müssen, nur weil sie ständig wieder vor Gericht zog (vgl. Lk 18,1-8).

Jesus selbst sprach im Garten Getsemani dasselbe Gebet dreimal. Doch weder dieses Gebet Jesu noch das, was er seine Jünger lehrte, war eine sinnlose Wiederholung, die nur durch ihre Länge Eindruck machen sollte. Jesus schrie aus der Verzweiflung seiner Situation heraus zu seinem Vater. Und ebenso können auch wir in Situationen der Bedrückung nicht anders, als Gott wieder und wieder zu bitten, er möge unser Gebet erhören.

Jesus weist darauf hin, daß wir nicht so beten, um Gott über etwas zu informieren, was er nicht schon wüßte, denn »euer Vater weiß, was ihr braucht, noch ehe ihr ihn bittet« (Vers 8).

Vielmehr schenkt Gott uns das Privileg, uns für das, was nach seinem Willen geschehen soll, zu engagieren. In diesem Sinn ist das Gebet gut für uns und nicht für ihn.

Eine innere Struktur

Jesus fährt fort, indem er seinen Jüngern ein Beispiel für ein Gebet gibt. Es ist nicht als alleiniges Beispiel gedacht, aber es ist das einfachste und doch am besten durchdachte Gebet. Es ist umfassend und allgemeingültig, da es im Prinzip alles einschließt, worum wir Gott je bitten könnten. Im Grunde ist es ein Bittgebet. Anbetung, Lobpreis und Dank sind sehr wichtig, aber wir sollten die Bitte nicht als die niedrigste Form des Gebets abtun. Die Bitte steht im Zentrum des Gebets, das Jesus seine Jünger lehrt. Leider ist es oft mechanisch gebetet worden und damit genau so, wie wir nach der Lehre Jesu nicht beten sollen. Dennoch besitzt dieses Gebet für viele einen äußerst kraftvollen inneren Aufbau.

Unser Vater im Himmel. Das Gebet beginnt damit, daß wir uns daran erinnern, wen wir ansprechen. Mit ziemlich großer Sicherheit betete Jesus ursprünglich auf Aramäisch und lehrte seine Jünger auch dieses Gebet auf Aramäisch. Das Wort, das er für Vater benutzte, war »Abba«, ein Wort, das ähnlich wie das deutsche »Papa« eine innige Beziehung ausdrückt, jedoch ohne die kindliche Prägung des deutschen Wortes. Auch ist es recht außergewöhnlich, daß Jesus uns sagt, wir sollen in eine verborgene Kammer gehen, die Tür zuschließen und dann beten: »Unser Vater ...« und nicht: »Mein Vater ...« Hier wird der Gedanke deutlich vermittelt, daß wir Teil der Familie Gottes sind und mit vielen anderen beten.

Wenn wir mit dem Gebet beginnen, ist es wichtig, daß wir zu schätzen wissen, was wir gerade tun. Wir reden zu Gott. Wenn uns das bewußt wird, verändert sich unser Beten. Wir reden nicht mit uns selbst oder meditieren vor uns hin. Wir sprechen zu einer Person, die so wirklich ist wie wir selbst, wenn nicht gar noch realer. Und mehr noch: Er ist ein liebender, allmächtiger Vater. Wenn uns das bewußt wird, sollten wir uns freuen und Gott preisen, anbeten und ihm danken. Ich halte dies für einen angemessenen Augenblick, um Gott für all seinen Segen – für Gesundheit, die Familie, Freunde, den Dienst, für Gebetserhörungen und vieles mehr – zu danken.

Dein Name werde geheiligt. Im Namen Gottes offenbart sich sein Wesen und seine Größe. Unsere größte Sorge sollte sein, daß der Name Gottes geehrt wird. Nach Auskunft des *US Center for World Missions* wächst die christliche Kirche dreimal so schnell wie die Weltbevölkerung. Doch z. B. in Großbritannien ist das nicht der Fall. Gottes Name wird in den Medien oder in der Schule nur selten geehrt. Die Sehnsucht danach, daß sein Name geehrt wird, sollte der tiefste Ruf unseres Herzens sein.

Auf persönlicher Ebene finde ich es hilfreich, in Gedanken den ganzen Tag über zu beten und darum zu bitten, daß Gottes Name in allem, womit ich zu tun habe, die Ehre bekommt, die ihm zusteht, so zum Beispiel in unseren Versammlungen, am Arbeitsplatz, in den Beziehungen und im Dienst.

Dein Reich komme. Unser Land braucht Jesus. Wenn wir darum bitten, daß sein Reich kommen möge, dann bitten wir, daß seine Herrschaft und seine Regentschaft unser Land verändern, sei es nun in der Politik, der Wirtschaft, in Fragen sozialer Ungerechtigkeit und steigender Verbrechensraten oder in unseren Schulen.

Auch hier finde ich es hilfreich, in den Bereichen, in denen ich direkt engagiert bin, für das Kommen seines Reiches zu beten. Das ist eine gute Überschrift, unter die wir unsere Fürbitte für Freunde, Angehörige und Kollegen stellen können. Darüber hinaus ist es die Bitte um seine Wiederkunft. Die frühen Christen beteten regelmäßig: »Maranatha!« (»Komm, Herr Jesus!«) Wir sehnen uns nach seiner Wiederkunft, denn dann wird sein Reich vollkommen in dieser Welt anbrechen. Das ist etwas, worauf wir uns freuen können und worum wir beständig bitten sollten. Aber es ist nicht nur etwas, das in der Zukunft liegt.

Dein Wille geschehe. Das ist kein resignierendes Gebet; hinter dieser Bitte steht das Verlangen danach, den Willen Gottes zu erkennen und zu erleben, wie Gott in unserem Leben handelt. Der Wille Gottes für uns ist das, »was ihm gefällt, was gut und vollkommen ist« (Röm 12,2). Wir müssen den Willen Gottes für unser Leben erkennen, ob es nun um die großen Entscheidungen wie Heirat oder Karriere geht, oder um die kleinen Dinge des Alltags.

Gib uns heute das Brot, das wir brauchen. Das sollte nicht unsere erste Bitte sein, aber Jesus lehrt uns, daß unsere grundlegendsten materiellen Bedürfnisse in unser Gebet mit eingeschlossen sein sollten. Kein Gebetsanliegen ist zu gering. Es ist gut, den Tag betend zu durchdenken und Gott um das zu bitten, was wir brauchen, ob es nun eine Wohnung ist oder Nahrung oder der Zug, den wir unbedingt noch erwischen müssen.

Erlaß uns unsere Schulden, wie auch wir sie unseren Schuldnern erlassen haben. Jesus führt diese Bitte genauer aus: »Denn wenn ihr den Menschen ihre Verfehlungen vergebt, dann wird euer himmlischer Vater auch euch vergeben« (Verse 14-15). Jesus erzählte die Geschichte eines fremden Königs, dem einer seiner Beamten einen Betrag von umgerechnet 20,5 Millionen DM schuldete. Der Mann konnte die Summe nicht zahlen, und so befahl der König, daß man alles pfänden sollte, was der Beamte besaß, und dessen Frau und seine Kinder in die Sklaverei verkauft würden. Der Mann bat um Gnade und um Stundung der Schulden. Der König erließ ihm die gesamte Schuld – ein sehr außergewöhnliches Verhalten. Dem Beamten wiederum schuldete ein anderer Mann etwa 4 500 DM. Er ergriff diesen Mann und verlangte die sofortige Rückzahlung des Geldes. Dieser Mann bat ebenfalls um Gnade, doch der Beamte ging vor Gericht, und so wurde dieser Schuldner schließlich wegen seiner Zahlungsunfähigkeit ins Gefängnis geworfen. Zufällig erfuhr der König davon und war außer sich vor Wut. Er ließ den Beamten verhaften und sagte zu ihm: »Du böser Mensch. Ich habe dir eine Schuld von 20,5 Millionen DM erlassen, nur weil du mich darum gebeten hast – hättest du da nicht das gleiche tun können?« Er überantwortete den Mann den Folterknechten, bis er den letzten Pfennig zurückgezahlt hatte. Jesus lehrt: »Ebenso wird mein himmlischer Vater jeden von euch behandeln, der seinem Bruder nicht von ganzem Herzen vergibt« (vgl. Mt 18,23-35). Zwischen der Tatsache, daß wir vergeben, und der Tatsache, daß wir selbst Vergebung empfangen, besteht ein Zusammenhang. Wir verdienen uns die Vergebung nicht dadurch, daß wir anderen vergeben, aber dies ist ein Zeichen dafür, daß wir selbst Vergebung empfangen haben. Wir müssen täglich Vergebung empfangen und täglich Vergebung üben.

Und führe uns nicht in Versuchung, sondern rette uns vor dem Bösen. Das Wort, das an dieser Stelle für »Versuchung« verwendet wurde, kann entweder »Versuchung« oder »Prüfung« bedeuten. Gott versucht uns nicht mit Bösem (vgl. Jak 1,13). Aber er bestimmt, in welchem Maß wir den Versuchungen des Teufels ausgesetzt sind (vgl. z. B. Ijob), und läßt zu, daß wir geprüft werden. Hier beten wir also im Grunde: »Gewähre uns, daß wir in Prüfungen nicht scheitern.« Wir alle werden geprüft und benötigen Gottes Schutz und Kraft. Dies ist eine gute Stelle, um Gott zu bitten, daß er uns mit seiner Kraft erfüllt und uns für den vor uns liegenden Tag ausrüstet.

Wie wir gesehen haben, verheißt Jesus uns, daß Gott es uns vergelten wird, wenn wir beten. Der Lohn, den wir empfangen, ist die Freude darüber, daß unsere Gebete erhört werden. An einem Sonntag abend im Dezember 1987 erhielt ich noch spät den Anruf eines Mannes, der unseren Abendgottesdienst besucht hatte. Sein Name war James. Er war Schauspieler gewesen und hatte unter anderem den Englischlehrer in *Grange Hill* gespielt. Er schien einmal alles besessen zu haben, was man sich nur wünschen kann: eine schöne Ehefrau, Erfolg, Ruhm und Geld. Dann verließ ihn im Dezember 1986 seine Frau Anna nach drei Jahren Ehe. Er hatte versucht, seiner Frau zu vergeben, aber es war ihm nicht gelungen. Er hatte das Gefühl, er wäre nicht dazu fähig, anderen zu vergeben, solange er nicht selbst Vergebung erfahren hatte. An jenem Tag sprach er ein Gebet, in dem er seine Sünden bekannte, Jesus dafür dankte, daß er für ihn gestorben war, und den Heiligen Geist einlud, ihn zu erfüllen. Sein Leben veränderte sich, und er wurde fähig, seiner Frau zu vergeben. In seinem Herzen entstand die Sehnsucht, seine Frau möge zu ihm zurückkehren, doch Anna weigerte sich. Sie wollte die Scheidung, da sie inzwischen mit einem anderen Mann zusammenlebte, und hatte auch schon die Klage eingereicht.

James und all die christlichen Freunde, die er inzwischen gefunden hatte, begannen, für Versöhnung in dieser Ehe zu beten. Er versuchte, sie wiederzusehen, aber sie war nicht bereit, sich mit ihm zu treffen. Ich schrieb ihr über einen Rechtsanwalt und fragte sie, ob sie bereit wäre, mich zu besuchen. Als sie kam, bat ich sie, daß sie sich noch einmal für eine halbe Stunde mit James traf. Zwei Tage später schrieb sie, sie wolle James nicht wiedersehen.

James hörte nicht auf, zu beten und Gottes Führung zu suchen. Er hatte den Eindruck, daß er Anna keine Steine in den Weg legen sollte, falls sie die Scheidung wollte. Er kam an einen Punkt, an dem es ihm wichtiger war, daß sie gläubig werden würde, als daß sie wieder zusammenfanden. Er schickte ihr und ihrem neuen Partner zwei Karten für eine Veranstaltung mit Billy Graham im Juli 1989. Sie schickte sie zurück. Doch Billy Graham beschloß wegen der großen Begeisterung, noch einen weiteren Abend in Wembley zu sprechen. James schickte ihr zwei weitere Eintrittskarten. Zu diesem Zeitpunkt war das vorläufige Scheidungsurteil gefällt worden. Anna rief James an und sagte, ihr Partner wolle nicht mitkommen, aber sie würde Billy Graham gern hören. Ich denke, da die Scheidung in erster Instanz entschieden war, fühlte sie sich sicher genug, ihn zu begleiten. Am Samstag abend gingen sie gemeinsam nach Wembley.

Am darauffolgenden Morgen predigte ich in der St.-Pauls-Kirche am Onslow Square. Während ich in der ersten Reihe saß, drehte ich mich um und sah, wie James und Anna gemeinsam die Kirche betraten. Ich hatte sie noch nie zusammen gesehen. Sie kamen nach vorn und setzten sich neben mich. Ich konnte es kaum erwarten zu erfahren, ob Anna in Wembley nach vorne gegangen war, um ihr Leben Christus zu übergeben. Ich wollte nicht direkt fragen, aber ich wußte, daß es am Tag zuvor geregnet hatte. Also fragte ich: »Sind Sie naß geworden?« Sie antwortete: »Ja, ich wurde geradezu weggespült.«

Nach dem Gottesdienst kamen sie zum Mittagessen zu uns. Sie war bei der Billy-Graham-Veranstaltung unter Tränen nach vorne gegangen. Ein Gebetshelfer hatte sie angesprochen und gefragt, ob sie mit jemandem gekommen sei. Sie bejahte. Der Gebetshelfer entgegnete, ob diese Person Christ sei. Wieder bejahte sie. Dann schlug er vor, daß sie den Betreffenden nach vorne holte. Sie meinte: »Aber das ist doch mein Mann.« Der Gebetshelfer sagte: »Das ist ja toll.« Anna antwortete daraufhin: »Sie verstehen mich nicht. Ich habe ihn zweieinhalb Jahre nicht gesehen!« In diesem Augenblick brach auch der Gebetshelfer in Tränen aus.

Nachdem Anna ihr Leben Christus anvertraut hatte, beendete sie ihre ehebrecherische Beziehung und kehrte zu ihrem Mann James zurück. Sie mußte zum Gericht gehen, um das vorläufige Scheidungsurteil widerrufen zu lassen. Der Richter war begeistert, und die Sekretärin weinte vor Freude. Heute, sechs Jahre danach, haben sie zwei Kinder und sind Laienprediger in der Gemeinde.

Am Montag, den 10. Juli 1989, schrieb ich folgende Zeilen in mein Gebetstagebuch:

> *»Ich preise dich überschwenglich für den gestrigen Tag – der schönste Tag, soweit ich mich erinnern kann. Ich danke dir für deine Größe und Kraft und Liebe. Danke, daß Anna zur Billy-Graham-Veranstaltung ging. Danke, daß sie nach vorne ging. Danke, daß sie über Nacht bei James blieb. Danke, daß sie in die St.-Pauls-Kirche kam. Danke, daß sie dieses Gebet gesprochen hat. Danke, daß sie sich entschlossen hat, zu James zurückzukehren. Danke, daß sie und James nach dem Gottesdienst zum Mittagessen kamen. Danke für die Freude, die beiden zusammen zu sehen. Danke, daß du ein Gott bist, der Gebet erhört. Herr, ich liebe dich so sehr. Ich gebe mich dir ganz neu hin und will dir von ganzem Herzen und mit meinem ganzen Leben dienen. Gibt es etwas, das dir zu schwer wäre?«*

Kapitel 12

Wie geht das mit dem Fasten?

»Wenn ihr fastet, macht kein finsteres Gesicht wie die Heuchler. Sie geben sich ein trübseliges Aussehen, damit die Leute merken, daß sie fasten. Amen, das sage ich euch: Sie haben ihren Lohn bereits erhalten. Du aber salbe dein Haar, wenn du fastest, und wasche dein Gesicht, damit die Leute nicht merken, daß du fastest, sondern nur dein Vater, der auch das Verborgene sieht; und dein Vater, der das Verborgene sieht, wird es dir vergelten« (Mt 6,16-18).

Als Großbritannien unter der Regentschaft von König George II. im Jahre 1756 von einer französischen Invasion bedroht wurde, rief er einen Gebets- und Fastentag aus. John Wesley notierte am Freitag, den 6. Februar, in sein Tagebuch: »Der Fastentag war ein ruhmreicher Tag. Seit der Restauration hat London selten einen solchen Tag erlebt. Jede Kirche in der Stadt war bis zum Bersten gefüllt, und auf allen Gesichtern stand ein feierlicher Ernst. Sicher erhört Gott das Gebet, und unser Friede wird verlängert werden.« In einer Fußnote ergänzte er: »Die Demut verwandelte sich in einen Freudenschrei der ganzen Nation, denn die drohende Invasion durch die Franzosen wurde abgewehrt.«[77]

Im Sommer 1876 zerstörte eine Heuschreckenplage die Ernte der Farmer von Minnesota. Im Frühjahr des darauffolgenden Jahres beobachteten die Farmer die Natur, um zu sehen, ob wieder eine solche Plage über sie hereinbrechen würde. Sollte dies geschehen, wäre die Lebensgrundlage von Tausenden von Familien für immer verloren. Die andauernde, für diese Jahreszeit eher ungewöhnliche Hitze bewirkte, daß eine riesige Armee von Heuschrecken schlüpfte – die Plage erreichte ein solches Ausmaß, daß das gesamte Agrargebiet im Nordwesten der USA bedroht war.

> *»Da sich Gouverneur J. S. Pillsbury der drohenden Katastrophe bewußt war, verkündete er, der 26. April solle ein Tag des Betens und Fastens sein, um Gott anzuflehen, das Unheil abzuwehren. Der Gouverneur drängte alle mitzumachen. Überall im Staat reagierten die Menschen auf seinen Aufruf. In großen und kleinen Versammlungen trafen sich die Bürger Minnesotas, um zu fasten und zu beten.«*

Nach vier Tagen waren alle Heuschrecken geschlüpft und bereit zum Aufbruch.

> *»Ein plötzlicher Klimawechsel gegen Abend überdeckte den ganzen Landstrich, in dem die Heuschrecken auf den Morgen warteten, um sich in Marsch zu setzen, mit Frost. Die meisten wurden noch an der Stelle getötet, auf der sie gerade krochen. Anstatt daß im Sommer versengte Stoppelfelder das Bild prägten, erstreckte sich die Weizenernte in goldener Herrlichkeit, soweit das Auge blicken konnte. In der Geschichte Minnesotas ist der 26. April 1877 festgehalten als der Tag, an dem Gott auf wunderbare Weise auf das Fasten und Beten seines Volkes geantwortet hat.«*[18]

In diesen Versen wendet sich Jesus nach Geben und Beten der dritten dieser verborgenen Glaubenspraktiken zu – dem Fasten. In der Bibel bedeutet Fasten im allgemeinen, aus religiösen Gründen über einen bestimmten Zeitraum hinweg keine Nahrung zu sich zu nehmen. Wir können das Fasten von einem Hungerstreik abgrenzen, bei dem die Nahrungsabstinenz politischen Gewinn bringen oder auf ein Anliegen aufmerksam machen soll. Das Fasten ist auch etwas anderes als eine

Diät, bei der nicht religiöse Gründe im Vordergrund stehen, sondern körperliche.

Im Alten Testament gab es bestimmte jährliche Fastenzeiten, wie den Versöhnungstag. Zusätzlich gab es gelegentliche Fastenzeiten, die zum Teil individuell, zum Teil als Gemeinschaft begangen wurden. Über Jesus wird berichtet, daß er in der Zeit, die er in der Wüste verbrachte, fastete (vgl. Mt 4,2). Aus diesen Versen wird deutlich, daß Jesus davon ausging, daß seine Jünger tatsächlich fasteten. Er sagte nicht: »Ihr müßt fasten.« Das wäre gesetzlich gewesen. Auch sagte er nicht: »Falls ihr fastet ...« Dann hätte es sich um etwas Optionales gehandelt. Sondern er sagte zu ihnen: »Wenn ihr fastet ...« (Vers 16). Man mußte ihnen nicht erst sagen, daß sie fasten sollten; sie benötigten nur eine Unterweisung dahingehend, wie man auf die richtige Art fastet. Einmal fragte man Jesus, warum seine Jünger denn nicht fasteten. In seiner Antwort verwarf er nicht das Fasten an sich, sondern erklärte vielmehr, daß Fasten für seine Jünger unangemessen sei, solange er unter ihnen wäre (vgl. Mt 9,14-15; Mk 2,18-20; Lk 5,33-34).

Später, wenn er nicht mehr bei ihnen sein würde, wäre es richtig und angemessen, daß sie fasteten, wie wir es auch beim Lesen der Apostelgeschichte beobachten können: Die Gemeindeleiter fasteten, als sie Missionare (vgl. Apg 13,2-3) und Älteste (vgl. Apg 14,23) auszuwählen hatten. Paulus spricht an zwei Stellen vom Fasten: einmal als eine Form ungewollten Hungerns (vgl. 2 Kor 11,27; 6,5) und ein andermal als eine Form gewollter Selbstdisziplin (1 Kor 9,27).

Nach Epiphanius, dem Bischof von Salamis, war es unter den Christen des vierten Jahrhunderts üblich, zweimal pro Woche zu fasten. Die Reformatoren, wie Luther, Calvin, Knox und Latimer, übten sich alle im betenden Fasten und behaupteten, dies erhöhe die Wirkung ihres Dienstes. John

Wesley erklärte: »Manche haben das religiöse Fasten weit über das emporgehoben, was die Schrift und der gesunde Menschenverstand dazu zu sagen haben; andere wiederum haben es völlig abgetan.«[79] Er wollte nicht, daß jemand ordiniert würde, der nicht bereit war, mindestens zweimal pro Woche bis vier Uhr nachmittags zu fasten.

Jonathan Edwards, der Erweckungsprediger und Theologe, betrachtete das Fasten als angemessene Reaktion, wenn er keinen geistlichen Durchbruch erkennen konnte. Er fastete und betete gewöhnlich drei Tage und Nächte hintereinander.

> *»Ein ums andere Mal hörte man ihn beten: ›Gib mir New England. Gib mir New England.‹ Als er sich schließlich von den Knien erhob und auf die Kanzel begab, starrten die Menschen ihn an, als könnten sie beinahe das Gesicht Gottes sehen. Als er zu reden begann, wurden seine Zuhörer umgehend erfüllt* [...] *Er war auf außergewöhnliche Weise vom Heiligen Geist bevollmächtigt, und das zeigte sich an den sichtbaren Resultaten seines Evangelisationsdienstes.«*[80]

Paul Yonggi Cho, der Pfarrer der größten Gemeinde der Welt in Korea, hat erlebt, wie es als Folge von Gebet zu einem erstaunlichen Gemeindewachstum kam. Er schreibt: »Fasten und Beten bewirken nach unserer Erfahrung, daß man in seinem Geist sehr viel sensibler für den Herrn wird und mehr Kraft hat, Satans Macht zu bekämpfen.«[81]

Warum sollten wir fasten?

Wie beim Almosengeben und beim Beten verspricht Jesus auch hier, daß diejenigen, die auf richtige Art und Weise fasten, von Gott belohnt werden. Er erklärt: »Dein Vater, der das Verborgene sieht, wird es dir vergelten« (Vers 18). Gottes Lohn für die, die richtig fasten, sind in erster Linie Gebetserhörungen, und es werden in der Bibel eine ganze Reihe von Gründen genannt, warum wir in Verbindung mit Gebet fasten sollen.

Erstens unterstreichen wir durch das Fasten unser Gebet um Gottes Segen. Als Esra eine größere Menge Gold und Silber auf einer mit Banditen übersäten Straße zum Tempel brachte, so berichtet er, »rief ich dort am Fluß bei Ahawa ein Fasten aus; so wollten wir uns vor unserem Gott beugen und von ihm eine glückliche Reise erbitten für uns, unsere Familien und die ganze Habe. [...] Wir fasteten also und suchten in dieser Sache Hilfe bei unserem Gott, und er erhörte uns« (Esra 8,21.23).

Als die Benjamiten ein schreckliches Verbrechen begangen hatten, beschlossen die anderen Stämme, gegen sie zu Felde zu ziehen. Sie taten dies auch, und wurden zweimal vernichtend geschlagen, obwohl sie vor dem Herrn gebetet und geweint hatten. Doch beim dritten Mal fasteten sie zudem, und Gott schenkte den übrigen Stämmen einen überragenden Sieg (vgl. Ri 20).

Menschen, die unter Fasten beten, zeigen damit, daß es ihnen ernst ist: Sie lassen ein »Nein« nicht gelten. Sie zeigen auf eine von Gott gewollte Art und Weise ihre Ernsthaftigkeit und den Wunsch, vom Höchsten gehört zu werden. Andrew Murray erklärte zu diesem Thema: »Fasten hilft, die Entschlossenheit auszudrücken, zu vertiefen und zu bekräftigen, daß wir bereit sind, alles aufzugeben, ja sogar uns selbst aufzugeben, um das zu erreichen, was wir für das Reich Gottes ersehnen.«[82]

Ein solches Fasten kann sogar bewirken, daß Gott »seine Meinung ändert«. Als der Prophet Jona auf Gottes Anweisung hin erklärte, die Stadt Ninive stehe kurz vor der Zerstörung, berichtet die Bibel, glaubten die Leute von Ninive Gott: »Sie riefen ein Fasten aus, und alle, groß und klein, zogen Bußgewänder an. [...] Und Gott sah ihr Verhalten; er sah, daß sie umkehrten und sich von ihren bösen Taten abwandten. Da reute Gott das Unheil, das er ihnen angedroht hatte, und er führte die Drohung nicht aus« (Jona 3,5.10).[83]

Als die Jünger Jesus einmal fragten, warum sie einen bestimmten Dämon nicht austreiben konnten, antwortete Jesus nach den Aussagen einiger späterer Manuskripte des Matthäusevangeliums: »Diese Art [von Dämonen] aber kann nur durch Gebet und Fasten ausgetrieben werden« (Mt 17,21). Jesus scheint sagen zu wollen, daß seine Jünger nicht genug Zeit in Gebet und Fasten investiert hatten, so daß ihre geistliche Kraft geschwächt war. Daher entspricht das in vielen alten Manuskripten erwähnte Fasten der Gepflogenheit zu fasten, um die eigene geistliche Kraft und Vollmacht zu stärken.[84]

Auch heute noch kommt es vor, daß bestimmte Vorhaben ein von Fasten begleitetes Gebet erfordern. Als Waymon Rogers, Pfarrer des *Christian Life Center* in Louisville, Kentucky, und seine Gemeinde anhaltend beteten, wuchs die Mitgliederzahl von zweihundert auf zweitausend. Als jedoch zweihundert dieser Gemeindeglieder anfingen, einmal pro Woche zu fasten, verstärkte sich das Wirken Gottes auf dramatische Weise. Rogers berichtet:

> *»Eine krebskranke Frau wurde geheilt. Gott erlöste Menschen von dämonischen Bindungen. Viele wurden von der Kraft Gottes auf wunderbare Weise geheilt. Viereinhalb Monate lang herrschte bei uns eine Erweckung, die jede Woche zehntausend Menschen in unseren Gottesdienst führte. Sie stritten sich um die Plätze in der vordersten Reihe. Menschen wurden erlöst und geheilt, und in dieser Zeit schenkten viertausendsechshundert Menschen ihr Herz*

Gott. Das alles geschah, nachdem die Gemeinde zwei Jahre lang gefastet und gebetet hatte. Unser einziges Problem waren die Verkehrsstaus. [...] *Ermutigen Sie Ihre Leute, zu fasten und zu beten!«*[85]

Zweitens ist Fasten ein Zeichen der Umkehr und der Demut vor Gott. Der Psalmist sagt: »Ich aber zog ein Bußkleid an [...], und quälte mich ab mit Fasten« (Ps 35,13). Gott spricht zu dem Volk, das gegen ihn gesündigt hat: »Auch jetzt noch [...]: Kehrt um zu mir von ganzem Herzen mit Fasten, Weinen und Klagen« (Joel 2,12). Manchmal war das Fasten auch ein Symbol für die Umkehr eines einzelnen; so zum Beispiel im Fall Davids, nachdem er mit Batseba Ehebruch begangen hatte (vgl. 2 Sam 12,16-23).

Umkehr bedeutet, sich von der Sünde abzukehren. Manchmal fängt eine bestimmte Sünde an, unser Leben zu beherrschen. Die Macht der Sünde wurde am Kreuz gebrochen, und daher hilft das von Fasten begleitete Gebet manchmal, das, was Jesus für uns erworben hat, in unserem persönlichen Leben auch heute wirksam werden zu lassen.

Zu anderen Zeiten stand das Fasten im Zusammenhang mit einer vom ganzen Volk begangenen Sünde. Ein einzelner konnte stellvertretend für das gesamte Volk Schuld bekennen und fasten. So tat es zum Beispiel Daniel für das Volk Israel: »Ich richtete mein Gesicht zu Gott, dem Herrn, um ihn mit Gebet und Flehen, bei Fasten in Sack und Asche, zu bitten. Ich betete zum Herrn, meinem Gott, legte ein Bekenntnis ab und sagte: Herr, [...] wir haben gesündigt und Unrecht getan [...]« (Dan 9,3-5).

Manchmal war es jedoch auch das ganze Volk, das fastete und betete. Einmal versammelte Samuel das Volk in Mizpa zum Gebet: »Dort fasteten sie an diesem Tag und sagten: Wir haben uns gegen den Herrn versündigt« (1 Sam 7,6). Auch aus der Zeit Esras und Nehemias wird berichtet: »Am vierundzwanzigsten Tag dieses Monats kamen die Israeliten zu einem Fasten zusammen, [...] sie traten vor und bekannten ihre Sünden und die Vergehen ihrer Väter« (Neh 9,1-2). Gott antwortete auf ihr Gebet, und »alle freuten sich; denn Gott hatte ihnen eine große Freude bereitet. Auch die Frauen und Kinder waren fröhlich, und der Jubel in Jerusalem war weithin zu hören« (Neh 12,43).

Drittens ist das Fasten ein Mittel, um die Führung Gottes zu suchen. Mose fastete vierzig Tage und Nächte und »blieb dort beim Herrn«, bevor er die Zehn Gebote niederschrieb (Ex 34,28; Dtn 9,9). Als Joschafat die große Armee der Moabiter und anderer Stämme kommen sah, die gegen Juda Krieg führen wollten, »beschloß [er], den Herrn zu befragen, und ließ in ganz Juda ein Fasten ausrufen. Die Judäer versammelten sich, um vom Herrn [Hilfe] zu erbitten. Auch aus allen Städten Judas kamen sie herbei, um den Herrn zu bitten« (2 Chr 20,3-4). Als die Gemeinde in Antiochia »zu Ehren des Herrn Gottesdienst feierten und fasteten, sprach der Heilige Geist: Wählt mir Barnabas und Saulus zu dem Werk aus, zu dem ich sie mir berufen habe« (Apg 13,2). Das Fasten scheint auch üblich gewesen zu sein, wenn es darum ging, Gottes Führung zu suchen und Gemeindeleiter zu berufen. Auf seiner ersten Missionsreise, besuchte Paulus mit Barnabas auf dem Rückweg wieder die Gemeinden, die sie gegründet hatten, und »in jeder Gemeinde bestellten sie durch Handauflegung Älteste und empfahlen sie mit Gebet und Fasten dem Herrn, an den sie nun glaubten« (Apg 14,23).

Der Pfarrer Hsi (1830-1896) war einer der größten Prediger Chinas. Er war opiumabhängig gewesen, bis er sich mit neunundvierzig Jahren unter dramatischen Umständen bekehrte. Er eröffnete Rehabilitationszentren, in denen Opiumabhängige durch die Kraft Christi von ihrer Sucht befreit werden konnten. In der Anfangszeit geriet diese Drogenarbeit in eine ernste Krise, da die Medikamente aus dem Ausland nicht eintrafen, die dringend für die Behandlung der Patienten benötigt wurden. In dieser verzweifelten Situation kam Hsi eine Idee: Vielleicht würde Gott ja Hsis Kenntnisse heimischer Heilpflanzen benutzen, damit dieser eine Medizin zusammenstellen konnte, die in der Lage wäre, die ausländischen Erzeugnisse zu ersetzen. Er betete und fastete und bat darum, daß Gott ihm die richtige Zusammensetzung offenbaren würde. Die Frau Howard Taylors berichtet, was geschah:

> *»Auf sehr einfache Weise wurde ihm die Erkenntnis darüber geschenkt, wie er diese Tabletten herstellen mußte. Die Heilmittel dazu befanden sich unter seinen Vorräten, und noch während er fastete, nahm er das Rezept, stellte die Medizin her und eilte zurück zum [Rehabilitationszentrum].«*[86]

Das Mittel war erfolgreich und veränderte die Behandlung von Opiumsüchtigen grundlegend.

Auf weniger dramatische Weise haben schon viele Menschen erlebt, daß es hilfreich ist, Beten und Fasten zu kombinieren, wenn man Gottes Führung in einer wichtigen Entscheidung benötigt. Vor kurzem hörte ich Sandy Millar, den Vikar der *Holy Trinity Brompton*, sagen, er habe sich jeweils ein Wochenende lang unter Fasten und Beten zurückgezogen, bevor er zwei der wichtigsten Entscheidungen seines Lebens getroffen habe, nämlich zum einen die Entscheidung zu heiraten und zum anderen die Entscheidung über seine hauptamtliche Berufung in den kirchlichen Dienst. Fasten und Beten versetzen uns in die Lage, uns ganz auf eine Sache zu konzentrieren und uns ganz dem Gebet für dieses Anliegen zu widmen.

Viertens ist Fasten eine Form der Selbstdisziplin. Der Apostel Paulus vergleicht es mit dem Training eines Athleten vor einem Rennen: »Jeder Wettkämpfer lebt aber völlig enthaltsam; jene tun dies, um einen vergänglichen, wir aber, um einen unvergänglichen Siegeskranz zu gewinnen« (1 Kor 9,25). Er will kein Sklave seiner körperlichen Leidenschaften sein, sondern hat sich im Gegenteil zum Ziel gesetzt, seinen Körper zum Sklaven zu machen, damit dieser ihm dient (vgl. 1 Kor 9,24-27). Wenn wir Fasten, verlieren die materiellen Dinge etwas von ihrer Macht über uns. Nur zu leicht werden wir genußsüchtig und verweichlicht und tun nichts mehr, um uns selbst zu verleugnen. Fasten verhindert, daß wir zu Sklaven unserer Gewohnheiten werden, und hilft uns, Selbstdisziplin zu üben. Übermäßige Genußsucht führt dazu, daß wir uns den Appetit verderben und unser Gaumen träge wird. Fasten hilft uns, die Dinge um so mehr zu schätzen. Sünden, über die wir selten reden, sind Völlerei und übermäßiger Genuß. Wir alle besitzen mehr als genug, und es tut uns gut, Selbstdisziplin und Verzicht zu üben. Es rückt unsere Prioritäten wieder zurecht.

William Bramwell, ein Prediger der frühen Erweckungsbewegung um Wesley, schrieb 1809 einem Freund in Liverpool:

> *»Der Grund, warum die Methodisten im allgemeinen nicht in der Kraft dieser Erlösung leben, ist einfach: zuviel Schlaf, zuviel Fleisch und Getränk, zuwenig Fasten und Selbstverleugnung, zuviel Zwiesprache mit der Welt, zu viele Predigten, zuviel Zuhören und zuwenig Selbstprüfung und Gebet.«*[87]

Wir können beim Fasten auch erfinderisch sein. Es muß nicht das Essen sein, das uns am meisten beherrscht; vielleicht sind es Bücher, CDs, Bilder oder Kleidung. Eine junge Frau aus unserer Gemeinde machte ein einjähriges »Klamottenfasten«. Sie wollte mit der Gewohnheit brechen, ständig neue Kleidungsstücke zu kaufen. In den ersten zwei Wochen fiel es ihr sehr schwer, doch dann hatte sie den Eindruck, als sei das Verlangen gebrochen. Sie sparte dadurch auch eine ganze Menge Geld!

Fünftens besteht ein Grund zu fasten darin, daß wir das, was wir besitzen, mit den Hungernden und Unterernährten teilen können. Im Buch Jesaja steht ein geradezu klassischer Text über das Fasten. Gott erklärt, das Fasten allein sei nicht genug – es müsse aus den richtigen Motiven heraus geschehen:

> »Nein, das ist ein Fasten, wie ich es liebe: die Fesseln des Unrechts zu lösen, die Stricke des Jochs zu entfernen, die Versklavten freizulassen, jedes Joch zu zerbrechen, an die Hungrigen dein Brot auszuteilen, die obdachlosen Armen ins Haus aufzunehmen, wenn du einen Nackten siehst, ihn zu bekleiden und dich deinen Verwandten nicht zu entziehen« (Jes 58,6-7).

Wenn wir weniger essen, sollte zumindest theoretisch mehr da sein, das wir den Hungrigen geben können. Außerdem erhalten wir einen Eindruck davon, was es heißt, zu hungern, sich unwohl zu fühlen und im Schlaf von Hungerattacken geweckt zu werden. Das sollte unser Mitgefühl mit den Armen und Hungernden steigern und uns die Notwendigkeit bewußt machen, uns für diese Menschen einzusetzen (vgl. Jes 58,10).

Einwände gegen das Fasten

Es ist vermutlich wahr, daß die meisten Christen heute nicht fasten – mit Sicherheit gilt dies für die Christen der westlichen Welt. Diese haben vielleicht bislang nie darüber nachgedacht. Manche jedoch haben mit dem Gedanken gespielt und das Fasten als Glaubenspraktik verworfen. Vor allem drei Haupteinwände spielen hier eine große Rolle:

Der erste Einwand ist theologischer Natur. Als die Jünger des Johannes zu Jesus kamen, fragten sie ihn: »Warum fasten deine Jünger nicht, während wir und die Pharisäer fasten?« Jesus antwortete ihnen: »Können denn die Hochzeitsgäste trauern, solange der Bräutigam bei ihnen ist? Es werden aber Tage kommen, da wird ihnen der Bräutigam genommen sein; dann werden sie fasten« (Mt 9,14-15; vgl. auch Mk 2,18-20). Manche behaupten, die Zeit, »da ihnen der Bräutigam genommen sein« wird, beziehe sich auf den Zeitraum zwischen Kreuzigung und Auferstehung. Dies ist die Zeit, in der Jesus nicht bei ihnen war. Nach der Auferstehung hatten sie erneut Gemeinschaft mit ihm, und nach Pfingsten war er durch seinen Heiligen Geist gegenwärtig. Das ist ein bestechendes Argument, aber es hält einer genaueren Überprüfung nicht stand und stimmt auch eindeutig nicht mit dem überein, wie die Apostel Jesus verstanden hatten. Erst nach seiner Himmelfahrt lesen wir davon, daß sie fasteten (vgl. Apg 13,2-3). Mit Sicherheit sprach Jesus von der Zeit zwischen seinem ersten Kommen und der Wiederkunft. Die Gemeinde wartet noch immer auf den mitternächtlichen Ruf: »Der Bräutigam kommt! Geht ihm entgegen!« (Mt 25,6). Heute jedoch ist er uns »genommen« bis zu dem Tag, an dem er wiederkommt. »Auf das Zeitalter der Kirche bezog sich unser Meister, als er sagte: ›Dann werden sie fasten.‹ Diese Zeit ist jetzt!«[88]

Der zweite Einwand ist historischer Art und stellt eine Reaktion auf die Askese dar. Das Fasten geriet in Verruf, nachdem es im Mittelalter zu übertriebenen asketischen Übungen gekommen war. Mit dem Niedergang des innerlichen, das heißt, zurückgezogenen Glaubenslebens entwikkelte sich eine Betonung der äußeren Frömmigkeitsformen. Das Fasten wurde besonders strengen Regeln unterworfen und unter äußerster Selbstverleugnung praktiziert. Der Asket, der äußerste Selbstdisziplin übte, lehnte jede Art körperlicher Annehmlichkeiten und alle Sozialkontakte ab. Die Askese konnte sogar dazu führen, daß Menschen sich selbst Verletzungen zufügten, und schloß gelegentlich körperliche Folter mit ein, wie das Tragen eines Büßerhemdes oder eines mit Nägeln besetzten Gürtels. Solche Praktiken sind das Ergebnis dreier theologischer Irrtümer: Man betrachtet Gott als einen »harten Mann«; man glaubt, die Erlösung sei durch Werke zu gewinnen; und man betrachtet den menschlichen Körper als von Natur aus schlecht.

Als Reaktion darauf haben manche das Pendel zum entgegengesetzten Extrem geschwungen und das Fasten durch egoistische Muße und bequemen Wohlstand ersetzt.

»Gnade, Gnade, Gnade ...«

Schon oft wurde darauf hingewiesen, daß das Gegenteil von Mißbrauch nicht darin besteht, etwas gar nicht mehr zu nutzen, sondern es richtig zu gebrauchen.

Der dritte Einwand ist praktischer Natur. Manche behaupten, Fasten sei ungesund. Es stimmt, daß es nicht für jeden Menschen geeignet ist und daß für einige gute medizinische Gründe vorliegen, aus denen sie nicht fasten sollten. Fasten ist nicht sinnvoll für schwangere oder stillende Frauen; auch ist es nicht klug, wenn ein Diabetiker oder jemand, in dessen Familie Fälle von Diabetes aufgetreten sind, fastet. Wer sich gerade von einer Operation oder Erkrankung erholt oder wer unter medikamentöser Behandlung steht, wäre auch schlecht beraten zu fasten. Gleiches gilt für Menschen, die unter Streß oder Depressionen oder unter dem Verlust eines nahestehenden Menschen leiden. Und ganz sicher wäre es höchst unvernünftig für Menschen, die zu Eßstörungen neigen.

Nachdem all das gesagt ist, gilt dennoch, daß Fasten an sich nicht ungesund ist. In der Tat kann sogar behauptet werden, daß es bei den meisten Menschen positive Auswirkungen auf die Gesundheit hat. Da der Verdauungstrakt wenig zu tun hat, kann der Körper seine ganze Energie darauf verwenden, Fettgewebe abzubauen und Giftstoffe, die wir mit unserem täglichen Wohlstandsessen aufnehmen, aus dem Körper auszuscheiden. Unser Essen ist voller toxischer Substanzen, wie künstlichen Farbstoffen, Stabilisatoren und Geschmacksverstärkern. Fasten entgiftet den Stoffwechsel, reinigt, heilt und beruhigt lebenswichtige Organe wie Nieren und Leber – das ist wie ein Frühjahrsputz für unseren Körper.

Wie sollen wir fasten?

Jesus lehrt seine Jünger, daß es eine falsche und eine richtige Art zu fasten gibt. Der Segen des Fastens ereilt uns nicht automatisch; selbst im Alten Testament wird von derartigen Ereignissen berichtet (vgl. Jes 58,2-12; Jer 14,11-12; Sach 7).

Erstens darf unser Fasten nicht prahlerisch sein wie bei den »Heuchlern«. Jesus erklärt:

> »Wenn ihr fastet, macht kein finsteres Gesicht wie die Heuchler. Sie geben sich ein trübseliges Aussehen, damit die Leute merken, daß sie fasten. Amen, das sage ich euch: Sie haben ihren Lohn bereits erhalten. Du aber salbe dein Haar, wenn du fastest, und wasche dein Gesicht, damit die Leute nicht merken, daß du fastest, sondern nur dein Vater, der auch das Verborgene sieht; und dein Vater, der das Verborgene sieht, wird es dir vergelten« (Mt 6,16-18).

Jesus macht sich darüber lustig, daß manche während des Fastens heucheln und mit einem finsteren Gesichtsausdruck herumlaufen. Der Begriff für »trübseliges Aussehen« bedeutet wörtlich »unsichtbar machen«. Jesus verwendet an dieser Stelle ein Wortspiel, das soviel bedeutet wie: »unkenntlich machen«, entweder indem man den Kopf verhüllt oder indem man ihn mit Asche oder Dreck beschmiert. Im Gegensatz dazu ist das richtige Fasten ein Fasten, bei dem man normal, sauber und glücklich aussieht.

In der Praxis ist es gut, wenn wir erst laufen lernen, bevor wir versuchen zu rennen. Es ist sinnvoll, mit kurzen Fastenzeiten zu beginnen und vielleicht nur eine Mahlzeit oder zwei auszulassen. Später können wir zu einem dreitägigen Fasten übergehen. Manche haben es als hilfreich empfunden, bis zur Dauer von einer Woche zu fasten. Gelegentlich fühlten sich Menschen berufen, auch noch länger keine Nahrung zu sich zu nehmen. Ich persönlich denke, daß so etwas nur selten vorkommt. Es ist schwierig, seine Arbeit zu tun, wenn man über längere Zeit hinweg fastet. Es besteht die Gefahr, daß man gereizt wird und nicht mehr so leistungsfähig ist, wie man eigentlich sein sollte.

Bevor wir mit dem Fasten beginnen, sind einige Vorbereitungen zu treffen. Viele raten, in den Tagen zuvor etwas weniger zu essen und als letzte Mahlzeit vor dem Fasten frisches Obst zu sich zu nehmen. Während des Fastens sollte man mindestens drei Liter Flüssigkeit trinken und sich häufig ausruhen. Nach Beendigung des Fastens muß man darauf achten, nicht gleich zuviel zu essen, da der Magen sich zusammengezogen hat und mit einem zu üppigen Mahl nicht zurechtkommt.

Zweitens sollen wir nicht aus einer gesetzlichen Haltung heraus fasten. Unter frommen Juden war es zu einer anerkannten Einrichtung geworden, zweimal pro Woche – montags und donnerstags – zu fasten. Das waren die Markttage, und so war eine größere Schar von Bewunderern zugegen. Auch wir verfallen nur allzuleicht in eine solche Gesetzlichkeit. Wir können dies in einem Kommentar zu diesem Abschnitt der Lehre Jesu, im achten Paragraphen der Didache (»Die Unterweisung des Herrn an die Heiden durch die zwölf Apostel«), lesen. Dieser Kommentar wird um das Jahr 100 nach Christus datiert. Dort heißt es: »Haltet nicht dieselben Fastentage wie die Heuchler. Sie fasten montags und donnerstags, also sollt ihr mittwochs und freitags fasten.« Diese Aussage zeigt, wie leicht man, damals wie heute, den eigentlichen Inhalt der Lehre Jesu mißverstehen kann.

Statt aus gesetzlichen Gründen zu fasten, sollten wir fasten, weil wir Gott lieben. Das Fasten ist Teil unserer Beziehung zu ihm, und wir sollten fasten, wenn wir den Eindruck haben, daß der Heilige Geist uns dazu auffordert. Es sollte immer Gott sein, der im Zentrum unseres Fastens steht, und nicht die eigene Ehre oder die Anerkennung durch andere. Gott stellte zum Beispiel die Zeitgenossen des Propheten Sacharja zur Rede: »Ihr habt gefastet und Klage abgehalten [...] – aber bin ich es, für den ihr so streng gefastet habt?« (Sach 7,5). John Wesley meint: »Laßt es zuerst zur Ehre des Herrn geschehen und richtet euren Blick fest auf ihn. Habt ganz allein auf das eine acht: daß unser Vater im Himmel geehrt wird [...]«[89]

Schlußfolgerungen

Omar Cabrera ist einer der Leiter, die im Zentrum der Erweckungsbewegung in Argentinien stehen. Er rief eine Gruppe von zwölf Leuten ins Leben, die jede Woche von Freitag abend bis Sonntag abend fasteten, beteten und den Herrn baten, durch seinen Heiligen Geist zu wirken. Ein Mädchen mit einem so schweren Herzleiden, daß die Ärzte sie aufgegeben hatten, wurde vom Herrn geheilt. Ihr Vater, ein berühmter Chirurg, sprach öffentlich über das, was geschehen war.

Eine Frau, die als Haushälterin arbeitete, wurde eines Tages von ihrer Arbeitgeberin gefragt, wohin sie sonntags ginge, und kam selbst auch in die Kirche. Sie hatte sich politisch engagiert, aber als sie zum Glauben fand, kehrte sie der Politik den Rücken und arbeitete fortan aktiv in der Gemeinde mit.

Nach einem Jahr war die Gruppe von zwölf auf einhundertzwanzig Personen angewachsen. Sie mieteten eine anglikanische Kapelle und begannen, um eine Gemeinde von zweitausend Mitgliedern zu beten. Jeden Mittwoch lasen sie das Markusevangelium und unterstrichen die Worte »groß«, »Menschenmenge« und »viele«. Neun Monate lang lasen sie die Bibel, beteten und fasteten, und schließlich kamen die Menschen scharenweise.

Omar Cabrera predigte jeden Abend, und einmal predigte er sogar an fünfhundertvierzig Tagen hintereinander. Manchmal kamen neun- bis fünfzehntausend Menschen zu den Versammlungen, und sie erlebten viel Segen. Omar Cabrera zog sich gewöhnlich zwei oder drei Tage zurück, um zu beten und zu fasten. In einem Jahr wuchs die Gemeinde um tausend Prozent an, und Ende 1991 zählte sie neunzigtausend Mitglieder. Cabrera war es ernst gewesen. Er betete und fastete, und Gott belohnte ihn dafür.

Kapitel 13

Wie gehe ich mit Geld richtig um?

»Sammelt euch nicht Schätze hier auf der Erde, wo Motte und Wurm sie zerstören und wo Diebe einbrechen und sie stehlen, sondern sammelt euch Schätze im Himmel, wo weder Motte noch Wurm sie zerstören und keine Diebe einbrechen und sie stehlen. Denn wo dein Schatz ist, da ist auch dein Herz. Das Auge gibt dem Körper Licht. Wenn dein Auge gesund ist, dann wird dein ganzer Körper hell sein. Wenn aber dein Auge krank ist, dann wird dein ganzer Körper finster sein. Wenn nun das Licht in dir Finsternis ist, wie groß muß dann die Finsternis sein! Niemand kann zwei Herren dienen; er wird entweder den einen hassen und den andern lieben, oder er wird zu dem einen halten und den andern verachten. Ihr könnt nicht beiden dienen, Gott und dem Mammon« (Mt 6,19-24).

Wenn wir begreifen, was Jesus uns in diesem Teil der Bergpredigt lehrt, wird das unser Leben verändern. Es wird unsere Sicherheiten, unsere Vision und letztlich auch unsere Beziehung zu Gott beeinflussen. Und doch scheinen nur wenige Menschen etwas von dem verstanden zu haben, was Jesus hier sagt. Ein erst kürzlich erschienener Artikel in *The Independent* über die zeitgenössische Kultur berichtet, daß Teenager heutzutage sagen, sie möchten vor allem Geld, und davon möglichst viel:

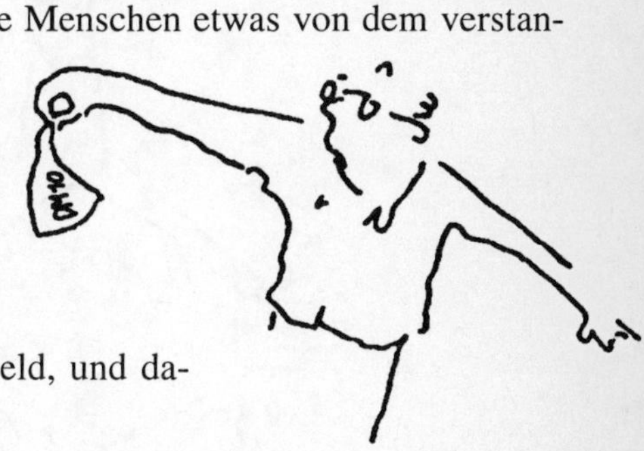

»Ganz obenan auf der Liste der Dinge, die bei einem Job zählen, steht das Geld. Diese Teenager sind Realisten und unverhohlene Materialisten. Sie gehen davon aus, daß ihr Erfolg allein von ihren eigenen Bemühungen abhängt. Status, Macht und Glück entspringen aus dem Wohlstand, den sie anhäufen.«[90]

Was immer man über die staatliche Lotterie sagen mag, sie offenbart, wie sehr unser Land davon besessen ist, Wohlstand anzuhäufen. Geld, wie auch Sex, dominieren den Großteil unserer Werbung.

Die meisten von uns müssen täglich mit Geld umgehen, aber in der Kirche reden wir lieber nicht darüber. Jesus jedoch hat häufig davon gesprochen, und in diesem Textabschnitt stellt er uns ungeschminkt vor die Wahl zwischen zwei Optionen. Darin klingen die Worte des Propheten Elija aus dem Alten Testamenten an, der das Volk fragte: »Wie lange noch schwankt ihr nach zwei Seiten? Wenn Jahwe der wahre Gott ist, dann folgt ihm! Wenn aber Baal es ist, dann folgt diesem!« (1 Kön 18,21). Wir müssen eine krasse Wahl treffen, und Jesus formuliert diese Entscheidung auf dreifache Weise.

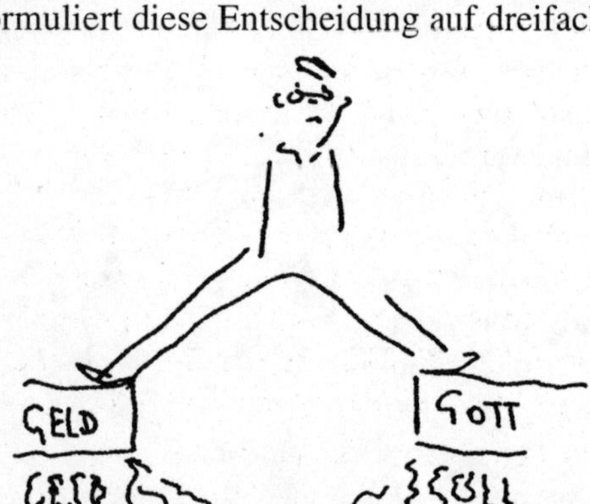

Worauf beruht unsere Sicherheit? (Verse 19-21)

Jesus zeigt zwei unterschiedliche Plätze auf, an denen wir Schätze ansammeln können, und fordert uns auf, ein ungeteiltes Herz zu haben. Da unser Herz dorthin folgen wird, wo unsere Schätze sind, gebietet er uns, unsere Schätze nicht auf der Erde zu sammeln, sondern im Himmel. Zu diesen Schätzen gehört nicht nur das Geld, sondern auch Besitz, Kleidung, das eigene Zuhause, Macht, die berufliche Stellung, Status und möglicherweise sogar Intelligenz, Bekanntheitsgrad, Popularität, Sportlichkeit und gutes Aussehen. Diese Dinge können auf Dauer nicht befriedigen, da sie vergänglich sind. »Motten« und »Würmer« zerstören sie, und Diebe brechen ein und stehlen sie. Catherine Deneuve, einst als »die schönste Frau der Welt« gefeiert, wurde im Alter von fünfundvierzig Jahren von Terry Wogan interviewt. Sie sprach über ihre Angst vor dem Älterwerden: »Es macht mir angst, und es langweilt mich. Es tut weh, jeden Tag in den Spiegel zu schauen und zu sehen, wie man älter wird.« Ihr Schatz war dabei zu verfallen.

Was meint Jesus, wenn er sagt, wir sollten uns keine Schätze hier auf Erden sammeln? Diese Aussage wurde oft mißverstanden und falsch ausgelegt. Erstens meint er nicht, daß Christen alles weggeben sollten, was sie besitzen. Nur in einem Fall ist niedergelegt, daß Jesus jemandem sagte, er solle alles weggeben, was er besitzt (vgl. Mk 10,21). Josef von Arimathäa blieb anscheinend auch weiterhin reich (vgl. Mt 27,57), nachdem er ein Jünger Jesu geworden war; gleiches gilt vermutlich für Nikodemus. Jesus wurde darüber hinaus von reichen Frauen unterstützt (vgl. Lk 8,1-3).

Zweitens bedeutet es nicht, daß es falsch wäre, Geld zu investieren oder zu vermehren. Das Gleichnis von den anvertrauten Pfunden spricht anerkennend darüber, Geld zu verdienen. Manche, so scheint es, sind berufen, Geld zu verdienen, möglicherweise sogar große Summen, um Gott dadurch die Ehre zu geben und um es zum Nutzen seines Reiches einzusetzen. Manche sind anscheinend dazu berufen, mächtig, reich und einflußreich zu sein.

Drittens ist es nicht falsch zu sparen. Das Neue Testament ermutigt uns, für unsere Angehörigen Vorsorge zu treffen und ganz besonders für unsere direkten Familienangehörigen. Wer das nicht tut, »ist schlimmer als ein Ungläubiger« (1 Tim 5,8). Jesus verlachte Menschen, die sich nicht um ihre Eltern kümmerten und dies damit begründeten, daß sie das Geld, mit dem sie sonst ihre Eltern unterstützt hätten, für Gott reservierten (vgl. Mk 7,9-12). Wenn wir sparen, können wir anderen helfen.

Viertens ist es nicht falsch, die schönen Dinge des Lebens zu genießen. Gott hat uns mit allem reichlich versorgt, damit wir uns daran erfreuen (vgl. 1 Tim 6,17). Jesus war kein Asket. Er aß mit den Reichen und Privilegierten (vgl. Lk 11,37), ging auf eine üppige Hochzeit (vgl. Joh 2,1-11) und half, sie noch üppiger zu machen. Man beschuldigte ihn sogar zu Unrecht, ein Vielfraß und ein Säufer zu sein (vgl. Mt 11,19). Reichtum wurde, zumindest im Alten Testament, häufig als ein Zeichen für den Segen Gottes angesehen; Gott segnete Abraham mit Vieh, Silber und Gold, und der Reichtum Salomos wurde als Zeichen dafür betrachtet, daß er das Wohlwollen Gottes besaß. Im Neuen Bund ist Gottes Segen nicht materieller, sondern geistlicher Natur, doch die materiellen Dinge dürfen wir dennoch als unverdientes Geschenk Gottes genießen.

Was also meint Jesus, wenn er sagt, wir sollten uns keine Schätze auf Erden sammeln? Ihm geht es nicht so sehr um unseren Wohlstand, sondern um unser Herz und unsere Zuneigung; das heißt, um die Frage, woran wir denken, wenn sich unser Geist im Leerlauf befindet. Ihm geht es weniger ums Geld als um die Liebe zum Geld, die der Apostel Paulus als »die Wurzel aller Übel« (1 Tim 6,10) bezeichnet. Jesus untersagt das egoistische Anhäufen von Geld und egozentrische Begehrlichkeit. Mit anderen Worten, er verurteilt Materialismus und eine ungesunde Geldgier, die ihr Vertrauen ganz auf den Besitz gründet. Doch er tut dies, ohne die materiellen Dinge an sich zu verwerfen.

Jesus begründet diese Vorschrift auf zwei Arten. Erstens führen die Dinge, die uns eigentlich Sicherheit versprechen, in Wirklichkeit zu bleibender Unsicherheit. Vor einiger Zeit hörte ich einmal in der Sendung *Midweek* ein Interview mit Victor Matthew, der in der Wirtschaftskrise der dreißiger Jahre aufwuchs. Er sagte, er habe das Bedürfnis nach Sicherheit gespürt und daraufhin viel Geld verdient. Als man ihn fragte, welche Auswirkungen das auf sein Leben gehabt habe, antwortete er: »In den ersten sechs Wochen wachte ich morgens mit einem Gefühl der Sicherheit auf. Dann begann ich, mich darum zu sorgen, was ich tun mußte, um all dieses Geld, das ich verdient hatte, auch zu behalten.« Schließlich meinte er, er habe nie Sicherheit gefunden, die er gesucht hatte. George Harrison, der als Mitglied der *Beatles* Unsummen von Geld verdient hatte, erklärte dennoch: »Für jede hundert Mark, die man verdient, bekommt man Probleme im Wert von hundert Mark hinzu.« Seneca hat es vor Jahrhunderten folgendermaßen ausgedrückt: »Geld hat noch keinen reich gemacht.«

Zweitens entfernt uns der Materialismus von Gott. Jesus sagt: »Denn wo dein Schatz ist, da ist auch dein Herz« (Vers 21). John Stott meint, der Materialismus »kettet unser Herz an die Erde«[91]. Aus diesen Gründen, so Jesus, ist es eine schlechte Investition.

Statt Schätze auf Erden zu sammeln, sollten wir es zu unserem Ziel machen, Schätze im Himmel zu sammeln. Damit wird kein Weg beschrieben, wie wir uns die Erlösung verdienen können, sondern es geht um eine Investition in das Himmelreich, in die Herrschaft Gottes auf Erden. Wenn wir in sein Reich investieren, bedeutet das vor allem, daß wir Zeit, Energie und Geld in Menschen investieren. Unter anderem heißt das, daß unsere Investitionen im Predigen des Evangeliums, im Heilen Kranker, in der Fürsorge für Schwache und Einsame und im Dienst an Armen besteht. Dazu wird auch gehören, daß wir andere Christen (finanziell) unterstützen, um ihre Arbeit zu fördern. Im Jahr 250 nach Christus, während der Christenverfolgung unter Decius in Rom, stürmte der Präfekt von Rom in einen Gottesdienst hinein und forderte: »Zeigt mir eure Schätze!« Die Soldaten waren gekommen, um alles Wertvolle zu rauben. Ein Diakon namens Lorencius führte ihn in einen angrenzenden Raum, stieß die Tür auf und sagte: »Das sind die Schätze unserer Gemeinde.« In dem Raum befand sich eine Gruppe aus Witwen, Waisen, Kranken und Bettlern, für die die Gemeindeglieder sorgten.

Warum sollten wir uns das Ziel setzen, Schätze im Himmel zu sammeln? Wieder nennt Jesus uns zwei Gründe: Erstens ist diese Investition völlig sicher und wird auf ewig Bestand haben – »wo weder Motte noch Wurm sie zerstören und keine Diebe einbrechen und sie stehlen« (Vers 20). Es wäre ein schlechtes Geschäft, das Ewige gegen das Vergängliche einzutauschen. Gott hat uns ein Erbe geschenkt, das »unzerstörbar, makellos und unvergänglich« ist und »das im Himmel für euch aufbewahrt« wird (1 Petr 1,4). Was wir sehen können, ist vergänglich, aber »das Unsichtbare ist ewig« (2 Kor 4,18). Paulus schrieb an die Gemeinde in Rom:

> »Denn ich bin gewiß: Weder Tod noch Leben, weder Engel noch Mächte, weder Gegenwärtiges noch Zukünftiges, weder Gewalten der Höhe oder Tiefe noch irgendeine

andere Kreatur können uns scheiden von der Liebe Gottes, die in Christus Jesus ist, unserem Herrn« (Röm 8,38-39).

Zweitens sagt Jesus, daß unser Herz dort sein wird, wo unser Schatz ist (Vers 21). Das Geben ist eine der verborgenen Glaubensübungen, von denen Jesus in den ersten vier Versen des sechsten Kapitels im Matthäusevangelium gesprochen hat. Wenn wir dem Reich Gottes großzügig von unserem Geld geben, wird unser Herz ebenfalls dorthin folgen. Zum Beispiel sind die Menschen, die der Gemeinde etwas spenden, auch die, die sich am stärksten engagieren. Nicht nur das Engagement führt zum Geben – obwohl diese Aussage sicherlich zutrifft –, Jesus erklärt weiter, daß auch das Geben im Gegenzug dazu führt, daß wir uns engagieren. Wenn wir erst einmal beginnen, in das Reich Gottes zu investieren, wächst unser Interesse am Himmelreich um ein vielfaches, und wir engagieren uns weit mehr dafür. In diesen Versen ruft Jesus uns auf, ein ungeteiltes Herz zu haben und uns aktiv für ihn und sein Reich zu engagieren.

Welche Ambitionen haben wir für unser Leben? (Verse 22-23)

Jesus stellt uns zwei Lebensziele vor Augen und fordert uns auf zu wählen. »Das Auge gibt dem Körper Licht. Wenn dein Auge gesund ist, dann wird dein ganzer Körper hell sein. Wenn aber dein Auge krank ist, dann wird dein ganzer Körper finster sein. Wenn nun das Licht in dir Finsternis ist, wie groß muß dann die Finsternis sein!« (Verse 22-23). Jesus bedient sich an dieser Stelle des Vergleiches mit dem menschlichen Auge. Wenn unsere Augen korrekt funktionieren, wird es in uns hell sein. Wenn unser Augenlicht schlecht ist oder wir

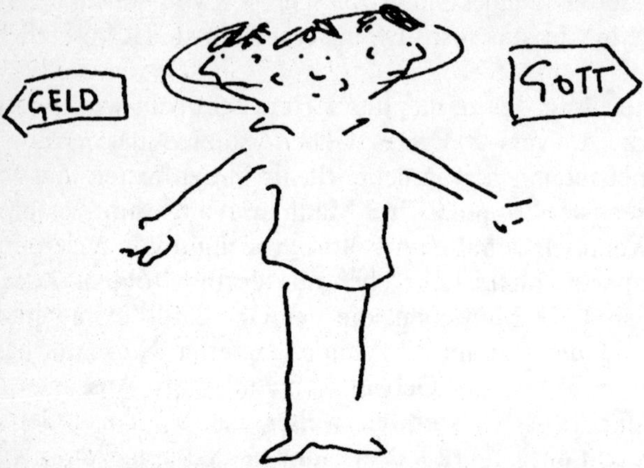

blind sind, wird es in uns dunkel sein. Sheila Hocken, die von Kindheit an blind gewesen war, gewann mit neunundzwanzig Jahren durch eine erstaunliche und komplizierte Operation, der Monate intensiver Forschung vorangegangen waren, ihr Augenlicht zurück. Sie schreibt über den Augenblick, als man ihr den Verband abnahm:

> *»Es war, als würde ich plötzlich von jemandem geschlagen, von der Helligkeit getroffen wie bei einem immens starken elektrischen Schock in meinem Gehirn. Mein ganzes Sein wurde von einer Schockwelle durchflutet, so ganz und gar unerwartet traf mich diese Helligkeit. Ich sah das Weiß der Kleidung einer Krankenschwester – ein verwirrendes Weiß –, das ich kaum ertragen konnte, und hinter ihr einen leuchtend blauen Himmel. Es war phantastisch. Ich hatte das Gefühl, als wäre die gesamte Schöpfung nur für mich ausgebreitet worden.«*[92]

Auf geistlicher Ebene ist es wahr, daß die Augen das Fenster der Seele sind. Und daher macht es enorm viel aus, wohin wir unseren geistlichen Blick wenden, ob auf Gott oder auf den Materialismus. Worin investieren wir unsere Zeit, weil wir unsere Gedanken darauf richten? Wofür planen wir? Wovon träumen wir? Wofür setzen wir uns ein? Das Auge blickt geradeaus, und dann bewegen wir uns auf das zu, worauf unser Blick fixiert ist. Wenn man einen Rasen in geraden Linien mähen will, muß man seinen Blick fest auf einen Gegenstand am anderen Ende des Gartens heften. Genauso ist es im geistlichen Bereich: Unser Herz wird unserem Blick folgen. Darum ermutigt uns der Verfasser des Hebräerbriefes, »auf Jesus [zu] blicken« (Hebr 12,2).

Wer seinen Blick fest auf Jesus gerichtet hat, dessen Leib wird durch den Heiligen Geist voller Licht sein. Ein kleiner Junge wurde einmal gebeten zu sagen, was ein Heiliger sei. Zunächst fiel ihm keine angemessene Beschreibung ein, doch dann dachte er an all die Heiligen, die auf den bunten Kirchenfenstern dargestellt sind. Da meinte er: »Ein Heiliger ist einer, durch den das Licht scheint.« Manchmal zeigt sich das fast körperlich. An einer Stelle wird berichtet, daß das Gesicht Jesu geleuchtet habe »wie die Sonne« (Mt 17,2). Es gibt Menschen mit »leuchtenden Gesichtern«, die das Licht und die Liebe Gottes auszustrahlen scheinen. Wenn sie einen Raum betreten, wird es hell. Ein solcher Mensch ist Jackie Pullinger, die während der letzten achtundzwanzig Jahre in Hongkong unter Drogenabhängigen, Armen und Nichtseßhaften tätig war. Sie sagt, Gott habe ihr »Auferstehungsaugen« gegeben, das heißt, Augen, die den lebendigen Christus sehen. Wie Paulus sieht sie über dieses Leben hinaus in eine Zeit, in der sie mit Christus auferstehen wird. Ihr Blick ist auf eine ferne Stadt gerichtet. Sie sagt: »Nur Jesus öffnet die Augen [...]. Aber alle, die an die Auferstehung der Toten glauben, wissen, daß sie auf einen Ort des Trostes, auf ein besseres Land, eine himmlische Stadt zugehen.«[93]

Auf der anderen Seite warnt uns Jesus, daß unser ganzer Körper voller Finsternis sein wird, wenn unser Auge krank ist (Vers 23). Das Wort für »krank« bedeutet wörtlich übersetzt »böse«. Ein böses Auge blickt nicht auf Jesus, sondern auf selbstsüchtigen Gewinn und Materialismus. Es ist darauf aus, noch mehr für sich zu gewinnen. Ein solches Auge ist voller Lust, Habsucht, Geiz und Verachtung. Ein solches Auge muß geradezu Neid hegen. Shakespeare hat die Eifersucht beschrieben als das »grüngeäugte Scheusal, das noch höhnt den Bissen, den es frißt«[94]. Auch hier zeigt sich das oft im Körperlichen: Die Finsternis im Blick der Menschen spiegelt die Finsternis in deren Seele wider.

Wir sind zur Einseitigkeit aufgerufen. Wir sollen unser Denken und unseren Blick auf Jesus und sein Reich hin ausrichten. Wir sollen nach einer Vision für unser Leben suchen, ob es nun darum geht, für Christus Kinder großzuziehen, oder darum, Gott als Krankenschwester, Gärtner, Bankier, Straßenkehrer oder Bauer zu dienen. Es wird auch eine freigiebige Vision sein, die nicht nach eigenem Gewinn strebt, sondern vielmehr danach, Christus und anderen Menschen zu dienen.

Wem dienen wir? (Vers 24)

In diesem Vers zeigt Jesus uns zwei Götter und fordert uns auf, unseren Willen dem Herrn unterzuordnen. Er sagt: »Niemand kann zwei Herren dienen; er wird entweder den einen hassen und den andern lieben, oder er wird zu dem einen halten und den andern verachten. Ihr könnt nicht beiden dienen, Gott und dem Mammon.«

Geld ist kein neutrales, unpersönliches Tauschmittel. »Mammon« war in Karthago, der Hauptstadt des römisch besetzten Afrika, der Gott des Reichtums. Geld weist alle Merkmale eines heidnischen Gottes auf: Es scheint Sicherheit, Freiheit, Macht, Einfluß, Status und Prestige zu versprechen. Es kann zur Hingabe anregen und verlangt unsere ganze Aufmerksamkeit. Wir müssen ihm etwas opfern, letztlich verlangt es sogar nach Menschenopfern, nach unserer Seele. Viele geben für Geld ihre Gesundheit auf, weil sie Streß, lange Arbeitszeiten und fehlende Bewegung oder Entspannung in Kauf nehmen. Schlimmer noch, manche opfern das Leben anderer, wenn aufgrund des Geldes menschliche Beziehungen kaputtgehen. Wir reservieren unsere Zeit nicht mehr für den Ehepartner, die Kinder, Freunde oder Gott. »Vorwärts! Drängle! Eile! Schmiede Ränke! Investiere! Sei vorbereitet! Sei auf alles gefaßt! Arbeite! 14-Stunden-Tage [...] gefolgt von Wochenenden im Büro, vertanen Urlauben und Nachtarbeit.«[95] Die Folge sind häufig zerbrochene Ehen und Familien, in denen nur ein Elternteil anwesend ist. Sie entstehen nicht nur durch Scheidung, sondern eben auch, weil der andere Elternteil aufgrund beruflicher Verpflichtungen sehr häufig unterwegs ist.

Jesus warnt uns, daß wir nicht zwei Göttern dienen können. Dietrich Bonhoeffer, der deutsche Theologe, der zum Tode verurteilt wurde, weil er sich den Nationalsozialisten widersetzte, hat es so ausgedrückt: »Wir können unser Herz nur einem in voller Liebe geben, wir können nur einem Herrn ganz anhangen.«[96] Geld ist ein guter Diener, aber ein schlechter Herr; wenn wir ihm dienen, werden wir seine Sklaven. Wenn wir unser ganzes Leben auf Geldverdienen ausrichten, sind wir wie Schiffbrüchige, die in ihrer Verzweiflung Meerwasser trinken: Je mehr man davon hat, um so durstiger wird man. John D. Rockefeller, der Gründer der *Standard Oil Company*, wurde einmal gefragt: »Wieviel Geld braucht ein Mensch, um glücklich zu sein?« Er antwortete: »Nur ein klein wenig mehr, als er besitzt.« Barry Humphries (dessen bekanntester Protagonist Dame Edna Everage ist) gab seiner Autobiographie den Titel *More Please*. Er schreibt:

»Ich wollte immer noch mehr. Ich besaß nie genug Milch oder Geld oder Socken oder Sex oder Urlaub oder Erstausgaben oder Einsamkeit oder Schallplatten oder Essensgutscheine oder echte Freunde oder unschuldiges Vergnügen oder Krawatten oder Applaus oder bedingungslose Liebe oder Persimonen. Natürlich hatte ich von den meisten dieser Konsumgüter mehr, als mir zustand, aber in mir blieb immer dieses vage Gefühl der Unzufriedenheit: Wo war der Rest geblieben?«[97]

Das Problem mit dem Geld ist, daß wir glauben, es zu besitzen, aber wenn wir nicht aufpassen, dann besitzt das Geld am Ende uns. Ein Beispiel dafür erleben wir in dem Film *Der Diener*, in dem James Fox einen Mann spielt, der einen Diener einstellt, der sich um ihn kümmern soll. Nach und nach wird er immer abhängiger von seinem Hausangestellten (gespielt von Dirk Bogarde), bis der Diener schließlich ihn dominiert. Am Ende hat er keinen Diener, sondern ist zum Sklaven des Mannes geworden, der eigentlich sein Diener war. Henry Fielding bemerkt einprägsam: »Wenn Sie das Geld zu Ihrem Gott machen, dann wird es Sie plagen wie der Teufel.«

Im antiken römischen Hafen von Pompeji war im Jahr 79 nach Christus unter den Menschen, die vor den Lavaströmen des Vesuv flohen, auch eine Frau, die nicht nur ihr Leben retten wollte, sondern auch ihre wertvollen Juwelen. Als der Ascheregen des Vulkans sie bedeckte, hatte sie die Hände voller Ringe, Armreife, Halsketten und anderer Schätze, und so starb sie auch. Als in moderner Zeit Häuser außerhalb der verschütteten Stadt gebaut wurden, fand man ihren versteinerten Körper in einem Meer von Juwelen. Sie verlor ihr Leben, weil sie ihre Schätze retten wollte.

Jesus warnt uns davor, daß wir den einzig wahren Gott »verachten« werden, wenn das Geld zu unserem Gott wird

(Vers 24). Das Wort für »verachten« bedeutet »einer Sache gleichgültig oder gedankenlos gegenüberstehen«. Genau das geschieht mit der heutigen Kirche in der westlichen Welt. Seit der Materialismus blüht, haben die Menschen begonnen, dem Gott Mammon zu dienen, und sind dem wahren Gott gegenüber apathisch und gedankenlos geworden. Unter den Dornen und Disteln, die Jesus im Gleichnis vom Sämann beschreibt, ist auch »trügerischer Reichtum« (Mt 13,22). Wächst dieses Unkraut hoch, erstickt es das Leben, und die Saat wird unfruchtbar.

Letztendlich ist Materialismus Atheismus; denn er ist gleichbedeutend mit einem Leben ohne Gott. Wenn wir Gott dienen, müssen wir andererseits dem Geld gegenüber gleichgültig und »gedankenlos« sein. Ja, wir sollten sogar materiell zufrieden sein, da wir ja nur Versorger oder Verwalter unseres Geldes, unseres Besitzes, unserer Intelligenz und unseres Aussehens sind. Wir bekennen vor Gott, daß dies alles ihm gehört, und wir geben ihm diese Dinge in einem bewußten Willensakt hin. Wenn wir einen größeren Kauf tätigen, sollte es nicht nur darum gehen, ob wir genügend Geld zur Verfügung haben (das würde bedeuten, dem Gott Mammon zu dienen), sondern wir sollten fragen: »Möchte Gott, daß ich das anschaffe?«

Wir sollten nicht versuchen, die Dinge festzuhalten. Wir sollten es machen wie John Wesley, der bei der Nachricht, sein Haus sei niedergebrannt, ausrief: »Es ist des Herrn Haus. Möge er sich darum kümmern.« Das ist Freiheit!

Wir brechen die Macht des Materialismus, indem wir freizügig und fröhlich geben. Auch das ist ein Willensakt, mit dem wir zum Mammon nein und zu Gott ja sagen. Wir können nicht beiden dienen. Wer großzügig gibt, beleidigt den Mammon und zerstört den Dämon der Habsucht. Dieser Dämon wird ausrufen: »Das kannst du mir doch nicht antun!«

Dann sollten wir antworten: »Und wie ich das kann! Und ich werde es auch tun!« Auf diese Weise töten wir ihn. Wie ein Unkraut wird er manchmal wieder auftauchen, und wir müssen ihn erneut töten, indem wir auch weiterhin freizügig geben. Großzügiges Geben feiert »die Tatsache, daß Jesus der Herr ist und nicht der Mammon«[98].

Kapitel 14

Wie finde ich von der Sorge zum Leben?[99]

»Richtet nicht, damit ihr nicht gerichtet werdet! Denn wie ihr richtet, so werdet ihr gerichtet werden, und nach dem Maß, mit dem ihr meßt und zuteilt, wird euch zugeteilt werden. Warum siehst du den Splitter im Auge deines Bruders, aber den Balken in deinem Auge bemerkst du nicht? Wie kannst du zu deinem Bruder sagen: Laß mich den Splitter aus deinem Auge herausziehen! – und dabei steckt in deinem Auge ein Balken? Du Heuchler! Zieh zuerst den Balken aus deinem Auge, dann kannst du versuchen, den Splitter aus dem Auge deines Bruders herauszuziehen. Gebt das Heilige nicht den Hunden, und werft eure Perlen nicht den Schweinen vor, denn sie könnten sie mit ihren Füßen zertreten und sich umwenden und euch zerreißen« (Mt 6,25-34).

Manche Menschen neigen eher dazu, sich Sorgen zu machen als andere. Zwei Kardiologen, Dr. Meyer Friedman und Dr. Ray Roseman, haben die Auswirkungen von Streß auf das Herz untersucht und aufgrund ihrer Studie die Menschen in zwei Typen unterteilt. Typ A neigt eher zur Sorge als Typ B und hat ein dreimal so hohes Risiko, einen Schlaganfall oder einen Herzinfarkt zu erleiden, als Typ B, selbst wenn die Menschen von Typ A dieselbe Arbeit tun und unter ähnlichen Bedingungen leben wie die von Typ B. Rob Parsons, Leiter von *Care for the Family*, hat einige der Merkmale einer Persönlichkeit vom Typ A aufgezeigt.

»Wir sind sehr auf Wettbewerb ausgerichtet. Wir messen uns bei allem und stellen zu unserer Verlegenheit fest, daß wir verzweifelt zu gewinnen suchen, selbst wenn wir Brettspiele mit kleinen Kindern spielen. Wir können dem Klin-

geln eines Telefons nicht widerstehen. Das Schlimmste, das uns im Leben passieren kann, ist, das Telefon genau in dem Moment zu erreichen, in dem es aufhört zu läuten. Wenn das geschieht, rufen wir unsere Bekannten oder in der Firma an und fragen: ›Warst du es, der gerade versucht hat, mich anzurufen?‹
Wir wechseln in einem Verkehrsstau ständig die Spur – obwohl wir wissen, daß es ein ewiges Gesetz gibt, daß die Spur, auf die wir gerade gewechselt haben, nun langsamer fahren wird als die Spur, die wir gerade verlassen haben.
Wenn wir auf der Autobahn unterwegs sind, stellen wir ständig komplizierte mathematische Berechnungen an – ›Bis Frankfurt sind es 100 Kilometer. Wenn ich 100 km/h fahre, brauche ich eine Stunde. Wenn ich 200 km/h fahre, brauche ich nur eine halbe Stunde. Wenn ich 80 km/h fahre, brauche ich ... nein, das ist zu kompliziert.‹ [...]
Und, ob Sie es glauben oder nicht: Wir hassen es, zum Tanken anzuhalten. Warum ist uns das so lästig? Weil wir all die Autos und Lastwagen vorbeifahren sehen, die wir gerade überholt haben, bevor wir in die Tankstelle einbogen. Da rollen sie nun, und wir müssen sie ziehen lassen.«[100]

Säkulare Bücher und Zeitschriften bieten verschiedene Lösungen für das Streß-Problem an. Manche geben praktische Ratschläge, wie mehr Bewegung und Entspannung. Andere sind schon grotesker. Eine Frauenzeitschrift brachte einen Artikel darüber, wie man seinen Streß auf die Hälfte reduzieren könne. Zehn »Streß-Überwinder« wurden genannt. Das ging vom Zerreißen von Zeitschriften über das Verprügeln des eigenen Kopfkissens bis hin zum Einatmen einer speziellen Geruchsmischung aus Achselschweiß und Brustdrüsensekret!

Ob diese Vorschläge nun funktionieren oder auch nicht, die Sorge bleibt eines der am weitesten verbreiteten Phänomene unserer Zeit.

Die Hauptsorge, von der Jesus spricht, ist die Sorge um materielle Dinge – das heißt, »daß ihr etwas zu essen habt, [...] daß ihr etwas anzuziehen habt« (Vers 25). Finanzieller Druck steht bei siebenundsiebzig Prozent der Scheidungen im Mittelpunkt, aber das, was Jesus hier lehrt, betrifft noch ein viel weiteres Feld. Er sagt: »Sorgt euch nicht um euer Leben.« Die Menschen sind selten ohne irgendeine Sorge. Da sind die alltäglichen Sorgen ums Examen, um die Arbeit, um Geld oder Haus und der Streß gestörter oder kaputter Beziehungen. Die Leute sorgen sich auch um ihre Gesundheit, das Älterwerden und das Sterben sowie um Gewalt, Unmoral und die Unberechenbarkeit der Gesellschaft, in der wir leben.

Die Lösung, die Jesus für diese Sorgen bietet, ist radikal. Wie immer behandelt er nicht allein die Symptome, sondern kümmert sich auch um die Ursache.

Was meint Jesus?

Was meint Jesus, wenn er sagt: »Sorgt euch nicht ...«? Das griechische Wort für »sorgen« bedeutet, wir sollen nicht »ängstlich« oder »übermäßig besorgt« sein. Am besten läßt sich das definieren, wenn wir betrachten, was Jesus nicht gemeint hat.

Erstens bedeutet es nicht, daß wir nicht an die Zukunft denken sollten. Das in der *Authorised Version* (einer englischen Bibelübersetzung) vorkommende »sich keine Gedanken machen« ist irreführend. Das griechische Wort bedeutet, »sich keine ängstlichen Gedanken machen«. Das ist keine Entschuldigung für eine unbekümmerte, unverantwortliche Lebenseinstellung. Das Buch der Sprüche macht vielfach deutlich, daß es sehr wichtig ist, die Dinge zu planen und weise Vorsorge für die Zukunft zu treffen. Ja, es ist sogar ein Weg, Streß zu vermeiden, wenn wir vorausschauend planen.

Zweitens ist es keine Entschuldigung für Müßiggang. Jesus hat nicht gemeint, daß wir uns nicht darum kümmern müssen, wie wir unseren Lebensunterhalt verdienen.

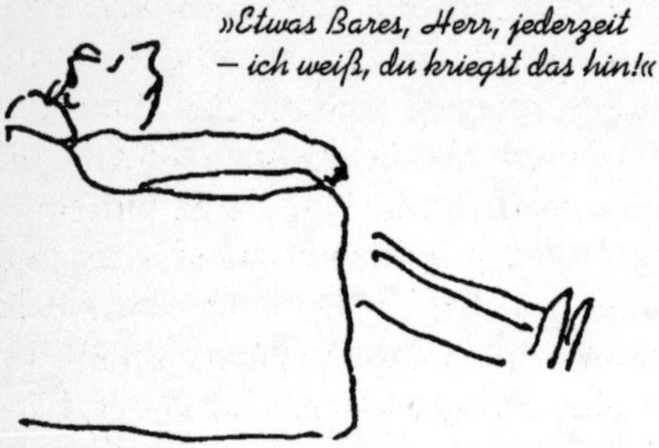

Wir sollen uns nicht einfach zurücklehnen und sagen: »Der Herr wird's schon machen.« Die Vögel des Himmels arbeiten sehr schwer, aber sie sind frei von Sorgen.

Während der ersten Missionsreise von Hudson Taylor nach China im Jahr 1853, als »ein heftiger Sturm nahe der walisischen Küste Unheil zu bringen drohte«, dachte er, es wäre ein Mangel an Ehrerbietung Gott gegenüber, eine Rettungsweste zu tragen. Deshalb gab er seine Weste einem anderen. Später jedoch gestand er ein, daß dies falsch gewesen war: »Der Einsatz von Hilfsmitteln sollte unseren Glauben an Gott nicht mindern, und unser Glaube an Gott sollte uns nicht hindern, jedes Hilfsmittel zu nutzen, das er uns für die Erlangung seiner Ziele gegeben hat.«[101]

Drittens bedeutet es nicht, daß wir keinen Ehrgeiz haben sollten. Ehrgeiz ist ein starkes Verlangen, etwas zu erreichen. Er hat mit den Zielen zu tun, die wir in unserem Leben verfolgen, und mit der Frage, welche inneren Motive uns leiten. Am Ehrgeiz an sich ist nichts Falsches, wie wir später noch sehen werden.

Viertens sagt Jesus nicht, daß wir uns aus unserer Verantwortung schleichen sollen; wir müssen die Verantwortung für unser Leben übernehmen, denn eines Tages werden wir uns dafür rechtfertigen müssen. Auch bedeutet es nicht, daß wir keine Verantwortung für andere übernehmen sollen. Wir haben die Pflicht, für unsere Familie zu sorgen, wie bereits im vorangegangenen Kapitel beschrieben wurde, und wir haben eine Verantwortung für die Welt. Wir können Kriege, Rassenvorurteile, die ungleiche Verteilung des Reichtums und Probleme wie Aids und Alkohol nicht ignorieren. Ebensowenig können wir die persönlichen Probleme unseres Nachbarn unbeachtet lassen. Wir sind Mittler, die andere unterstützen sollen. Wir erleben dies am Beispiel des Paulus. Er arbeitete schwer, wurde ins Gefängnis geworfen, geschlagen, dem Tod ausgesetzt, gesteinigt, erlitt Schiffbruch und befand sich in ständiger Gefahr. Er schreibt: »Ich erduldete Mühsal und Plage, durchwachte viele Nächte, ertrug Hunger und Durst, häufiges Fasten, Kälte und Blöße. Um von allem andern zu schweigen, weise ich noch auf den täglichen Andrang zu mir und die Sorge für alle Gemeinden hin« (2 Kor 11,27-28).

Fünftens meint Jesus nicht, daß wir keinerlei Sorgen haben würden. Er hat uns nie ein Leben ohne Probleme versprochen; und wir werden auch all die Gründe, aus denen man sich sorgen kann, nicht loswerden. Sobald wir ein Problem gelöst haben, wird ein anderes auftreten. Falls irgend jemand Grund zur Sorge gehabt hat, dann war es Jesus. Er war dem Alltagsdruck ausgesetzt, ohne eine sichere Einkommensquelle zu haben. Er wußte, was es heißt, einen guten Freund zu verlieren, mußte erleben, von allen mißverstanden zu werden, wurde mit dem Tode bedroht und fand sich in einem unfairen Gerichtsprozeß wieder. Er kannte den Druck übermächtiger Versuchungen, litt und lebte unter dem Schatten des Kreuzes. Er wußte, was es heißt, am Kreuz für die Sünden der Welt zu sterben. Das Schicksal der ganzen Menschheit lag auf seinen Schultern. Wer, wenn nicht er, hat das Recht zu sagen: »Sorgt euch nicht« und uns zu erklären, warum wir uns nicht sorgen sollen?

Warum sollen wir uns nicht sorgen?

Jesus nennt uns sieben Gründe, aus denen wir uns nicht sorgen sollen. Erstens: Wenn wir uns sorgen, haben wir nicht verstanden, worum es im Leben eigentlich geht. Jesus sagt: »Deswegen sage ich euch: Sorgt euch nicht um euer Leben und darum, daß ihr etwas zu essen habt, noch um euren Leib und darum, daß ihr etwas anzuziehen habt. Ist nicht das Leben wichtiger als die Nahrung und der Leib wichtiger als die Kleidung?« (Vers 25). Das Leben ist weit wichtiger als materielle Dinge. Oft sorgen wir uns um relativ unwichtige und triviale Dinge wie Essen, Trinken, Kleidung, Haus und Auto.

Die Frauenzeitschrift, die ich bereits früher erwähnt habe und die den Artikel über »Streß-Überwinder« veröffentlichte, brachte noch einen weiteren Artikel mit dem Titel: »Der Hedonismus überdauert die Rezession der neunziger Jahre«. Der Großteil der Zeitschrift handelte von den Dingen, über die wir uns, nach Jesu Worten, keine Sorgen machen sollen – Kleidung, Essen und Trinken. Daneben war auch viel Werbung enthalten, in der es um den Körper ging: wie man ihn fit hält, wie man »elf Zentimeter dünner wird, ohne sich auch nur einen Zentimeter zu bewegen«, wie man ihn attraktiv macht, wie man seinen »Lippen Liebe schenkt« und sie anziehend, zart und für Küsse attraktiver macht, wie man jünger aussieht, wie man seine Haut verjüngt und sie so sanft wie Babyhaut macht, wie man sich ernährt (»Suppen, die Leidenschaft wekken«), wie man sich mit Lycra »bequem, gut und luftig« kleidet und wie Seidenschals »erregen und inspirieren«.

Jesus lehrt uns, das Leben sei weit wichtiger als all diese Dinge. Die Kolumnistin Penny Perrick schrieb vor einer Weile in der *Times*: »Ich habe diese Woche einen guten Teil meiner Zeit damit verbracht, zwischen den Sonderangeboten umherzuschlendern und so zu tun, als suchte ich etwas. Was ich suche, ist wirkliche Liebe, lange Wimpern und zierliche Füße, aber diese Dinge bekommt man nicht bei Harrods.«[102]

Elton John, der wirtschaftlich erfolgreichste Solointerpret seit Elvis Presley, hat mehr als zweihundert Millionen Schallplatten verkauft und verdiente 1994 über 17 Millionen britische Pfund. Dennoch haben ihn sein Drogenkonsum und seine Eßgewohnheiten in tiefes Leid gestürzt. Sein Selbstmordversuch während der »Elton-John-Woche« 1975 ist nur allzu bekannt. Auf seiner jüngsten CD singt er: »Ich habe vierzig Jahre Schmerz hinter mir und nichts, woran ich mich festhalten könnte.« »Meine Karriere war erfolgreich«, so schreibt er, »aber mein Leben war ziemlich erbärmlich.«

Jesus erklärt uns, daß wir, wenn wir nur nach äußeren Dingen suchen, an dem eigentlichen Sinn unseres Lebens vorbeigehen. Sinn unseres Lebens ist, durch Jesus Christus in einer lebendigen Beziehung zu Gott zu stehen.

Zweitens ist es unlogisch, sich zu sorgen. Jesus sagt: »Seht euch die Vögel des Himmels an: Sie säen nicht, sie ernten nicht und sammeln keine Vorräte in Scheunen; euer himmlischer Vater ernährt sie. Seid ihr nicht viel mehr wert als sie?« (Vers 26).

»Was für ein selbstgefälliger kleiner Spatz!«

Sich zu sorgen bedeutet, Gottes Wesen zu verleugnen, weil wir damit unterstellen, er wäre mehr an seinen Tieren interessiert als an seinen Kindern. Die Vögel werden durch die Nahrung am Leben erhalten, die die Natur ihnen gibt, durch Würmer und Insekten zum Beispiel. Sie müssen viel Zeit mit Jagen und Futtersuche verbringen, aber es ist etwas für sie da. Jesus fordert uns auf, diese Tiere zu betrachten und über diese Dinge nachzudenken.

Drittens sind Sorgen reine Zeitverschwendung. Jesus stellt uns die Frage: »Wer von euch kann mit all seiner Sorge sein Leben auch nur um eine kleine Zeitspanne verlängern?« (Vers 27). Sich zu sorgen, ist müßig, unproduktiv und sinnlos. Unter Theologen wird eine umfassende Diskussion darüber geführt, ob Jesus nun gesagt hat, man könne »seine Körpergröße um keine Elle erhöhen« oder man könne »sein Leben um keine Stunde verlängern«. Doch eigentlich ist es gleichgültig, was von beidem er wirklich gesagt hat. Was Jesus hier meint, ist, daß wir unserem Leben nichts hinzufügen können. Die Sorge kann uns höchstens etwas von unserem Leben nehmen, wenn sie zu solchen Dingen wie Magengeschwüren oder Koronarthrombosen führt.

So viele Dinge, um die wir uns täglich Sorgen machen, treten niemals ein. Sir Winston Churchill sagte einmal: »Wenn ich auf all diese Sorgen zurückblicke, dann erinnert mich das an die Geschichte von dem alten Mann, der auf seinem Totenbett sagt, er habe in seinem Leben eine Menge Probleme gehabt, und die meisten davon wären niemals eingetreten.« Mark Twain stellte ähnliche Überlegungen an: »Die meisten meiner Katastrophen haben mich nie ereilt.« William Barclay erzählt die Geschichte eines Londoner Arzt:

»In einer Geschichte, die von einem Arzt handelt, der gelähmt und ans Bett gefesselt war, ist davon die Rede, daß er trotzdem von so ungewöhnlicher Heiterkeit war, daß niemand auf den Gedanken kam, ihn zu bedauern. Seine Kinder hingen mit großer Verehrung an ihm. Als einer seiner Söhne das Elternhaus verließ, um sich allein hinauszuwagen und das Abenteuer des Lebens zu bestehen, gab der Arzt ihm folgenden guten Rat mit auf den Weg: ›Sieh zu, daß du durchhältst, und zwar als Gentleman, und vergiß nie, daß die größten Schwierigkeiten, mit denen du fertig werden mußt, jene sind, die nie eintreffen.‹«[103]

Viertens ist die Sorge mit dem Glauben unvereinbar. Jesus sagt:

> »Und was sorgt ihr euch um eure Kleidung? Lernt von den Lilien, die auf dem Feld wachsen: Sie arbeiten nicht und spinnen nicht. Doch ich sage euch: Selbst Salomo war in all seiner Pracht nicht gekleidet wie eine von ihnen. Wenn aber Gott schon das Gras so prächtig kleidet, das heute auf dem Feld steht und morgen ins Feuer geworfen wird, wieviel mehr dann euch, ihr Kleingläubigen!« (Verse 28-30).

Glaube und Angst sind wie Feuer und Wasser. Ich sah einmal vor einer Kirche ein Poster, auf dem die Frage stand: »Warum beten, wenn es Sorgen und Beruhigungsmittel gibt?« Zum Glauben gehört das Vertrauen in Gottes Fürsorge und Schutz. Ein Christ zu sein bedeutet, in einer vertrauensvollen Beziehung zu Gott zu leben, doch die Sünde stört diese Beziehung und führt häufig zur Sorge.

Fünftens ist es unchristlich, sich zu sorgen. Jesus sagt: »Denn um all das geht es den Heiden. Euer himmlischer Vater weiß, daß ihr das alles braucht« (Vers 32). Sich vor allem um materielle Bedürfnisse zu sorgen, ist ein Merkmal von Menschen, die nicht an Gott glauben. Doch durch unser Vertrauen zu Gott sind wir berufen, anders zu leben.

Sechstens ist es unnötig, sich Sorgen zu machen. »Euch aber muß es zuerst um sein Reich und um seine Gerechtigkeit gehen; dann wird euch alles andere dazugegeben« (Vers 33). Gott verspricht uns, daß er für uns sorgen wird, wenn wir unsere Prioritäten klären. Tatsächlich ist die Bibel angefüllt mit solchen Verheißungen. Zum Beispiel schreibt der Psalmist: »Der Herr versagt denen, die rechtschaffen sind, keine Gabe« (Ps 84,12). Auch der Apostel Paulus erklärt: »Wir wissen, daß Gott bei denen, die ihn lieben, alles zum Guten führt, bei denen, die nach seinem ewigen Plan berufen sind« (Röm 8,28). Paulus wußte nur zu gut, daß unsere Lebenssituation manchmal schwierig oder schmerzhaft sein kann; Jesus hat dies bis zum Äußersten durchlebt. Doch Gott handelt durch Schwierigkeiten hindurch zum Guten an uns. Vielleicht entsteht daraus eine innigere Gottesbeziehung, größere geistliche Einsicht oder ein weit tieferer Glaube – Dinge, mit denen wir anderen Mut und Bestätigung geben können.

Siebtens entspricht die Sorge nicht dem gesunden Menschenverstand. Jesus rät: »Sorgt euch also nicht um morgen; denn der morgige Tag wird für sich selbst sorgen. Jeder Tag hat genug eigene Plage« (Vers 34). Wir haben jeden Tag genügend Dinge, um die wir uns Sorgen machen müssen. Gott hat unser Leben in 24-Stunden-Abschnitte unterteilt, und wir sollten einen Tag nach dem anderen leben. Wir sollten in »Ein-Tages-Abschnitten« leben.[104] Fiona Castle, deren Mann krebskrank war und die dessen Kampf mit dem Tod mittragen mußte, schreibt am Ende ihres Buches *Give Us This Day*:

> *»Kürzlich meinte ein Freund zu mir, daß viele Menschen ihr Leben so leben, als sei es nur die Kostümprobe zur eigentlichen Aufführung. Aber in Wirklichkeit werden wir heute abend die einzige Aufführung von ›Heute‹ gegeben haben, die wir jemals aufführen werden. Wir müssen also unser Herz, unsere Kraft, unsere Ehrlichkeit in das stekken, was wir tagtäglich tun. Als Familie aus dem Showbusiness empfinden wir das als eine sehr hilfreiche Illustration. Jede Show ist einmal zu Ende, dann müssen wir die Kostüme ablegen und von der Bühne treten, in eine andere, größere Welt.*
>
> *Wenn wir also das Gebet sprechen, das Jesus uns gelehrt hat, bitten wir Gott, daß er uns mit allem versorgen möge, was wir brauchen, sei es Nahrung, ein Dach über dem*

Kopf, die Liebe der Familie und Freunde, oder Mut und Hoffnung, um der Zukunft entgegenzublicken. Und gleichzeitig sprechen wir die Worte des Psalmisten: ›Dies ist der Tag, den der Herr gemacht, lasset uns freuen und fröhlich darin sein.‹«[105]

Wie können wir aufhören, uns Sorgen zu machen?

Jesus sagt uns, die Antwort auf unser Sorgen bestehe darin, uns »zuerst um sein Reich und um seine Gerechtigkeit« zu kümmern (Vers 33). Dazu gehört, daß wir unsere Ambitionen und Prioritäten richtig ordnen. Manche sind bescheiden, wie Essen, Trinken und Kleidung. Andere sind grandioser: ein größeres Haus, ein neues Auto, ein höheres Gehalt, Ansehen, Berühmtheit und Macht. Doch sie sind alle egozentrisch und letztlich bedeutungslos.

In einem Artikel im *Evening Standard* über den erfolgreichen Fernseh- und Rundfunkstar Chris Evans wurde gefragt: »Warum lacht dieser Mann eigentlich nie?« Der Artikel fuhr fort:

»Auf dem Papier sollte Evans ein glücklicher Mensch sein. Er ist erst siebenundzwanzig, sein Vertrag mit Channel 4 ist angeblich 1,5 Millionen Pfund im Jahr wert, er besitzt mehrere tolle Autos, ein großartiges Apartment nahe der Tower Bridge und eine schöne Frau, mit der er diese Wohnung teilen kann.
Doch er scheint, ganz im Gegenteil, eher deprimiert. ›Ich erkannte eines Sonntag morgens‹, so erklärt er, ›daß ich eigentlich nur eines gewollt hatte: eine 22-Uhr-Sendung am Samstag abend auf Channel 4. Nun habe ich mein Lebensziel bereits mit siebenundzwanzig erreicht. Und was mache ich als nächstes?

Man kann das mit einer Besteigung des Mount Everest vergleichen. Man besteigt ihn, und was dann? Noch mal die Nordwand hoch? Okay, aber was soll's? Was kommt danach? Die Besteigung der Nordwand mit einem Konzertflügel auf dem Buckel? Es muß doch noch mehr im Leben geben. Seit diesem Sonntag morgen kämpfe ich mit dieser Frage. Ich bin der Antwort noch keinen einzigen Schritt nähergekommen.‹«[106]

Jesus erklärt, daß wir unsere Prioritäten und Ambitionen ändern müssen. Wir sollen uns nicht aus dem Leben zurückziehen, ganz im Gegenteil. Wir sollen andere Verantwortlichkeiten übernehmen, die viel aufregender und herausfordernder sind. Jesus beruft uns zu einer edleren Ambition: Wir sollen uns für sein Reich einsetzen. Wir sollen danach streben, daß seine Herrschaft unser Leben, unsere Ehe, unser Zuhause, unsere Familie und unseren Lebensstil regiert. Wir sollen Gottes Reich auch im Leben anderer anstreben – im Leben unserer Freunde, Verwandten, Nachbarn, Arbeitskollegen und Mitbürger. Wir sollen aus jeder sich bietenden Gelegenheit das Beste machen.

Ein Mann, der, wie es scheint, aus jeder Gelegenheit in seinem Leben das Beste gemacht hat, ist Billy Graham. Inzwischen ist er schon weit über siebzig. Er hat sich überlegt, ob er nicht seine allerletzte Predigt auf Band sprechen soll, damit die Trauergäste an seinem Grab die Möglichkeit haben, die Botschaft des Evangeliums anzunehmen. Seine Botschaft würde so beginnen:

»Ich bin heute hier nicht persönlich anwesend. Ich bin im Himmel. Aber ich möchte Ihnen sagen, daß es hier oben wunderbar ist. Und wenn Sie auch hierher kommen wollen, müssen Sie von Ihren Sünden umkehren und zu Christus kommen.«[107]

Darüber hinaus sollen wir Gottes Gerechtigkeit in unserem Leben und in unserer Gesellschaft anstreben. Wir sollten uns danach sehnen, daß seine Maßstäbe überall akzeptiert werden, und unsere Zeit, unsere Energie und unser Geld in dieses Ziel investieren. Es gibt viele Frauen und Männer, die mit Gottes Hilfe einen großen Einfluß auf die Gesellschaft ausgeübt haben. So widmete zum Beispiel John Wilberforce, Parlamentsmitglied und Christ, sein Leben dem Ziel, Gottes Maßstäbe in seiner Gesellschaft verwirklicht zu sehen; fünfundvierzig Jahre kämpfte er für die Abschaffung der Sklaverei. Drei Tage bevor er starb, im Juli 1833, wurde das dafür notwendige Gesetz vom britischen Parlament verabschiedet.

Als Christen des ausgehenden 20. Jahrhunderts müssen wir uns der Armut, der Ausbreitung von Aids, dem Zerfall der Ehe und dem Mißbrauch von Kindern stellen und mit ganzer Entschlossenheit etwas dagegen unternehmen. Wenn wir unsere Prioritäten und Ambitionen richtig ordnen, so verheißt uns Jesus, dann »wird euch alles andere dazugegeben« (d. h., Gott wird sich um all unsere kleinen Sorgen kümmern). Kleinere Ambitionen sind gut, vorausgesetzt, sie stehen an zweiter Stelle. Es ist nichts dagegen einzuwenden, wenn Sie Vorstandsvorsitzender einer größeren Firma werden, eine Bank besitzen oder in Wimbledon siegen wollen, vorausgesetzt, diese weniger wichtigen Ambitionen dienen einer größeren, auf Gott ausgerichteten Ambition.

Jesus verspricht uns, daß er, wenn wir uns seine Prioritäten zu eigen machen und sie zu unserer wichtigsten Ambition machen, für alles sorgen wird, was wir sonst noch benötigen.

Der wohlhabende Baron Fitzgerald hatte nur einen Sohn und Erben, der starb, nachdem er von Zuhause fortgegangen war. Es war eine Tragödie, von der sich der Vater nie erholte. Während sich sein Reichtum vermehrte, investierte der Baron auch in Bilder großer Meister, und als er starb, fand man sein

Testament, das besagte, alle seine Bilder sollten verkauft werden. Wegen der hohen künstlerischen Qualität sandte man allen wichtigen Museen und Sammlern eine Nachricht, um für den Verkauf einzuladen.

Als der Tag der Auktion gekommen war, fand sich eine große Anzahl von Leuten ein, und ein Anwalt las aus dem Testament Fitzgeralds vor. Darin hieß es, daß man als erstes das Bild »meines geliebten Sohnes« versteigern solle. Das Porträt war von einem unbekannten Künstler und von geringem künstlerischen Wert. Einziger Bieter war ein alter Diener, der den Jungen gekannt und ins Herz geschlossen hatte. Er kaufte das Bild für eine kleine Summe wegen des Gefühlswerts, den es für ihn besaß, und wegen der damit verbundenen Erinnerungen. Dann las der Anwalt wieder aus dem Testament vor: »Wer das Bild meines Sohnes gekauft hat, erhält den ganzen Rest. Die Auktion ist hiermit beendet.«[108]

Jesus sagt: »Euch aber muß es zuerst um sein Reich und um seine Gerechtigkeit gehen; dann wird euch alles andere dazugegeben« (Vers 33). Das ist der Weg, auf dem man von der Sorge zum Leben findet.

Kapitel 15

Wie gehe ich mit Kritik um?

»Richtet nicht, damit ihr nicht gerichtet werdet! Denn wie ihr richtet, so werdet ihr gerichtet werden, und nach dem Maß, mit dem ihr meßt und zuteilt, wird euch zugeteilt werden. Warum siehst du den Splitter im Auge deines Bruders, aber den Balken in deinem Auge bemerkst du nicht? Wie kannst du zu deinem Bruder sagen: Laß mich den Splitter aus deinem Auge herausziehen! – und dabei steckt in deinem Auge ein Balken? Du Heuchler! Zieh zuerst den Balken aus deinem Auge, dann kannst du versuchen, den Splitter aus dem Auge deines Bruders herauszuziehen. Gebt das Heilige nicht den Hunden, und werft eure Perlen nicht den Schweinen vor, denn sie könnten sie mit ihren Füßen zertreten und sich umwenden und euch zerreißen« (Mt 7,1-6).

Eine Anwaltskanzlei in London hat eine ungewöhnliche Methode entwickelt, mit Kritik umzugehen. Die Mitarbeiter sind angewiesen, eine möglichst unhöfliche Antwort zu schreiben. Dann lassen sie den Brief über Nacht auf ihrem Schreibtisch liegen. Wenn sie am nächsten Morgen zur Arbeit kommen, zerreißen sie den Brief und schreiben statt dessen eine höfliche, professionelle Antwort.

Der französische Philosoph Voltaire schrieb auf einen kritischen Brief folgende Antwort: »Sehr geehrter Herr, ich sitze im kleinsten Raum meines Hauses. Ich habe Ihren Brief vom 15. März vor mir liegen; bald wird er hinter mir liegen. Ihr ergebener Diener.«

Bisher hat Jesus darüber gelehrt, wer wir sind (unser Charakter), wie wir leben (unser Verhalten), wer wir sind, wenn gerade keiner hinsieht (unser Leben im verborgenen) und welche Sehnsüchte uns bewegen (unsere Ambitionen). Nun geht es ihm darum, wie wir auf andere Menschen reagieren (unsere Beziehungen), denn wir leben als Christen nicht allein – wir gehören zu einer Gemeinschaft von Christen.

In diesem Zusammenhang lehrt Jesus uns, wie wir mit Kritik umgehen sollen. Er zeigt uns, wie und wann wir Kritik üben und annehmen sollen. Er lehrt uns, wie wir andere zurechtweisen können und wie wir kritisch urteilen, ohne zu *ver*urteilen.

Das Gebot – was wir nicht tun sollen?

Zunächst rät Jesus seinen Jüngern: »Richtet nicht« (Vers 1). Manche haben dies als ein generelles Verbot verstanden, das es Christen nicht gestattet, in irgendeiner Weise über etwas oder jemanden zu urteilen.

»Tut mir leid. Aber ich kann mir kein Urteil über das Wetter erlauben.«

Doch die Worte Jesu dürfen nicht aus dem Zusammenhang gerissen werden. Wir müssen uns das direkte Umfeld der Bergpredigt anschauen (vgl. z. B. Verse 6 und 15-20), wie auch die gesamte Lehre Jesu (vgl. Mt 10,14-15; 18,15-17) und die übrige Bibel.

Zunächst sollten wir betrachten, was Jesus *nicht* meint. Er spricht hier nicht über die staatliche Autorität. Jesus respektierte sogar, daß Pilatus ein ihm von Gott übertragenes Recht besitzt, ihn zu verurteilen. Die Macht, die Pilatus besaß, war ihm »von oben gegeben« (Joh 19,11). In einer gefallenen Welt benötigen wir Richter. Der Apostel Paulus beschreibt das Amt eines Richters so: »[Er] steht im Dienst Gottes und verlangt, daß du das Gute tust. Wenn du aber Böses tust, fürchte dich! Denn nicht ohne Grund trägt [er] das Schwert. [Er] steht im Dienst Gottes und vollstreckt das Urteil an dem, der Böses tut« (Röm 13,4).

Auch spricht Jesus nicht über die Autorität, die wir zu Hause oder in der Gemeinde ausüben. Das Buch der Sprüche ist voller Ermahnungen an Eltern, ihre Autorität in der Familie ernst zu nehmen. Das hat mit Richten zu tun, aber es ist eine rechte Art des Richtens. Auch in der Gemeinde ist Erziehung nötig. In der Reformationszeit lautete eine Definition von Kirche: Es ist »ein Ort, an dem das Wort Gottes gepredigt wird, die Sakramente ausgeteilt und verwaltet werden und Disziplin [im Sinne von Disziplinieren oder Erziehen] ausgeübt wird«. Das entspricht auch der Lehre des Neuen Testamentes. In einem Pastoralbrief wird Timotheus in seiner Eigenschaft als Gemeindeleiter ermahnt: »[…] weise zurecht, tadle, ermahne, in unermüdlicher und geduldiger Belehrung« (2 Tim 4,2). Paulus selbst schreckte nicht vor einem Urteil zurück, wenn es um Irrlehren ging (vgl. Gal 1,8-9; 2,11; 5,12).

Im ersten Brief an die Gemeinde in Korinth betont Paulus die Notwendigkeit, daß diese der Unmoral entgegenwirkt und über die ein Urteil fällt, die sich einer schweren Sünde schuldig gemacht haben (vgl. 1 Kor 5). Wir haben nicht das Recht, über Menschen außerhalb der Gemeinde zu richten, aber wir haben die Pflicht, diejenigen zu richten, die zur Gemeinde gehören:

> »Was mich angeht, so habe ich – leiblich zwar abwesend, geistig aber anwesend – mein Urteil über den, der sich so vergangen hat, schon jetzt gefällt, als ob ich persönlich anwesend wäre: […] Ich will also nicht Außenstehende richten – ihr richtet ja auch nur solche, die zu euch gehören –,

die Außenstehenden wird Gott richten. Schafft den Übeltäter weg aus eurer Mitte!« (1 Kor 5,3.12-13).

Streitigkeiten unter Gläubigen sollen nicht vor Ungläubigen ausgetragen werden, sondern, falls nötig, durch das Urteil der Gemeinde geklärt werden (vgl. 1 Kor 6,1-6).

Außerdem müssen wir uns als Christen ein persönliches Urteil bilden und dürfen unsere Fähigkeit, Kritik zu üben, nicht aufgeben. Wenn wir unsere »Perlen nicht den Schweinen vorwerfen« wollen (Vers 6), müssen wir erkennen können, wer diese »Schweine« sind. Jesus warnt uns auch, auf falsche Propheten achtzuhaben (vgl. Verse 15-20). Wir müssen das Wahre vom Falschen unterscheiden und es dem Test unterziehen, den Jesus festgelegt hat: »An ihren Früchten werdet ihr sie erkennen« (Vers 16; vgl. Vers 20). Es gibt tatsächlich eine richtige Art zu richten. Nachdem Jesus am Sabbat einen Mann geheilt hatte, sagte er zu den Juden: »Urteilt nicht nach dem Augenschein, sondern urteilt gerecht!« (Joh 7,24). Wir werden auch ermutigt, »die Geister« zu »prüfen« (vgl. 1 Joh 4,1); ja es heißt sogar: »Prüft alles!« (1 Thess 5,21). Die meisten von uns werden manchmal gezwungen sein, ein Werturteil zu fällen, zwischen verschiedenen politischen Aktionen oder Programmen zu wählen. Jesus verbietet diese Urteile – von Richtern, Eltern, Gemeindeleitern oder dem einzelnen Christen – nicht.

Wir haben betrachtet, was Jesus *nicht* meint. Was aber meint er? Was Jesus hier mit Sicherheit angreift, ist eine verurteilende Haltung anderen Menschen gegenüber. Er warnt uns, nicht streng zu urteilen und andere nicht durch unsere Kritik zu zensieren oder an ihnen herumzunörgeln. Wir sollen uns nicht als Gott aufspielen und über unsere Mitmenschen urteilen, da uns das gar nicht zusteht. Wir sollen die Fehler und Schwächen anderer nicht hochspielen und sie schlechtmachen. Wir sollen nicht nach Fehlern suchen und uns anderen gegenüber negativ oder destruktiv verhalten, weil wir ihre Schwachstellen herauspicken. Martyn Lloyd-Jones hat es so ausgedrückt: »Sollten wir schon einmal das Gefühl erlebt haben, ziemlich erfreut darüber gewesen zu sein, daß jemand etwas Unerfreuliches über einen anderen Menschen gesagt hat, dann wissen wir, was eine falscher Geist ist.«[109]

Wir sollen nicht die selbstgerechte Haltung der Pharisäer einnehmen, die »von ihrer eigenen Gerechtigkeit überzeugt waren und die anderen verachteten« (Lk 18,9). Jesus hat diese Haltung mit dem Gleichnis vom Pharisäer und Zöllner verdeutlicht. Wir sollen andere nicht verachten und auf sie herabschauen.

Das gilt für alle unsere Mitmenschen, ob sie nun Christen sind oder nicht. Wir sollen keine überhebliche Haltung einnehmen, mit der wir Menschen, die keine Christen sind, auf unqualifizierte Weise verurteilen.

Als Christen haben wir Gnade empfangen. Wir besitzen die Gerechtigkeit Jesu, nicht unsere eigene, und darum haben wir keinen Grund, Stolz zu sein. Wir sollten Nichtchristen nicht bevormunden oder, schlimmer noch, verurteilen und verdammen. Wenn dieser Grundsatz für die Menschen gilt, die keine Christen sind, wieviel mehr sollte er dann für unsere »Brüder« gelten.

Warum sollen wir nicht richten?

Jesus nennt uns auch den Grund, aus dem wir nicht richten sollen, denn dem Gebot, nicht zu richten, folgt eine Warnung: »[...] damit ihr nicht gerichtet werdet! Denn wie ihr richtet, so werdet ihr gerichtet werden, und nach dem Maß, mit dem ihr meßt und zuteilt, wird euch zugeteilt werden« (Verse 1-2). Um in der Sprache der Justiz zu sprechen: Wenn wir auf dem Richterstuhl sitzen wollen, werden wir schließlich auf der Anklagebank landen. Wir werden unser eigener Richter sein. Wie wir richten, so werden wir gerichtet werden.

Während eine Bemerkung zu einem Kunstwerk als ein faires Urteil bezeichnet werden mag oder auch nicht, zeigt sie doch, wieviel der Kritiker von Kunst versteht. Ein Besucher unseres Gottesdienstes sagte mir, er sei ein bekannter Künstler und würde sich freuen, wenn ich mir seine Bilder einmal anschaute, weil er gerne wüßte, was ich davon halte. Da sein Atelier in der Nähe der Kirche war, ging ich hin, um einen Blick auf die Bilder zu werfen. Man könnte mein Wissen über moderne Kunst vermutlich auf einer winzigen Briefmarke plazieren, aber ich versuchte, so gescheit wie möglich zu erscheinen.

»Ich dachte immer, Picasso sei ein Parfüm!«

Ich dachte, meine Sache ganz gut zu machen, bis wir ein Stück Leinwand betrachteten, auf dem irgend etwas befestigt war. Er fragte: »Was halten Sie davon?«

Ich fragte zurück: »Ist das die Rückseite des Bildes?«

»Machen Sie sich nicht lächerlich! Das ist das Gemälde.« Dann fuhr er fort, mir die Bedeutung dieses Werkes zu erläutern, und langsam verstand ich, wie gewaltig dieses Bild war. Doch meine ganze Unkenntnis war offenbart worden. Ich hatte versucht, ein Urteil zu sprechen, aber damit hatte ich mein eigenes Urteil gesprochen! Diese Begebenheit lehrte mich, daß wir uns zwangsläufig selbst offenbaren, wenn wir über andere urteilen – unsere ganze kritische Haltung, unsere Kleinkariertheit, unsere Unsicherheiten und unser Versuch, uns selbst aufzubauen, indem wir andere schlechtmachen.

Wir werden nicht nur unser eigener Richter sein, wir werden außerdem dafür sorgen, daß unser Urteil über andere auch uns trifft. Wenn wir richten, werden wir mit der gleichen Härte von anderen gerichtet werden. Wer richtet, muß damit rechnen, daß andere ihn genauso behandeln. Schließlich schaffen wir eine Atmosphäre, in der alles und jeder verurteilt wird. Wenn es in einer Gemeinde soweit kommt, ist das eine Tragödie. Vielleicht verurteilt der Leiter seine Gemeindeglieder, oder die Gemeindeglieder müssen unbedingt jeden Sonntag nach dem Gottesdienst ihren Pfarrer in Stücke reißen. Nichts leert eine Kirche schneller als eine solche Atmosphäre. Wir meiden kritische Menschen, weil wir tief in unserem Innern vermuten, daß sie an uns nicht weniger Kritik üben werden, sobald wir ihnen den Rücken kehren. Ein selbsternannter Richter wird schließlich bemerken, daß es nur noch einen Menschen gibt, mit dem er zusammensein kann, und das ist er selbst. Wenn wir etwas dagegen haben, daß andere uns verurteilen, dann sollten auch wir das nicht tun.

Doch als Jesus seine Jünger lehrt: »Richtet nicht, damit ihr nicht gerichtet werdet«, denkt er vermutlich weniger an unser Richten oder an das Richten anderer, sondern vielmehr an das Urteil Gottes (obwohl letzteres vermutlich eine Auswirkung der beiden ersteren ist). Das griechische Verb steht an dieser Stelle im Passiv, was andeutet, daß Gott derjenige ist, der dieses Gericht ausübt, wie wir bereits im sechsten Kapitel des Matthäusevangeliums gesehen haben (vgl. Verse 14-15.18.23-25).

Nur Gott ist berechtigt zu richten. Wir sind gut beraten, wenn wir uns nicht das Vorrecht des Weltenrichters anmaßen, weil wir dafür hoffnungslos unterqualifiziert sind. Kein menschliches Wesen ist berechtigt, einen anderen Menschen zu richten. Ja, eine Ursünde besteht sogar darin, Richter über andere sein zu wollen. Im dritten Kapitel des Buches Genesis wird uns berichtet, daß die Schlange Adam und Eva mit den Worten versuchte: »Ihr werdet wie Gott und erkennt Gut und Böse« (Gen 3,5). Der Ursprung aller Sünde ist der Wunsch, zu sein wie Gott; und dazu gehört das Richten über andere. Jesus macht uns davon frei, weil er der Richter ist und uns diese Last abnimmt, denn erstens ist niemand unter uns gut genug, um Richter zu sein, da wir alle Sünder sind. Paulus schreibt:

> »Darum bist du unentschuldbar – wer du auch bist, Mensch –, wenn du richtest. Denn worin du den andern richtest, darin verurteilst du dich selber, da du, der Richtende, dasselbe tust. Wir wissen aber, daß Gottes Gericht über alle, die solche Dinge tun, der Wahrheit entspricht. Meinst du etwa, du könntest dem Gericht Gottes entrinnen, wenn du die richtest, die solche Dinge tun, und dasselbe tust wie sie?« (Röm 2,1-3).

Zweitens sind wir voller Vorurteile, egal, wie sehr es uns gefallen mag, uns als unvoreingenommen und objektiv zu betrachten. Einer meiner Freunde arbeitet für das Büro eines Wirtschaftsprüfers und beschäftigt sich mit der Rekrutierung von Hochschulabsolventen als Trainees. Auf einem Fortbildungskurs für Einstellungsgespräche wurde er gebeten, einen Zettel auszufüllen. Zum einen sollte er die Vorurteile eintragen, die er zu haben meint, und zum anderen die Vorurteile, die er bei anderen beobachtet hat, aber die er nicht zu haben meint. Alle Teilnehmer wurde gebeten, dieselbe Aufgabe zu erfüllen. Im Ergebnis zählten alle in der ersten Kategorie nur nebensächliche Dinge auf, während sie bei anderen Menschen schwerwiegendere Vorurteile wie Rassismus, Sexismus sowie Vorurteile über Größe und Aussehen einer Person eintrugen. Als man sie auf dieses Mißverhältnis aufmerksam machte, mußten sie erkennen, daß auch sie möglicherweise ein paar ernstere Vorurteile besaßen.

Drittens wissen wir nie alles. Nur Gott allein kennt das »im Dunkeln Verborgene« und die »Absichten der Herzen« (1 Kor 4,5). Er ist der einzige, der geeignet ist zu richten, und wird auch das in sein Urteil einbeziehen, was wir so häufig vernachlässigen – zum Beispiel, daß manche im Vorteil sind, weil sie aus einem christlichen Elternhaus stammen oder weil sie eine Veranlagung zur Gelassenheit haben; und er sieht die Nachteile, die andere aufgrund ihrer familiären Abstammung und ihres Temperaments mitbringen. Der Herr wird zu seiner Zeit richten. Paulus schreibt:

> »Ich bin mir zwar keiner Schuld bewußt, doch bin ich dadurch noch nicht gerecht gesprochen; der Herr ist es, der mich zur Rechenschaft zieht. Richtet also nicht vor der Zeit; wartet, bis der Herr kommt, der das im Dunkeln Verborgene ans Licht bringen und die Absichten der Herzen aufdecken wird. Dann wird jeder sein Lob von Gott erhalten« (1 Kor 4,4-5).

Wir werden mit unserem eigenen Maß beurteilt werden. Manche Rabbis lehrten, daß Gott zwei Maßstäbe hätte: einen Maßstab des Rechts und einen Maßstab der Gnade. Wir haben die Wahl, je nachdem, welchen von beiden wir an andere anlegen. Wenn wir auf dem Recht bestehen, werden wir selbst einen Rechtsspruch empfangen. Doch wenn wir gnädig sind, werden wir Gottes Gnade empfangen. Als Christen haben wir die außergewöhnliche Barmherzigkeit und Vergebung Gottes erlebt, der seine Liebe und Gnade über uns ausgießt. Er vergibt fortwährend und behandelt uns nicht so, wie wir es nach unseren Sünden verdient hätten. Wenn Gott uns so behandelt, sollten wir doch sicher auch unsere Brüder und Schwestern in gleicher Weise behandeln. Wir sind aufgerufen, so zu lieben, wie er uns geliebt hat, alles im Glauben zu tragen und alles zu hoffen (vgl. 1 Kor 13,7). Wir sollten im Zweifelsfall immer für einen anderen Menschen eintreten und fortwährend Vergebung schenken, Verständnis zeigen und Liebe üben.

Die Illustration – was heißt das in der Praxis?

Jesus illustriert seine Lehre durch einen Vergleich aus der Schreinerwerkstatt:

> »Warum siehst du den Splitter im Auge deines Bruders, aber den Balken in deinem Auge bemerkst du nicht? Wie kannst du zu deinem Bruder sagen: Laß mich den Splitter aus deinem Auge herausziehen! – und dabei steckt in deinem Auge ein Balken?« (Verse 3-5).

Jesus hat die Pharisäer oft als »blinde Führer« bezeichnet. Hier versucht ein Mann, der völlig blind ist, weil er einen Balken im Auge hat, einem anderen einen kleinen Splitter aus dem Auge zu holen.

Wieder ist es wichtig zu erkennen, was Jesus nicht meint. Er spricht sich nicht gegen konstruktive Kritik aus. Zu echter Kritik, in der Literatur, der Kunst oder der Musik, gehört ein hohes Niveau menschlichen Denkens. Sie sollte nie einfach nur zerstören, sondern konstruktiv sein und das Gute eines

Werkes zu schätzen wissen. In ähnlicher Weise gehört zu jeder Art Ausbildung konstruktive Kritik. Ein Lehrer muß seine Schüler auf konstruktive Weise kritisieren, wenn sie etwas lernen sollen. Auch der Lehrer hat im Verlauf seiner Ausbildung konstruktive Kritik erhalten. Wir können nichts gegen die Kritik eines Lehrers oder Trainers sagen, weil sie unsere Fähigkeiten vergrößert und uns aufbaut. Ohne sie wäre jedes Lernen unmöglich. Ich bin tatsächlich zutiefst dankbar für die vielen Menschen, die mir über die Jahre konstruktive Kritik zuteil werden ließen.

Einer der größten Prediger des 19. Jahrhunderts, Charles Haddon Spurgeon, erklärte einem seiner Studenten:

> *»Bitte einen Freund, dir deine Fehler zu sagen, oder, besser noch, lade einen Feind ein, der dich aufmerksam beobachten und grausam attackieren wird. Welch ein Segen wird ein solch ärgerlicher Kritiker für den weisen Menschen sein, welch ein unerträgliches Ärgernis für den Dummkopf! Korrigiere dich bereitwillig und oft, oder du wirst, ohne es zu merken, Fehler machen; die Mißtöne werden zunehmen, und schlampige Gewohnheiten werden sich unsinnigerweise einschleichen. Darum übe mit beständiger Sorgfalt Selbstkritik.«*[110]

Jesus' Illustration richtet sich nicht gegen liebevolle und konstruktive Kritik, sondern gegen lieblose und heuchlerische Anfeindung – selbst dann, wenn sie im Gewand der Freundlichkeit auftritt. Der Splitter stammt von dem Balken, den der

Kritiker in seinem eigenen Auge hat. Darum sagt Jesus auch: »Du Heuchler!« (Vers 5). Heuchelei ist der Bruch zwischen dem, was wir nach außen zur Schau tragen, und dem, was sich in unserem Innern befindet und uns auch bekannt ist. Tatsächlich sind oft gerade die Dinge, die wir an anderen kritisieren, Fehler, die wir auch an uns beobachtet haben. Durch die Kritik an anderen stärken wir unser eigenes Selbstwertgefühl. Wenn wir über andere Schlechtes sagen, reden wir im Grunde unehrlich über uns selbst. Wir messen mit zweierlei Maß, wenn wir »uns selbst durch eine rosa Brille betrachten und andere voller Neid«.[111] Denn wir zeigen mit dem Finger auf andere, wenden ihn aber niemals gegen uns selbst. Wir fühlen uns besser, wenn wir uns über die Sünden und Fehler anderer ergötzen – darum sind Skandale auch so beliebt. Wir stürzen uns auf jedes schmutzige Detail, und jeder kleine Splitter, den wir aufsammeln, hilft uns, das Treibholz in unserem eigenen Auge zu ignorieren.

Das gilt nicht nur für die moralischen Defizite anderer, sondern auch für theologische Mängel. Einige Kritiker theologischer Lehrmeinungen können mit ihrem Kontrahenten zu neunundneunzig Prozent übereinstimmen. So sind wir uns über die Dreieinigkeit, die Person und das Leben Jesu Christi, das Wesen der Versöhnung durch Christi Blut, die Autorität der Bibel und über moralische Fragen möglicherweise völlig einig, aber wir finden einen, objektiv betrachtet, geringfügigen Punkt, in dem wir nicht einer Meinung sind, und beißen uns daran fest. Wir haben den Eindruck, wir sind nicht »vernünftig«, wenn wir nicht ständig irgend jemanden denunzieren und verurteilen. Also schreiben wir mit giftiger Tinte. Kann es vielleicht sein, daß uns der Balken in unserem Auge blind macht? Oft verhalten wir uns abwehrend, verbohrt, richtend, intolerant und sogar häßlich und kleinlich. Wenn wir nicht zuerst den Balken übertriebener Kritik und Zensur aus

unserem Auge entfernen, werden wir nicht deutlich genug sehen können, um den Splitter aus dem Auge eines anderen entfernen zu können.

Jesus wendet sich nicht gegen jegliche Art von Kritik. Aber bevor wir andere richten, sollten wir mit Selbstkritik beginnen. John Stott sagt: »Wir müssen genausooft uns selbst gegenüber kritisch sein, wie wir anderen gegenüber Kritik üben. Und wir müssen genausooft anderen gegenüber großzügig sein, wie wir uns gegenüber Großzügigkeit gelten lassen.«[112] Jesus lehrt, daß wir, wenn wir erst einmal den Balken aus unserem Auge entfernt haben, gut genug sehen, um anderen helfen zu können (vgl. Vers 5).

Wenn wir erst einmal den Balken entfernt haben, werden wir in Liebe handeln können. Wir müssen zuerst bei uns selbst Ordnung schaffen. Wenn es uns so sehr um Gerechtigkeit, Reinheit und eine gesunde Lehre geht, sollten wir diese zuerst vorbildhaft leben. Dann könnten wir anderen auf wirklich liebevolle Art helfen.

Es ist kein Zufall, daß Jesus das Auge für seinen Vergleich heranzieht. »Es gibt kein sensibleres Organ als das Auge. In dem Augenblick, in dem es von einem Finger berührt wird, schließt es sich schon.«[113] Andere zu kritisieren, ist ein heikles Unterfangen. Wenn wir Kritik an einem anderen Menschen üben müssen, sollten wir dies nicht aus einer richtenden Haltung heraus tun, sondern mit Demut, Verständnis, Mitgefühl und Großmut. Wir sollten uns wie eine Mutter verhalten, die im Auge ihres Kindes einen Splitter entdeckt und ihn sehr vorsichtig und behutsam herausholt. Konfrontation und Affirmation sollten Hand in Hand gehen. So schreibt Paulus an Timotheus: »Weise zurecht, tadle, ermahne, in unermüdlicher und geduldiger Belehrung« (2 Tim 4,2).

Wir werden im Matthäusevangelium (vgl. 18,15-17) Zeuge, welche Vorgehensweise Jesus vorsieht, wenn Sünde angesprochen werden soll. Es beginnt mit einem Gespräch unter vier Augen (Vers 15). Wir sollten uns immer um ein persönliches Gespräch bemühen und den anderen nicht öffentlich oder hinter seinem Rücken kritisieren. Es sollte keine überlegene Haltung oder Herabwürdigung des anderen spürbar sein. Falls der erste Schritt erfolglos bleibt, besteht der nächste Schritt darin, ganz bestimmte Personen hinzuzuziehen. In dieser Situation hat die Gemeinschaft als Gruppe das Recht, ein Urteil zu fällen. Ziel dieses Urteils ist nicht zu zerstören, sondern den Betreffenden zur Umkehr zu bewegen, damit er Wiederherstellung erfährt. Wir sollten einen anderen niemals kritisieren, wenn wir unsere Kritik nicht mit wirklicher Liebe zu unseren Brüdern und Schwestern üben können.

Die Einschränkung – gibt es Grenzen?

Der nächste Vers scheint mit dem Gesagten unvereinbar zu sein, ja er scheint ihm geradezu zu widersprechen. Jesus befiehlt: »Gebt das Heilige nicht den Hunden, und werft eure Perlen nicht den Schweinen vor, denn sie könnten sie mit ihren Füßen zertreten und sich umwenden und euch zerreißen« (Vers 6). Jesus warnt hier tatsächlich vor dem Gegenteil der Kritiksucht: vor der Gefahr der Kritiklosigkeit. Daher schränkt er den Wirkungskreis des Gebotes »Richtet nicht!« (Vers 1) ein und differenziert das scheinbar absolute Verbot.

Uns als Christen wurde etwas »Heiliges« anvertraut. Die wertvollen »Perlen« repräsentieren die Wahrheit der Botschaft über das Reich Gottes und die Gute Nachricht des Evangeliums. Doch nicht jeder erkennt ihren Wert. Manche Menschen verhalten sich wie Tiere. Das Wort für »Hunde« bezieht sich nicht auf Schoßhündchen, sondern auf wild lebende Hunde und Bastarde, die durch die Straßen streunen und die städtischen Müllhalden durchstöbern. »Schweine« galten den Juden als unrein, und man dachte bei diesem Wort eher an Wildschweine, denn an unsere verschiedenen Hausschweine. Jesus zeichnet hier also das Bild eines Mannes, der versucht, solche Schweine mit wertvollen Perlen zu füttern. Kein Wunder, daß sie diese Perlen zu hart zum Kauen, zu geschmacksarm und für ihren großen Hunger wenig geeignet finden! Voller Raserei spucken sie die Perlen aus, wenden sich gegen den Mann und reißen ihn in Stücke.

Jesus deutet hier natürlich nicht an, man solle das Evangelium den Ungläubigen besser nicht predigen. Dazu hat er seine Jünger ja ausdrücklich berufen. Vielmehr warnt er davor, daß manche Menschen eine, wie Calvin es ausgedrückt hat, »hartnäckige Verachtung für Gott« zeigen. Sie hatten ausreichend Gelegenheit, auf die Gute Botschaft zu antworten, doch sie lehnen sie verächtlich ab. Jesus sagt, daß ein Punkt erreicht wird, an dem wir nicht länger auf Antwort drängen sollten. An einer späteren Stelle rät er seinen Jüngern: »Wenn man euch aber in einem Haus oder in einer Stadt nicht aufnimmt und eure Worte nicht hören will, dann geht weg, und schüttelt den Staub von euren Füßen« (Mt 10,14; vgl. auch Lk 10,10-11). Wir können Menschen das Evangelium nicht aufzwingen – das war der große Fehler der Inquisition! Auch sollten wir unsere Zeit nicht an Menschen vergeuden, die uns verlachen, streiten oder sich lustig machen wollen.

Paulus verfolgte diese Politik in Antiochia in Pisidien, als die Juden das Evangelium ablehnten. Paulus sagte: »Euch mußte das Wort Gottes zuerst verkündet werden. Da ihr es aber zurückstoßt und euch des ewigen Lebens unwürdig zeigt, wenden wir uns jetzt an die Heiden« (Apg 13,46). Ähnlich sprach er in Korinth: »Euer Blut komme über euer Haupt! Ich bin daran unschuldig. Von jetzt an werde ich zu den Heiden gehen« (Apg 18,6).

Natürlich ist es bei vielen von uns so, daß wir erst verlachen, streiten und uns lustig machen. Ich jedenfalls habe mich so verhalten. Ich bin sehr dankbar, daß die Leute damals nicht gleich aufgegeben haben. Wiederum ist die Liebe der Schlüssel, um zu erkennen, wann wir aufhören sollten. Manchmal ist es liebevoller, hartnäckig zu bleiben, aber manchmal ist es liebevoller aufzuhören, wenn wir mehr Schaden anrichten, als Gutes zu bewirken.

Dieser Grundsatz Jesu im Vers 6 warnt uns auch, selbst achtsam zu sein, daß wir uns nicht wie »Hunde« und »Schweine« verhalten und die Wahrheit ablehnen. Wahrheit, im Gewand von Kritik, kann weh tun. Wenn wir wie »Hunde« und »Schweine« reagieren, verhindern wir, daß andere uns einen guten Rat geben können. Aber: »Wie ein goldener Ring und Schmuck aus Feingold ist ein weiser Mahner für ein Ohr, das zuhört« (Spr 25,12).

Um es zusammenzufassen: Jesus ermahnt uns, unseren Mitmenschen in Liebe und mit Wohltaten zu begegnen. Am 31. Oktober 1991 übernahm Frederick Chiluba als Präsident Sambias nach den ersten demokratischen Wahlen die Macht. Er siegte überlegen über seinen Rivalen Kenneth Kaunda. Chilubas erste Amtshandlung bestand darin, daß er ein Freudenfest ausrief und mit Gott einen Bund für sein Volk schloß. Er bekannte die Unmoral, die Bestechlichkeit und Korruption in seinem Land und bat um Vergebung durch das Blut Jesu. Er betete um Heilung, Wiederherstellung, Erweckung und Segen.

Chiluba, ein ehemaliger Gewerkschaftsführer, war von Kaundas Regierung 1981 verhaftet und ins Gefängnis geworfen worden. Im Gefängnis las er das Neue Testament in drei Monaten dreimal durch und, um es mit seinen eigenen Worten zu sagen: »Der Herr gab mir eins über die Rübe!« Als Jimmy Carter kam, um die Wahlen zu überwachen, sagte er zu Chiluba: »Ist Ihnen bewußt, daß Sie morgen vielleicht schon Präsident sind? Was Sie heute sagen, hat Auswirkungen auf morgen. Jedes Wort, das Sie sprechen, sollte mit Bedacht gesagt sein.«

Chiluba fragte: »Was meinen Sie damit? Ich bin doch angegriffen worden.«

Carter antwortete: »Das spielt keine Rolle. Nicht die Angriffe werden die Wahl gewinnen, sondern die Sachthemen. Je mehr Sie diejenigen achten, die Sie angreifen, um so mehr werden die Leute Sie für einen vernünftigen Politiker halten.«

Chiluba meinte daraufhin: »Welch ein Zufall. Hier ist Jimmy Carter, und hier ist die Bibel. Er muß mir von Gott gesandt sein.« Und er fuhr fort:

> *»Sie hätten sehen sollen, wie froh und glücklich die Menschen waren, als es nicht zu Gewalttätigkeiten kam. Im Grunde hatte ich gesagt: ›Wir wollen Dr. Kaunda einfach nur freundlich auf Wiedersehen sagen, aber ohne Angriffe, ohne Beleidigungen, nichts in dieser Richtung.‹ Und das war herrlich. Das ist das Werk Gottes.«*

Die Botschaft der Versöhnung mit seinen Widersachern führte zu einem der friedlichsten Tage in der Geschichte des Landes. Chiluba wurde, begleitet von einer Welle der Freude über die Demokratie, über die Freiheit und den Neuanfang, an die Macht getragen. Die Lobpreisfeierlichkeiten nach den Wahlen waren einzigartig in der Geschichte des Landes, und Chilubas Einstellung, seinen Rivalen nicht zu richten, brachte dem Land Einheit.

Wieviel mehr sollten wir in der Kirche diese Einstellung pflegen! Wir müssen den Worten Jesu gehorsam sein und mit unseren kleinlichen Streitigkeiten und unserem Richtgeist Schluß machen. Wir müssen aufhören, andere Konfessionen und andere Glaubenstraditionen innerhalb unserer eigenen Kirche zu kritisieren. Wir müssen die Vergangenheit vergessen, unser Schubladendenken aufgeben, uns um die Person Jesu Christi herum sammeln und uns vereinen. Wir müssen an der Aufgabe weiterarbeiten, die Jesus uns bis zu seiner Wiederkunft anvertraut hat. Dann wird er das Richten übernehmen, und sein Urteil wird vollkommen sein.

Kapitel 16

Wie ordne ich meine Beziehungen?

»Bittet, dann wird euch gegeben; sucht, dann werdet ihr finden; klopft an, dann wird euch geöffnet. Denn wer bittet, der empfängt; wer sucht, der findet; und wer anklopft, dem wird geöffnet. Oder ist einer unter euch, der seinem Sohn einen Stein gibt, wenn er um Brot bittet, oder eine Schlange, wenn er um einen Fisch bittet? Wenn nun schon ihr, die ihr böse seid, euren Kindern gebt, was gut ist, wieviel mehr wird euer Vater im Himmel denen Gutes geben, die ihn bitten. Alles, was ihr also von anderen erwartet, das tut auch ihnen! Darin besteht das Gesetz und die Propheten« (Mt 7,7-12).

Lee begann sein Leben mit einer ganzen Schar von Benachteiligungen. Seine Mutter war eine kräftig gebaute, dominante Frau, der es schwerfiel, irgend jemanden zu lieben. Sie war dreimal verheiratet gewesen, und ihr zweiter Mann hatte sich von ihr scheiden lassen, weil sie ihn regelmäßig verprügelt hatte. Lees Vater war ihr dritter Mann; er starb zwei Monate vor Lees Geburt an einem Herzanfall. Aus diesem Grund mußte die Mutter bereits in seiner frühesten Kindheit bis spät abends arbeiten.

Sie ließ ihm in diesen frühen Jahren keine Zuneigung, Disziplin oder Erziehung zukommen. Sie verbot ihm sogar, sie an ihrem Arbeitsplatz anzurufen. Andere Kinder kümmerten sich wenig um ihn, und so war er meist allein. Er wurde von frühester Kindheit an abgelehnt. Er war arm und ungezogen und wenig liebenswert. Mit dreizehn Jahren meinte ein Schulpsychologe, Lee habe wohl niemals die Bedeutung des Wortes »Liebe« kennengelernt. In seiner Pubertät wollten die Mädchen nichts mit ihm zu tun haben, und mit den Jungs prügelte er sich.

Trotz seines hohen IQ scheiterte er in der Schule und verließ sie ohne Abschluß. Er dachte, daß man ihn bei der Marine vielleicht akzeptieren würde – dort wurde ja angeblich aus jedem Rekruten ein echter Mann, und genau das wollte er sein. Doch seine alten Probleme blieben ihm treu. Die anderen Marines machten sich über ihn lustig, und er schlug zurück. Ständig widersetzte er sich der Autorität, kam schließlich vor ein Kriegsgericht und wurde unehrenhaft entlassen. Da stand er nun, ein junger Mann kaum zwanzig, ohne Freunde – eine gescheiterte Existenz. Er war klein und hager, und seine Stimme besaß einen pubertären Klang. Er hatte keine Talente, keine Ausbildung, kein Ziel und kein Selbstwertgefühl.

Wieder beschloß er, vor seinen Problemen davonzulaufen. Er verließ Amerika und ging ins Ausland. Dort heiratete er eine Frau, die selbst ein uneheliches Kind war, und nahm sie mit sich nach Amerika zurück. Bald zeigte sie ihm gegenüber die gleiche Verachtung wie alle anderen. Obwohl sie zwei Kinder hatten, genoß er nie den Status und die Achtung eines Vaters. Seine Ehe begann zu bröckeln, als seine Frau nach Dingen verlangte, die er ihr nicht bieten konnte. Statt sein Verbündeter in einer bitterkalten Welt zu sein, wie er es gehofft hatte, wurde sie zu seinem erbittertsten Gegner. Sie konnte besser streiten als er und lernte, ihn herumzukommandieren. Einmal sperrte sie ihn sogar zur Strafe ins Badezimmer. Schließlich warf sie ihn hinaus.

Daraufhin versuchte er, sich allein durchs Leben zu schlagen, aber er fühlte sich schrecklich einsam. Nach Tagen voller Einsamkeit kam er nach Hause und flehte sie an, ihn wieder bei sich aufzunehmen. Er gab allen Stolz und alle Selbstachtung auf; er kroch, er wehrte sich nicht gegen Demütigungen und kam zu ihren Bedingungen nach Hause zurück. Trotz seines schmalen Einkommens gab er ihr achtundsiebzig Dollar, bat sie, das Geld zu nehmen und so auszugeben, wie sie es wollte. Doch sie lachte ihn aus und schmälerte seinen schwachen Versuch, für die Familie zu sorgen. Sie machte sich über sein Versagen lustig. Sie spottete vor einer Freundin über seine Impotenz. Einmal, als die Finsternis seines persönlichen Alptraums ihn völlig zu verschlingen drohte, fiel er auf seine Knie und weinte bitterlich.

Schließlich schwor er sich, daß er nichts mehr einstecken würde. Niemand mochte ihn. Niemand hatte ihn je gemocht. Sein Ego war völlig zerschlagen.

Am nächsten Tag war er wie umgewandelt. Er stand auf, ging in die Garage und nahm das Gewehr, das er dort versteckt hatte. Er nahm es mit zu seinem neuen Job in einem Warenlager für Bücher. Und aus einem Fenster im dritten Stock dieses Gebäudes feuerte Lee Harvey Oswald am 22. November 1963, kurz nach Mittag, zwei Kugeln in den Kopf von Präsident John F. Kennedy.

Oswald, der abgelehnte, wenig liebenswerte Versager, tötete den Mann, der mehr als jeder andere auf der Welt Erfolg, gutes Aussehen, Wohlstand und Familienbande symbolisierte – all die Dinge, die Lee fehlten.[114]

Lee Harvey Oswald ist der klassische Fall einer gescheiterten Existenz, die durch kaputte Beziehungen herbeigeführt wurde. Wir erleben dies in unserer Gesellschaft häufig. Vier von zehn Ehen enden mit einer Scheidung, und eines von vier Kindern wird unehelich geboren. Eines von drei Kindern wächst ohne Vater auf. Jonathan Sacks, der Oberrabbiner, bemerkte dazu:

> *»Die Geschichte des späten 20. Jahrhunderts handelt davon, wie der Staat die Gemeinschaft als solche ablöst und Moral durch Politik ersetzt. Darum hat sich unsere moralische Agenda gewandelt. Wir sind zutiefst besorgt über Dinge wie Ungleichheit, Ungerechtigkeit, Krieg, Hunger*

und Umweltzerstörung. Doch diese Fragen müssen von Regierungen bewältigt werden. Wir sind bereit, dafür Opfer zu bringen. Wir schließen uns Protestveranstaltungen an, unterzeichnen Petitionen, spenden Geld. Doch diese Probleme haben gewaltige Ausmaße und bleiben daher unpersönlich. Sie haben recht wenig mit dem zu tun, worum es bei Moral traditionell geht: das alltägliche Verhalten unter Nachbarn und Fremden, das Martin Buber als die »Ich-und-Du«-Dimension unseres Lebens bezeichnet hat. Statt dessen glauben wir, was unsere persönlichen Beziehungen angeht, an Autonomie, an das Recht, unser Leben so zu leben, wie es uns gefällt.«[115]

Beziehungen sind der wichtigste Aspekt unseres Lebens. Jesus kommt zum Abschluß seiner ethischen Lehre in der Bergpredigt, und noch bevor er uns zur Verbindlichkeit aufruft, faßt er alles, was er gesagt hat, zusammen: »Darin besteht das Gesetz und die Propheten« (Vers 12). Dieser Abschnitt faßt nicht nur die Bergpredigt zusammen, sondern auch die Zehn Gebote, das Gesetz des Mose und die gesamte ethische Lehre der Bibel.

In diesem Abschnitt faßt er zusammen, wie wir unsere Beziehung zu Gott und zu anderen Menschen richtig ordnen können. An späterer Stelle im Matthäusevangelium wiederholt er dieses Thema mit etwas anderen Worten. Ein Pharisäer fragt ihn:

> »Meister, welches Gebot im Gesetz ist das wichtigste? Er antwortete ihm: Du sollst den Herrn, deinen Gott, lieben mit ganzem Herzen, mit ganzer Seele und mit all deinen Gedanken. Das ist das wichtigste und erste Gebot. Ebenso wichtig ist das zweite: Du sollst deinen Nächsten lieben wie dich selbst. An diesen beiden Geboten hängt das ganze Gesetz samt den Propheten« (Mt 22,36-40).

Wie ordnen wir unsere Beziehung zu Gott?

Das erste und höchste Gebot ist, Gott mit ganzem Herzen, mit ganzer Seele und mit all unseren Gedanken zu lieben. Hier drückt Jesus es etwas anders aus. Er sagt, wir sollen »bitten, … suchen, … anklopfen«. Die griechischen Verben stehen im Imperativ Präsens. Wörtlich bedeutet das: »eindringlich bitten, eindringlich suchen und eindringlich anklopfen«. Wir müssen erkennen, wie sehr wir Gott und seine Gaben benötigen, und ihn dann beständig und nachdrücklich suchen. Wir sollen nicht wie Menschen sein, die zu Neujahr gute Vorsätze fassen und diese dann nach ein paar Wochen bereits nicht mehr einhalten. Auch sollen wir nicht sein wie kleine Jungen, die an eine Tür klopfen und dann weglaufen. Wir drängen mit einem brennenden Verlangen in unserem Herzen danach, Gott zu begegnen. Gott verheißt uns: »Sucht ihr mich, so findet ihr mich. Wenn ihr von ganzem Herzen nach mir fragt« (Jer 29,13). Und Jesus verspricht, wenn wir bitten, suchen und anklopfen, werden wir auch empfangen, finden und auf eine offene Tür stoßen (vgl. Vers 8).

Wie können wir in dieser Beziehung so zuversichtlich sein? Dieser Textabschnitt offenbart uns drei Gründe. Erstens ist Gott unser »Vater im Himmel« (Vers 11). Er ist der, von dem Jesus gesagt hat, wir sollen ihn mit »Abba« anreden. Nachdem Professor Jeremias die umfangreiche Gebetsliteratur des antiken Judentums studiert hatte, schrieb er:

> *»Nirgends in dieser immensen Literatur finden wir diese Anrufung Gottes als Abba* […] *Abba war ein alltägliches Wort, ein warmherziges Wort in der Familie. Kein Jude hätte es je gewagt, Gott in dieser Weise anzusprechen. Jesus tat es allezeit* […] *und autorisierte seine Jünger, ihm das Wort Abba nachzusprechen.«*[116]

Jonathan Cavan wurde während des Alpha-Kurses an der *Holy Trinity Brompton* Christ, und sein Leben veränderte sich auf dramatische Weise. Als junger und erfolgreicher Geschäftsmann reiste er um die ganze Welt. Während einer dieser Reisen beschloß er, seinem Vater zum ersten Mal nach langer Zeit zu schreiben. Doch er brachte den Brief nie zu Ende, weil er anfing, sich mit seinem Nachbarn über Jesus zu unterhalten.

Später erklärte er seiner Verlobten Helena, wie er mit Geschäftspartnern von *Microsoft* mit Hilfe seines Laptop über E-Mail kommunizierte. Er zeigte ihr, wie er mit verschiedenen Personen weltweit zu gleicher Zeit in Kontakt treten konnte. Er verfaßte eine E-Mail und adressierte sie an alle leitenden Direktoren und alle Verkaufsmanager von *Microsoft* in der ganzen Welt; außerdem an alle Verkaufsleute, die weltweit für Banken zuständig waren, und an der Vorsitzenden der Organisation. Dann zeigte er ihr, wie er Dokumente in eine E-Mail einbinden konnte. Als Beispiel verwandte er den unbeendeten Brief, den er im Flugzeug an seinen Vater geschrieben hatte.

Er hatte diesen Vorfall bereits vergessen, bis sich einen Monat später eine Frau aus seinem Arbeitsteam den Laptop auslieh, ihn an das firmeneigne Netz anschloß und die Information erhielt: »Eine Nachricht wurde noch nicht abgeschickt. Wollen Sie diese jetzt senden?« Sie klickte »OK«, und die Nachricht landete auf den Bildschirmen von über fünfhundert Geschäftsleitern und Vorstandsmitgliedern dieses Unternehmens. Jonathan wußte davon nichts, bis er einen Anruf erhielt.

Zunächst war er wegen dieser Sache sehr beunruhigt, doch dann las er den Brief noch einmal durch. Der Inhalt lautete folgendermaßen:

»Lieber Papa, nun endlich schreibe ich Dir. Ich mußte fast täglich an Dich denken. Geschrieben habe ich nicht, weil ich wußte, daß ich nichts schreiben könnte, was Dich nicht ins Grübeln bringen und Dir das Herz zerreißen würde. Aber meine Worte sind als Ermutigung gedacht. Ich spiele jede Woche Fußball, und ich spiele in einer Mannschaft, die gar nicht so schlecht ist; unser letztes Spiel gewannen wir 9:1. Ich habe eine Vitalität in meinem Leben gewonnen, durch die ich mich fitter, stärker, glücklicher und friedvoller fühle als je zuvor. Gott erstattet mir die Jahre, die ich verloren habe. Viele Menschen bei Microsoft *haben außer ihrer Arbeit nichts. Die Firma spielt in ihrem Leben eine zu zentrale Rolle. Nach weltlichen Maßstäben mag das gar nicht so schlecht sein – aber man kann es nicht damit vergleichen, was es heißt, wenn Jesus Christus für einen Menschen eine so zentrale Rolle spielt wie in meinem Leben. Er lebt in mir und kann jeden meiner Gedanken, jedes meiner Worte und jede meiner Handlungen lenken, wenn ich seinem Willen gehorche.*
Weißt Du denn nicht, wie sehr ich mich danach sehnte, mit Dir zu reden – ein offenes Herz mit einem offenen Herzen? Selbst in meinen rebellischsten Jahren war das so. So viele Jahre lang haben wir nur von Maske zu Maske miteinander gesprochen ...«

Er erhielt einige interessante Reaktionen, unter anderem auch zwei von Bill Gates, dem Vorsitzenden des Unternehmens. Außerdem erhielt er zwei Nachrichten von einem Direktor in Kanada, der schrieb, sein Vater sei zwei Monate zuvor gestorben, und er kenne keinen Sohn, der so liebevoll zu seinem Vater gesprochen habe, und er habe in seinem Büro richtiggehend geweint. Ein ermutigendes und bestärkendes Wort kam vom Präsidenten der europäischen *Microsoft*-Niederlassung, und einer seiner Kollegen kam in sein Büro und bekannte, daß er den Herrn verlassen habe, daß er nun, nachdem er den Brief gelesen habe, aber zu ihm zurückkehren wolle.

Dieser Vorfall zeigt, wie kraftvoll die Beziehung zwischen einem Vater und seinem Sohn sein kann. Wieviel mehr Kraft und Bedeutung besitzt dann erst unsere Beziehung zu unserem Vater im Himmel!

Der zweite Grund, warum wir Gott von ganzem Herzen suchen sollen, ist, daß wir die Gaben Gottes empfangen werden, wenn wir ihn suchen (vgl. Vers 11). Oft fürchten wir, etwas Gutes zu verpassen und einen schlechten Tausch zu machen, wenn wir Gott von ganzem Herzen suchen. Aber Gott liebt uns. Darum können wir sicher sein, daß wir »gute Gaben« empfangen werden. Jesus spricht *a fortiori*, »wieviel mehr« (Vers 11), und versichert uns, daß Gott uns niemals etwas Schädliches geben wird.

> »Oder ist einer unter euch, der seinem Sohn einen Stein gibt, wenn er um Brot bittet, oder eine Schlange, wenn er um einen Fisch bittet? Wenn nun schon ihr, die ihr böse seid, euren Kindern gebt, was gut ist, wieviel mehr wird euer Vater im Himmel denen Gutes geben, die ihn bitten« (Verse 7-11).

Brot und Fisch waren die häufigsten Nahrungsmittel in der Gegend um den See von Galiläa. Ein runder Kalkstein kann wie ein Laib Brot aussehen. Farbe und Form sind bei beiden gleich. Der aalartige Katzenfisch des Sees von Galiläa kann einer Schlange ähnlich sehen, doch kein irdischer Vater wäre so grausam, seinen Kindern Steine statt Brot und Schlangen statt Fisch zu geben. Noch absurder ist die Vorstellung, daß Gott uns irgend etwas Schädliches geben könnte. Weil wir wissen, daß Gott unser liebender Vater im Himmel ist, ist die Verheißung, daß unsere Gebete erhört werden, kein Blankoscheck. Wenn dem so wäre, würden wir kaum zu beten wagen. Aber weil Gott uns liebt, wird er uns nur »gute Gaben« geben.

Doch alle irdischen Väter sind von Natur aus »böse«. Das ist eine vergleichende Aussage. Verglichen mit Gott, sind wir alle böse, selbst liebende Eltern. Doch auch böse Menschen tun manchmal Gutes. Odette Hallowes, wegen des Films *Odette* eine wahre Kriegsheldin geworden, starb im März 1995 im Alter von zweiundachtzig Jahren. Im Nachruf der *Times* hieß es, nachdem einige ihrer außerordentlichen Taten in allen Details geschildert worden waren, daß es auch weniger ernste Publizität um sie gegeben habe.

> *»Einmal wurde im Haus ihrer Mutter in Kensington eingebrochen, und der Dieb stahl sich mit einigen Silberlöffeln, Odettes Georgskreuz und dem Orden der Ehrenlegion davon. Verzweifelt über den Verlust der Schätze ihrer Tochter, appellierte Madame Brailly über die Presse, man möge die Sachen zurückgeben. Der Dieb, offensichtlich eine menschliche Seele, kam der Bitte nach. Der Brief, den er den Auszeichnungen beifügte, lautete: ›Madame, Sie scheinen eine gutherzige alte Dame zu sein. Gott segne Sie und Ihre Kinder. Ich danke Ihnen, daß Sie an mich glauben. Ich bin nicht ganz so schlecht – es sind nur die Umstände. Ihr kleiner Hund hat mich wirklich gern. Ich habe ihn ordentlich gestreichelt und ihm ein Stück Fleisch dagelassen – aus dem Kühlschrank. Hochachtungsvoll, ein Bösewicht.‹«*[117]

Wenn selbst Bösewichte Gutes tun, wieviel mehr wird dann unser Vater im Himmel Gutes tun?

Drittens können wir Gott vertrauensvoll suchen, weil er uns nur gute Gaben geben wird. Es wäre schlimm, wenn Gott uns immer das gäbe, was wir uns wünschen, weil wir dann nie vertrauensvoll beten könnten. Wir hätten ständig Angst, einen schrecklichen Fehler zu begehen.

»Die Griechen erzählten sich Geschichten von Göttern, die die Gebete von Menschen zwar erhört hatten, aber derart, daß die Sache einen Widerhaken hatte und eine zweischneidige Angelegenheit war. Nach der griechischen Sage verliebte sich die Göttin Aurora in Tithonos, einen sterblichen Jüngling. Zeus, der Göttervater, versprach ihr jedes beliebige Geschenk für ihren sterblichen Liebhaber. Natürlich erbat Aurora sich, daß Tithonos unsterblich sein möge, vergaß aber, darum zu bitten, daß er auch auf immer jung bleiben solle. Und so kam es, daß Tithonos immer älter und älter wurde, ohne sterben zu können. Die göttliche Gabe war zu einem Fluch geworden.«[118]

Wie sehr unterscheidet sich unser himmlischer Vater von anderen Göttern. Gute Väter korrigieren die Irrtümer ihrer Kinder immer. C. H. Spurgeon hat einmal gesagt: »Unsere Gebete steigen in überarbeiteter Fassung zum Himmel empor.« Darum schreibt Martyn Lloyd-Jones:

»Ich danke Gott, daß er nicht bereit ist, alles zu tun, was ich ihn bitten mag. Und ich sage das aufgrund meiner eigenen Erfahrung. In meinem bisherigen Leben habe ich, wie viele andere auch, Gott schon oft um etwas gebeten, was ich mir zu dem Zeitpunkt sehr gewünscht habe und wovon ich glaubte, es wäre das Beste für mich. Nun aber, an diesem Scheideweg meines Lebens angekommen, schaue ich zurück und sage, daß ich Gott zutiefst dankbar bin, daß er mir bestimmte Dinge, um die ich ihn gebeten hatte, nicht gewährt hat und daß er mir manche Türen vor der Nase zugeschlagen hat. Damals verstand ich das nicht, aber nun habe ich es erkannt, und ich bin Gott dafür dankbar. Also danke ich Gott, daß dies keine allgemeingültige Verheißung ist und daß Gott mir nicht jeden meiner Wünsche und Bitten erfüllen wird. Gott hat etwas viel Besseres für uns […]*.«*[119]

Gott wird uns keine Dinge geben, die nicht gut für uns oder für andere sind; sei es nun direkt oder indirekt, sogleich oder erst später in unserem Leben. Was er uns hier verheißt, ist, daß Gott antworten wird, wenn wir ihn um gute Gaben bitten.

Wir können vertrauensvoll bitten, weil Gott keinen Fehler macht. Er ist ein großzügiger Gott, der »gute Gaben« gibt. Er gibt uns »alles, was für unser Leben und unsere Frömmigkeit gut ist« (2 Petr 1,3). Das sollte unser primäres Lebensziel sein: eine Beziehung zu unserem liebevollen himmlischen Vater zu entwickeln; ihn zu lieben; ihn zu suchen und gute Gaben aus seiner Vaterhand zu empfangen; ihn mit ganzem Herzen, mit unserem ganzen Denken, mit ganzer Seele und mit all unserer Kraft zu lieben.

Wie ordnen wir unsere Beziehung zu anderen Menschen richtig?

So viele Menschen in dieser Welt sind unglücklich und leiden, weil ihre Beziehungen nicht stimmen – kaputte Beziehungen zwischen Nationen, zwischen Menschen unterschiedlicher Hautfarbe, Religionen, zerstörte Beziehungen zwischen Freunden, Eheleuten und zwischen Eltern und ihren Kindern. Neulich verfolgte ich die Zeitungsnotizen über eine elftägige Anhörung in einem Prozeß zwischen Nachbarn am Landgericht von Barnstaple. Eine der beiden Parteien hatte den Verlauf des Konflikts genau festgehalten, sein Tagebuch belief sich zu dem Zeitpunkt, als die Sache vor Gericht kam, auf fast tausend Einträge. Die Kosten für das Gerichtsverfahren überstiegen 50 000 Pfund, und das alles nur wegen eines kleinlichen Streits. Zum Abschluß seiner ethischen Lehre in der Bergpredigt faßt Jesus alles zusammen, was er je gelehrt hat.

In Vers 12 erreicht die Bergpredigt ihren Höhepunkt. Diese Bemerkung ist der zentrale Punkt der ethischen Lehre Jesu und die Aussage Jesu, die weltweit am bekanntesten ist. Sie ist der Höhepunkt aller ethischen Lehren überhaupt. Man sagt, Kaiser Alexander Severus ließ sie in Goldlettern an seine Wand schreiben, und dieses Wort ist als die »goldene Regel« bekanntgeworden.

Viele haben eine gegensätzliche Fassung dieser Regel gelehrt. Konfuzius hat gesagt: »Was dir nicht selbst widerfahren soll, das tu anderen nicht an.« Und die Stoiker lehrten: »Was du nicht willst, daß dir ein anderer tut, das tu auch keinem anderen an.« Epiktet sagte: »Das Leid, das du dir selbst ersparen willst, suche nicht, anderen zuzufügen.« In den Apokryphen des Alten Testamentes heißt es: »Was dir selbst verhaßt ist, das mute auch einem anderen nicht zu!« (Tob 4,15). Rabbi Hillel (ca. 20 v. Chr.) wurde von einem Heiden herausgefordert, der sagte, er sei bereit, zum Judentum zu konvertieren, falls Rabbi Hillel in der Lage wäre, ihm das ganze Gesetz auf einem Bein stehend darzulegen. Hillel antwortete: »Was dir selbst verhaßt ist, das mute auch einem anderen nicht zu. Das ist das ganze Gesetz, der Rest ist nur ein Kommentar zu diesem einen Wort. Und nun geh hin und lerne.«

Jesus war der erste, der diese Regel positiv formuliert hat. Nirgends in der antiken Literatur gibt es eine Parallele zu der positiven Formulierung Jesu. Diese positive Form ist um einiges herausfordernder. Die negative Form besagt: »Ich werde keinem anderen Schaden zufügen«, erlaubt uns aber, nichts zu tun. Nach dieser Philosophie handelt die Welt sehr oft. Viele meinen, sie seien keine »Sünder«, weil sie nicht morden oder stehlen oder anderen mutwillig schaden. Doch die Nachfolger Christi sind zu etwas weit Höherem berufen. Wir sollen nicht nur sagen: »Ich werde keinem Schaden zufügen«, sondern auch: »Ich werde alles tun, um anderen zu helfen.« Es ist uns nicht erlaubt, uns in eine Welt zurückzuziehen, in der wir zwar niemanden kränken, aber auch nichts erreichen, das wirklich gut wäre. Zum Beispiel reicht es nicht, daß wir unsere Ehe nicht zerstören; wir müssen auch helfen, kaputte Ehen wieder zusammenzuführen. Es reicht nicht, nicht zu stehlen; wir müssen großzügig geben. Es reicht nicht, unserem Nächsten nicht zu schaden; wir müssen ihm tatsächlich helfen.

Jesus erkennt an, daß die Selbstliebe eine gewaltige Kraft auf uns ausübt. Wir sind egozentrisch und versuchen, uns selbst zu schützen. Wir kümmern uns zuerst um uns. Jesus fordert uns heraus, andere so sehr zu lieben wie uns selbst. Wir sollen uns fragen: »Wie würde ich in dieser Situation gerne behandelt werden?« J. C. Ryle bemerkte einst dazu :

> *»Das ist tatsächlich eine goldene Regel! Sie verbietet nicht nur allen kleinkarierten Böswillen und alle Vergeltung, alle Betrügereien und alle übertriebenen Reaktionen – sie tut viel mehr. Sie klärt einige hundert Problempunkte, die in einer Welt wie dieser ständig zwischen Menschen akut werden; sie verhindert, daß wir unzählige kleine Regeln für das Verhalten im Einzelfall aufstellen müssen; sie klärt diesen ganzen strittigen Bereich durch einen gewaltigen Grundsatz; sie zeigt uns ein Gleichgewicht und einen Maßstab auf, an dem jeder sofort erkennen kann, was seine Pflicht ist. Gibt es etwas, das uns unser Nächster lieber nicht antun sollte? Dann laßt uns immer daran denken, daß wir das unserem Nächsten ebenfalls nicht antun sollten. Gibt es etwas, das uns gerne durch ihn widerfahren würde? Dann ist das genau das eine, was wir ihm tun sollten. Wie viele komplizierte Fragen wären mit einem Schlag geklärt, wenn wir diese Regel ehrlich anwenden würden!«*[120]

Jesus sagt: »Darin besteht das Gesetz und die Propheten« (Vers 12). Er sagt nicht, daß diese Regel das Gesetz und die Propheten ersetzt oder abschafft. Wir benötigen detaillierte

Regeln, um nicht in eine falsche Sentimentalität zu verfallen, aber wir brauchen die allgemeinen Grundsätze, damit wir nicht gesetzlich werden, weil wir den Geist, aus dem heraus die Regeln aufgestellt wurden, vergessen. Wir sollen nicht von Einzelregeln und Ausführungsbestimmungen besessen sein und sie auch nicht mechanisch befolgen. Die Regeln bestehen nicht losgelöst für sich; sie sind nicht unpersönlich oder negativ. Ihr ganzer Sinn besteht darin, daß wir unseren Nächsten so lieben möchten wie uns selbst. Jede detaillierte Regel ist nur eine Illustration des großen, zentralen Prinzips, das Jesus hier lehrt.

Würde jeder nach dieser Regel handeln, gäbe es keine Sklaverei, keinen Krieg, keinen Diebstahl und keine Lüge – es gäbe nur Gerechtigkeit und Liebe. Es würde zu einer veränderten Gesellschaft führen. Der Rabbiner Jonathan Sacks faßt es zusammen: »Je mehr uns das Gesetz ins Herz geschrieben ist, um so weniger muß es auf der Straße [durch staatliche Gewalt] durchgesetzt werden.«[121] Würden alle bekennenden Christen diesen Grundsatz jetzt überall in die Tat umsetzen, hätte das mehr Überzeugungskraft als jede Predigt, jede Apologie und jedes Buch über den Glauben.

Eine solche Liebe ist nur möglich, wenn Gott uns mit seiner Liebe erfüllt. »Wir wollen lieben, weil er uns zuerst geliebt hat« (1 Joh 4,19). Wir erfahren Jesu Liebe, und dadurch werden wir fähig, durch ihn andere so zu lieben wie uns selbst. Würde die Kirche so leben, dann würde die Welt glauben.

Kapitel 17

Wie finde ich wahres Leben?

»Geht durch das enge Tor! Denn das Tor ist weit, das ins Verderben führt, und der Weg dahin ist breit, und viele gehen auf ihm. Aber das Tor, das zum Leben führt, ist eng, und der Weg dahin ist schmal, und nur wenige finden ihn« (Mt 7,13-14).

Es kommt ein Punkt in unser aller Leben, an dem wir eine Entscheidung fällen müssen. Ich praktizierte bereits seit einigen Jahren als Anwalt, und bei einem meiner ersten Fälle ging es um Betrug; es war ein langwieriger und komplizierter Prozeß, bei dem es um Warenoptionspapiere ging. Die vier Angeklagten hatten große Geldsummen von Leuten angenommen und waren nicht in der Lage, das Geld zurückzuzahlen. Nach sechs Monaten zogen sich die Geschworenen zur Beratung zurück. Sie berieten sich eine Woche lang, und als sie in den Gerichtssaal zurückkehrten, stellte man ihnen wie gewöhnlich die Frage: »Haben Sie ein einstimmiges Urteil gefällt?«

In der gesamten Bergpredigt nimmt Jesus sich Zeit, um den Leuten zu erklären, was es heißt, Christ zu sein – welchen Charakter und Lebensstil, welches Leben (auch im Verborgenen), welche Beziehungen und Einstellungen nötig sind. Nun, am Ende seiner Predigt angekommen, sagt er uns, daß eine Entscheidung gefallen ist. Es ist Zeit, ein Urteil zu fällen.

Eine der größten Entscheidungen, vor der die meisten von uns irgendwann in ihrem Leben stehen, ist die Frage, wen wir heiraten sollen. Von dieser Entscheidung hängt viel ab. Im September 1977, als ich zweiundzwanzig Jahre alt war, aß ich mit Pippa in einem Bauernhaus in der Dordogne zu abend. Es war ein schöner Abend mit einem herrlichen Sonnenuntergang. Ich hatte mir vorgenommen, sie zu fragen, ob sie mich heiraten wolle, aber ich machte mir Sorgen, daß sie womöglich nein sagen könnte. Also fragte ich nicht geradeheraus. Statt dessen meinte ich zunächst: »Würdest du gerne irgendwann einmal heiraten?« Diese erste Frage bereitete ihr keine große Mühe. Sie sagte: »Ja.« Also wagte ich mich an die zweite Frage: »Wen würdest du am liebsten heiraten?« Blitzschnell antwortete sie: »Prinz Charles.« Zaghaft nahm ich all meinen Mut zusammen und fragte: »Würdest du mich heiraten?« In diesem Augenblick fällte sie eine Entscheidung, die den Verlauf ihres ganzen Lebens wie auch des meinen nachhaltig beeinflussen sollte. Gott sei Dank sagte sie: »Ja.«

Jesus fordert uns in diesem Textabschnitt auf, eine noch viel größere Entscheidung zu treffen. Michael Green hat einmal gesagt, die Bergpredigt sei nicht nur »eine Sammlung ethischer Maximen, wie sie vielleicht auch ein kultivierter Humanist hätte erfinden können«[122]. Wir stehen vor einer Entscheidung bezüglich der Person Jesu. Wir müssen zu einem Urteil kommen. Die Entscheidung, die wir fällen, so sagt uns Jesus, wird nicht nur den Verlauf unseres weiteren Lebens beeinflussen, sondern die gesamte Ewigkeit. Jesus warnt uns, daß es letztlich nur zwei Alternativen gibt: ihm nachzufolgen oder ihm nicht nachzufolgen; Christ zu sein oder kein Christ zu sein.

Worin besteht der Unterschied?

Jesus legt uns zwei mögliche Lebensweisen dar und erklärt, daß es zwei Wege gibt. Der eine ist »breit« (Vers 13), der andere »schmal« (Vers 14).

Das griechische Wort für ersteres bedeutet »breit, geräumig, weiträumig«. Es gibt auf diesem Weg keine Grenzen, und man kann tun, was man will. Man muß keine Opfer bringen; Toleranz und Freizügigkeit sind an der Tagesordnung. Man kann ein bequemes Leben führen, ohne die Maßstäbe erfüllen zu müssen, die Jesus in der Bergpredigt dargelegt hat. Man kann stolz und zornig sein, man kann seine Feinde hassen und sich ganz seiner Lust hingeben. Man muß niemandem vergeben und niemals beten oder fasten. Man kann an all seinem Geld festhalten und seinen ganzen Ehrgeiz in eigennützige Ziele stecken. Wenn einem jemand unrecht tut, kann man so viel Vergeltung üben, wie man will, und an anderen so viel Kritik üben, wie es das eigene Herz begehrt.

Das Problem bei diesem Weg besteht natürlich darin, daß überall dort, wo es keine Grenzen gibt, Menschen verletzt werden. Wir alle wissen, daß man Kindern Grenzen setzen muß, sonst werden sie zu verzogenen Bälgern. Aber wir vergessen häufig, daß Erwachsene genausogut zu verzogenen Bälgern werden können, und das ist dann um so widerlicher. Außerdem führt das Leben auf der breiten Straße dazu, daß andere Menschen verletzt werden. Meine Freiheit, einer gefährlichen Fahrweise zu frönen, bedeutet, daß möglicherweise jemand verletzt oder getötet wird. Meine Freiheit, meiner Lust nachzugehen, bedeutet, daß ein anderer Mensch mißbraucht wird. Wenn ich mir die Freiheit nehme zu stehlen, dann wird ein anderer bestohlen. Meine Freiheit, mich scheiden zu lassen, bedeutet, daß meine Kinder einen bleibenden seelischen Schaden nehmen werden.

Der andere Weg ist »schmal« (Vers 14). Dieses Wort bedeutet »eingeschränkt, begrenzt, zusammengedrängt«. Es ist der Weg, der unter einem großen Druck steht und auf dem es Grenzen gibt. Demut ist an der Tagesordnung. Auf diesem Weg sind ungerechtfertigter Zorn, Lust, Schwören, Vergeltung und Haß nicht erlaubt. Man muß geben, beten, fasten und zuerst nach dem Reich Gottes trachten. Es ist der Weg von Reinheit, Ehrlichkeit und Vergebung. Es ist der Weg, der von uns verlangt, daß wir andere so behandeln, wie wir von ihnen behandelt werden wollen (vgl. 7,12). Das Leben dort ist um einiges schwieriger, zumal wir damit rechnen können, daß die Menschen um Jesu willen Schlechtes über uns sagen werden (vgl. 5,11).

Es ist nicht nur der schwierigere Weg, es ist geradezu unmöglich, die Maßstäbe Jesu zu erfüllen. Zweifelsfrei ist es unmöglich, sie ohne ihn zu erfüllen. Doch Jesus geht mit uns auf diesem Weg, und darum ist dieser Weg um vieles spannender. Wir sind nicht allein unterwegs.

Im Winter komme ich in den Genuß, zwei Wochen Pfarrdienst in einem Wintersportort zu verbringen. Einmal schloß sich uns Emmy Wilson an, die früher Vertreterin des britischen Skiclubs und ausgebildete Skiführerin gewesen war und folglich eine großartige und anmutige Skifahrerin ist. Ich war auf netten flachen Neuschneepisten gefahren, aber plötzlich führte sie uns in einem Schneesturm auf eine schmale und steile Buckelpiste. Es wurde zu meinem besten Skierlebnis – begeisternd, herausfordernd und aufregend. Allein hätte ich diese Piste verabscheut, aber mit Emmy fühlte ich mich irgendwie sicher, denn sie wußte, was sie tat.

Das Leben als Christ ist ein aufregendes Abenteuer. G. K. Chesterton hat es beschrieben als das »wirbelnde Abenteuer Christi«. Dorothy Sayers, die Verfasserin von Kriminalromanen, hat von dem »leichtsinnigen, rasenden Verlangen nach Leben« gesprochen. Der Missionar Jim Elliott sprach von einer »tollkühnen Unbekümmertheit«. Und der Gründer der Heilsarmee, William Booth, beschrieb Christen als »göttliche, unternehmungslustige Draufgänger«.

Wohin führen die beiden Wege?

Zweitens zeigt Jesus uns zwei mögliche Ziele auf und gibt uns eine Antwort auf die Frage: »Wohin führt mich mein Weg?« Der breite Weg mit seinem weiten Tor, so warnt uns Jesus, führt letztlich ins »Verderben« (Vers 13), während der schmale Weg mit seinem engen Tor zum Leben führt (Vers 14).

Ich erinnere mich, wie ich vor Jahren über einen Zwischenfall an der italienischen Riviera las. Ein junger Mann fuhr mit seinem Sportwagen eine Küstenstraße entlang. Überall standen Warnschilder, daß die Bauarbeiten an dieser Straße noch nicht beendet seien, und man sie daher nicht befahren solle. Doch der junge Mann fuhr mit großer Geschwindigkeit an den Schildern vorbei, stürzte mit seinem Wagen über die Klippen und starb.

Jesus warnt uns an dieser Stelle, daß der breite Weg, der so harmlos aussehen mag, in Wahrheit ins Verderben führt. Stolz, Zorn, Lust, Haß, Habsucht, Unversöhnlichkeit, Selbstsucht und all die anderen Dinge, von denen Jesus gesprochen hat, werden uns letztlich vernichten – uns und andere.

Eines der bekanntesten Gemälde der Welt ist Leonardo da Vincis »Abendmahl«. Er benötigte vier Jahre, um es fertigzustellen. Man sagt, daß er, als er mit dieser Arbeit begann, nach einem Modell für Jesus suchte. Er wollte einen Menschen finden, dessen Gesicht Liebe ausstrahlte und dessen ganzer Gesichtsausdruck Jesu würdig wäre. Kein Wunder, daß er eine schwere Aufgabe vor sich hatte! Schließlich fand er einen Mann namens Pietro Bantenelli, der für ihn Modell saß. Vier Jahre später suchte er nach einem Mann, der für Judas Modell sitzen konnte. Das war der letzte Jünger, den er noch zu malen hatte. Er suchte auf den Straßen nach einem Mann, dessen Gesicht das rechte Maß an Mißtrauen, Zorn und Bitterkeit ausstrahlte. Er fand diesen Mann. Nachdem er ihn gemalt hatte, fragte er ihn, wie er heiße. »Pietro Bantenelli«, lautete die Antwort. Nach vier Jahren hatte die Sünde ihr zerstörerisches Werk getan, und der Mann sah nicht mehr aus wie früher. Auch uns wird die zur Sucht werdende Macht der Sünde zerstören.

Manchmal erkennen wir die Sünde an anderen Menschen, aber es fällt uns wesentlich schwerer, sie an uns selbst zu erkennen, weil wir täglich mit ihr leben und weil sie langsam in uns heranwächst. Vor etwa neun Jahren kauften meine Frau und ich einen Gebrauchtwagen, der zu diesem Zeitpunkt nur elf Monate alt war. Er glänzte und blitzte; es war uns sogar etwas peinlich, daß er so toll ausschaute. Bald jedoch bekam er zwei kleinere Schrammen ab. Unter anderem setzte ich zurück und stieß gegen einen Baum. Ich glaube, wir hatten ihn in all den neun Jahren nicht ein einziges Mal gewaschen, so daß sich allmählich Rost breitmachte. Doch wir bemerkten es eigentlich nie. Dann verkauften wir den Wagen, und neulich sah ich ihn wieder. Ich war schockiert. Ich hatte nie verstanden, warum die Leute gelacht hatten, wenn sie ihn ansahen. Doch als ich ihn jetzt sah, verstand ich es. Der Wagen war ein einziger Schrotthaufen.

Jesus warnt uns, daß uns der Lebensstil des breiten Weges zerstören wird. Als Bild verwendet Jesus manchmal das Wort »Gehenna«. So nannte man den Müllplatz im Tal Hinnom außerhalb von Jerusalem; ein Ort an dem pausenlos kleine Feuer brannten und an dem die Würmer beständig den vermodernden Müll fraßen. Das ist keine Drohung, sondern vielmehr eine Warnung.

Jesus warnt uns auch vor dem Ziel, auf das der breite Weg zusteuert. Gott liebt uns, und weil er uns liebt, stellt er Warnschild um Warnschild auf. Er hat uns ein Gewissen gegeben, und er hat in unser Herz einen Hunger gelegt, der nur durch die Beziehung zu Gott in Jesus Christus gestillt werden kann.

Er gibt uns durch andere Christen Gelegenheiten, uns für diese Beziehung zu entscheiden. Jeder, der dieses Kapitel in der Bibel liest, liest ein Warnschild.

Auf der anderen Seite erzählt uns Jesus, daß der schmale Weg mit dem engen Tor zum Leben führt. Im Griechischen gibt es zwei Wörter für »Leben«. Das eine bedeutet »irdisches, biologisches Leben«. Das andere, hier verwendete Wort bezeichnet Leben sowohl »im physikalischen Sinn« als auch »das übernatürliche Leben, das Gott und Christus eigen ist, welches der Gläubige in der Zukunft empfängt, welches er aber auch hier und jetzt schon genießt«[123]. Dieses ewige Leben ist uns nur zugänglich, weil Jesus am Kreuz gestorben ist, damit wir Gott erkennen können. Jesus definiert das ewige Leben so: »Das ist das ewige Leben: dich, den einzigen wahren Gott, zu erkennen und Jesus Christus, den du gesandt hast« (Joh 17,3).

Würden wir nur die beiden Wege miteinander vergleichen, könnten wir nur allzu leicht eine falsche Entscheidung treffen. Der Psalmist spricht davon, wie er auf die Menschen geschaut hat, die im Grunde auf dem breiten Weg gehen, und er begann, sie zu beneiden. Sie schienen keine Probleme zu haben, waren wohlhabend und körperlich stark und gesund. Sie schienen sich nicht mit der üblichen Last des Lebens abzuschleppen. Er dachte bei sich: »Also hielt ich umsonst mein Herz rein […], bis ich dann eintrat ins Heiligtum Gottes und begriff, wie sie enden« (Ps 73,13.17).

Mutter Teresa, die inzwischen Mitte achtzig ist, gründete einen Orden, der mittlerweile in 137 Ländern der Erde insgesamt 537 Häuser besitzt. Dort werden Leprakranke, Sterbende, geistig Behinderte, Tuberkulosekranke und Kinder untergebracht. Vor kurzem gab sie der Zeitschrift *Hello!* ein Interview. Die letzten Fragen lauteten:

»Wenn Sie daran denken, wieviel Sie in den letzten fünfzig Jahren erreicht haben, Ehrwürdige Mutter, so müssen Sie doch ein wenig stolz auf sich sein, oder?
Das ist nicht meine Leistung. Ich bin nicht wichtig, die Arbeit ist wichtig. Gott hat uns geholfen, und so hatten wir immer genügend Geld. Ich denke nicht in Kategorien wie ›Leistung‹, ich denke nur daran, was für die Kranken und Armen getan werden muß. Ich habe wirklich keine Zeit, stolz auf mich zu sein.
Und wie steht es um Ihre Gesundheit? Man sagt, Sie hätten schon mehrere Wochen einen bronchitischen Husten, den Sie nicht loswerden.
Ich habe auch keine Zeit, über meine Gesundheit nachzudenken. Dieser Husten ist eine Gabe Gottes, ein Geburtstagsgeschenk!
Als Papst Johannes Paul II. Sie hier besuchte, sagten Sie, dies sei der glücklichste Tag Ihres Lebens. Was war an dieser Begebenheit so bewegend?
Als er in Kalkutta ankam, kam er nicht hierher, sondern ging gleich in das Heim für die Sterbenden. Das war ihm am wichtigsten. Wenn wir uns danach in Rom begegnet sind, habe ich immer zu ihm gesagt: ›Sie haben soviel Platz vor Ihrem Vatikan, Heiliger Vater. Warum geben Sie mir kein Haus für all die Menschen in Ihrer Stadt, die Hilfe brauchen?‹ Ich glaube, es war auf meiner dritten Reise, als er mir einen Schlüsselbund überreichte. Es war für ein Heim in Rom. Hier geben wir fünfundachtzig Frauen Obdach, die zur Prostitution gezwungen waren, weil sie sonst nicht hätten überleben können.
Was sagen Sie den Leuten, die meinen, Sie sollten auch die sozialen Ursachen der Armut bekämpfen, statt nur das daraus resultierende Leid zu lindern?
Diese Arbeit hat nichts mit Politik zu tun. Unsere Pflicht ist, den Armen auf jede uns nur mögliche Weise zu helfen.

Und was sie am meisten benötigen, sind Nahrung, Kleidung und Medizin. Wir haben keine Zeit für die Politik. Es gibt hier soviel, das wir tun müssen, und sowenig Zeit, die Dinge zu erledigen.
Sie haben vor kurzem Ihren vierundachtzigsten Geburtstag gefeiert. Haben Sie Angst vor dem Sterben?
Wie kann ich das, nachdem ich bei so vielen Menschen die Sterbewache gehalten habe und mit so vielen Sterbenden zusammengewesen bin? Zu sterben bedeutet, zu Gott heimzukehren. Von dort kommen wir, und dorthin kehren wir zurück. Ich habe noch nie Angst davor gehabt. Nein, ganz im Gegenteil, ich freue mich darauf.«[124]

Wer befindet sich auf diesen beiden Wegen?

Drittens stellt Jesus uns zwei Gruppen von Leuten vor und gibt uns eine Antwort auf die Frage: »Wer wird mit mir auf dem Weg sein?« Auf dem breiten Weg mit dem weiten Tor sind »viele« (Vers 13), obwohl dieser Weg ins Verderben führt. Doch auf dem schmalen Weg sind nur wenige, obwohl dieser Weg zum Leben führt.

Die große Menschenmenge auf dem breiten Weg kann Menschen ein falsches Gefühl von Sicherheit geben. »Es können doch nicht alle, die auf diesem Weg gehen, falsch liegen«, so denken wir. Doch es kann durchaus so sein. G. K. Chesterton formuliert es so: »Richtig ist richtig, selbst wenn niemand das Richtige tut. Falsch ist falsch, selbst wenn sich alle im Irrtum befinden.«

Vor einer Weile beschloß ein Team von Wissenschaftlern, ein Experiment durchzuführen, um zu untersuchen, wie sich Gruppendruck auf junge Menschen auswirkt. Zehn Teenager wurden in einen Raum gebeten, angeblich, damit man ihre Sehstärke feststellen könne.

Drei Karten wurden hochgehoben, und auf jeder war eine Linie. Die Schüler sollten die Hand heben, wenn die längste Linie gezeigt wurde. Ein Schüler wußte nicht, daß man den anderen gesagt hatte, sie sollten die Hand bei der zweitlängsten Linie heben.

Als die neun Mitschüler falsch entschieden, machte der zehnte mit, obwohl ihr Fehler offensichtlich war. Bei der Wiederholung des Experimentes votierte er immer wieder so wie die übrigen aus der Gruppe, obwohl er wußte, daß das falsch war.

Der Psychologe James Dobson meint dazu:

> *»Dieser junge Mann war keine Ausnahme. Mehr als fünfundsiebzig Prozent der getesteten jungen Leute verhielten sich ebenso. Sie saßen immer und immer wieder da und behaupteten, eine kurze Linie sei eine lange! Sie hatten einfach nicht die Courage zu sagen: ›Die Gruppe hat unrecht. Ich kann es nicht erklären, aber Ihr irrt euch allesamt.‹ Ein kleiner Prozentsatz – nur fünfundzwanzig von hundert – hatte den Mut, sich gegen die Meinung der Gruppe zu stellen, selbst wenn die Gruppe ganz offensichtlich im Unrecht war.«*[125]

Manchmal müssen wir eine einsame Position vertreten. Vor kurzem hörte ich von Gugi Hara, der im Krieg in der japanischen Botschaft gearbeitet hatte. Als jeder andere den Juden ein Visum verweigerte und kein Land bereit war, Juden aufzunehmen, stellte er sechs- bis zehntausend Visa aus. Auf diese

Weise rettete er viele Menschenleben. Nach dem Krieg wurde er zwangspensioniert und starb vor acht Jahren völlig unbekannt und unerkannt. Nun, fünfzig Jahre danach und in einer Zeit, in der Japan die Kriegsereignisse neu bewertet, wird er als Held betrachtet.

Jesus vergleicht die »vielen« auf dem breiten Weg mit den »wenigen« auf dem schmalen Weg. Die wenigen sind aber gar nicht so wenige. Johannes spricht in der Offenbarung von »eine[r] große[n] Schar aus allen Nationen und Stämmen, Völkern und Sprachen; niemand konnte sie zählen« (Offb 7,9). Man schätzt, daß es heute weltweit etwa 1,7 Milliarden Christen gibt. Das ist eine beachtliche Zahl, selbst wenn sie nur einen kleinen Teil der Weltbevölkerung ausmacht.

Als Angehörige einer Minderheit fühlen wir uns nur allzu leicht einsam. Vielleicht sind wir der einzige Christ am Arbeitsplatz oder der einzige Christ in der Familie oder in der Nachbarschaft. Doch das ist kein Grund, auf dem breiten Weg zu bleiben; es ist vielmehr Grund genug, von dort so schnell wie möglich zu verschwinden. Wenn wir das tun, ermutigen wir vielleicht andere, unserem Beispiel zu folgen.

Als Charles Finney in den dreißiger Jahren des 19. Jahrhunderts in Rochester, im Staate New York, predigte, kam eine große Zahl von Anwälten, um ihn zu hören. Eines Abends saß auf der Galerie der höchste Richter des Berufungsgerichts dieses Bundesstaates. Er hörte der Verkündigung durch Charles Finney zu und ließ sich von der Richtigkeit dieser Botschaft überzeugen. Dann stellte sich ihm die Frage: »Wirst du wie jeder einfache Mann nach vorne gehen?« Etwas in ihm sagte, daß er so etwas wegen seines hohen gesellschaftlichen Rangs niemals tun würde. Er saß da und überlegte eine Weile. Dann sagte er sich: »Warum nicht? Ich bin von der Wahrheit überzeugt. […] Ich kenne meine Pflicht. Warum sollte ich sie nicht tun wie jeder andere auch?« Er erhob sich von seinem

Platz auf der Galerie, ging hinunter und ging die Treppen am anderen Ende des Saals hoch, dorthin, wo Finney predigte. Finney spürte, wie ihn jemand, mitten in seiner Predigt, am Jackett zupfte. Er drehte sich um und sah den Richter. Er fragte: »Was ist los?«

Der Richter antwortete: »Mister Finney, wenn Sie die Leute aufrufen, nach vorne zu kommen, dann werde ich kommen.«

Finney brach seine Predigt ab und erklärte: »Der Oberste Richter sagt, wenn ich die Leute nach vorne rufe, werde er kommen. Also fordere ich Sie jetzt auf, nach vorne zu kommen, wenn Sie sich zu Christus bekehren wollen.« Der Oberste Richter kam nach vorne, und fast jeder Anwalt in Rochester bekehrte sich. Es heißt, daß sich in dieser Gegend in zwölf Monaten hunderttausend Menschen bekehrt haben.

Unser Einfluß ist vielleicht nicht ganz so groß, aber es kann sein, daß auch wir einem Menschen auf den richtigen Weg helfen können.

Wie komme ich hinein?

Viertens stellt Jesus uns zwei Tore vor und gibt eine Antwort auf die Frage: »Wie komme ich hinein?« Ein Tor ist »weit« (Vers 13), das andere »eng« (Vers 14).

Auf dem breiten Weg können wir mit Leichtigkeit durch das weite Tor eingehen. Es gibt viele Möglichkeiten hineinzugelangen. Man kann Atheist, Agnostiker, Anhänger des *New Age* oder eine Mischung aus allen dreien sein. Andererseits ist das Tor am Ende des schmalen Wegs selbst schmal. Es gibt nur einen Weg hinein, und zwar durch Umkehr und durch den Glauben an Jesus Christus. Man kann die Sünde nicht mitnehmen und muß sich von allem abwenden, das man als falsch erkannt hat. Diese Entscheidung ist nicht einfach. Je länger man auf dem falschen Weg gegangen ist, um so schwerer ist es zuzugeben, daß man auf dem falschen Weg war, und sich zu ändern; obwohl es nie zu spät dafür ist.

Bernard Levin hat einen Artikel über einen Mann namens Andrew Rothstein geschrieben, der kürzlich im Alter von fünfundneunzig Jahren starb. Er war einer von den Menschen, für die Lenin und Stalin »Götter« waren. Bernard Levin schreibt:

> *»Wann versagte Andrew Rothstein als menschliches Wesen? Oder genauer: Warum wünschte er sich nie, ein ganzer Mensch zu sein? Ich habe viele getroffen, die umgekehrt sind, und wenn man ihnen diese Frage stellte, dann bemerkte ich, daß es vielen von ihnen eine Art Trägheit war, jedoch eine sehr spezielle. ›Warum haben Sie sich nicht davon losgerissen, sondern haben weiter eine Lüge gelebt, obwohl Sie wußten, daß es eine Lüge ist?‹ Die Antwort ist für den Bekenner, und selbst für mich, zutiefst schmerzhaft. Die Antwort lautet: ›Wir waren schon so weit gegangen, daß uns bewußt war, daß unser ganzes Leben sinnlos gewesen wäre, wenn wir jetzt aufhören würden.‹«*[126]

Auf dem schmalen Weg ist der Zugang so schwer, weil das Tor »eng« ist. Wir können nur durch den Glauben an Jesus Christus eintreten. Da wir im Zeitalter des Pluralismus leben und die Behauptung, es gäbe nur einen Weg zu Gott, für moderne Ohren nicht populär ist; doch genau das beansprucht Jesus Christus. Wir müssen entscheiden, was wir damit anfangen wollen, und zu einem Urteil kommen.

Zu Beginn dieses Kapitels erwähnte ich ein Gerichtsverfahren, mit dem ich zu tun hatte und bei dem die Geschworenen gefragt wurden: »Haben Sie ein einstimmiges Urteil gefällt?« Sie mußten sagen, daß sie sich nicht hatten einigen können und daher keine Entscheidung fällen konnten. Diese Möglichkeit steht uns nicht offen. Jeder ist auf einem der beiden Wege unterwegs. Es ist eine unbequeme Tatsache, daß es keinen Mittelweg gibt, kein drittes Tor, keine neutrale Gruppe. Wenn wir uns auf dem breiten Weg befinden, müssen wir nichts tun, um darauf zu bleiben. Doch wenn wir diesen Weg verlassen wollen, dann müssen wir das enge Tor nehmen – mittels Umkehr und dem Glauben an Jesus Christus. Wenn wir dann durch das enge Tor gehen, werden wir herausfinden, daß es zwar nicht viele sind, die auf diesem Weg gehen, daß wir aber trotzdem nicht allein sind. Jesus Christus selbst geht mit uns.

Kapitel 18

Wie erkenne ich falsche Propheten?

»Hütet euch vor den falschen Propheten; sie kommen zu euch wie (harmlose) Schafe, in Wirklichkeit aber sind sie reißende Wölfe. An ihren Früchten werdet ihr sie erkennen. Erntet man etwa von Dornen Trauben oder von Disteln Feigen? Jeder gute Baum bringt gute Früchte hervor, ein schlechter Baum aber schlechte. Ein guter Baum kann keine schlechten Früchte hervorbringen und ein schlechter Baum keine guten. Jeder Baum, der keine guten Früchte hervorbringt, wird umgehauen und ins Feuer geworfen. An ihren Früchten also werdet ihr sie erkennen. Nicht jeder, der zu mir sagt: Herr! Herr!, wird in das Himmelreich kommen, sondern nur, wer den Willen meines Vaters im Himmel erfüllt. Viele werden an jenem Tag zu mir sagen: Herr, Herr, sind wir nicht in deinem Namen als Propheten aufgetreten, und haben wir nicht mit deinem Namen Dämonen ausgetrieben und mit deinem Namen viele Wunder vollbracht? Dann werde ich ihnen antworten: Ich kenne euch nicht. Weg von mir, ihr Übertreter des Gesetzes!« (Mt 7,15-23).

Im Innern lagen achtzehn Leichen – Männer, Frauen und ein zirka zehn Jahre alter Junge – in etwa kreisförmig angeordnet, die Füße zur Mitte hin zeigend. Viele trugen rot-schwarze oder weiß-goldene Roben, manche waren an den Händen gefesselt. Die meisten waren durch einen Kopf- oder Genickschuß getötet worden; zehn hatten eine Plastiktüte über dem Kopf. Leere Sektflaschen bedeckten den Boden; an der Wand hing das Bild einer christusähnlichen Gestalt mit einer Rose über dem Kopf. Eine weitere Leiche wurde in einem Seitenraum gefunden. In einer danebengelegenen kreisförmigen Kapelle entdeckte die Polizei drei weitere Leichen und eine erschüt-

ternde Ansammlung von Indizien: einen Altar mit einer Rose und einem Kreuz und einen goldenen Kelch.«[127]

Zeitungsberichte wie dieser aus der Schweiz zeigen auf spektakuläre Weise, welche katastrophalen Folgen die Irrlehren einer Sekte haben können.

Im November 1978 starben 913 Menschen in Jonestown, Guyana. Unter ihnen waren 200 Kinder und weitere 200 Menschen über fünfundsechzig. Den Babys hatte man Zyanid eingeflößt, während die Erwachsenen sich angestellt hatten, um ihres zu trinken. Vor kürzerer Zeit starben siebenundachtzig Menschen in Waco, Texas, nachdem das FBI die Niederlassung der *Branch Davidian*-Sekte von David Koresh stürmte. In einer jüngeren Untersuchung wird geschätzt, daß es in Europa 1 317 Sekten und in den USA 425 Sekten gibt.

In den ersten Teilen der Bergpredigt warnt Jesus vor Angriffen, die von außen in Form von Verfolgungen gegen die Kirche gerichtet werden. Nun fügt er eine ernste Warnung gegen Angriffe von innen hinzu. Er sagt uns: »Hütet euch vor den falschen Propheten« (Vers 15). Diese Sprache ist dem modernen Denken fremd, daher ist es hilfreich, Genaueres zu sagen. Es gibt falsche Propheten, wie in den oben aufgeführten Beispielen, die ganz klar außerhalb der Gemeinschaft des traditionellen christlichen Glaubens stehen, die jedoch behaupten, das wahre (und alleinige) Volk Gottes zu repräsentieren. Doch es gibt andere, die innerhalb der Kirche ihre Stimme erheben und scheinbar gottgewollte Dinge sagen, in Wirklichkeit aber das Volk Gottes von Gott wegführen. Manche sagen: »Es sind doch wohl alle geistlichen Lehrer gut, oder?« Oder sie meinen: »Wenn jemand von Gott spricht und Menschen heilt, dann muß das doch geistlich einwandfrei sein, oder?« Doch Jesus sagt uns, daß dies nicht der Fall ist. Wir müssen Unterscheidungen treffen. Auch wenn es uns heute gefällt, unvereinbare Glaubensansichten zusammenzuhalten, gibt es eine Unterscheidung in »wahr« und »falsch«, und diesen Unterschied müssen wir erkennen.

Das Wort »Prophet« schließt hier alle ein, die »im Namen des Herrn« sprechen. Zu den falschen Propheten gehören nicht nur diejenigen, die behaupten, ein prophetisches Amt im strengen Sinne auszuüben, sondern jeder, der für sich beansprucht, im Namen Gottes zu sprechen; also zum Beispiel auch Pfarrer, Vikare, christliche Lehrer, Evangelisten und Prediger. In all diesen Fällen müssen wir das Wahre vom Falschen unterscheiden.

Jesus spricht eine sehr ernste Warnung über falsche Propheten aus. Er sagt, sie seien »reißende Wölfe« (Vers 15). Der Wolf ist der natürliche Feind der Schafe. Auch an anderer Stelle in der Bibel wird dieses Bild benutzt, um solche Beamte, Herrscher, Statthalter und falsche Lehrer zu beschreiben, die Feinde des Volkes Gottes sind (vgl. Ez 22,27; Zef 3,3; Mt 10,16; Joh 10,12; Apg 20,29). Es ist ein ernstes Vergehen, wenn jemand dem Volk Gottes Schaden zufügt, und Jesus sagt, solche Menschen seien wie Bäume, die »umgehauen und ins Feuer geworfen« werden (Vers 19). Am Tag des Gerichts wird er zu ihnen sagen: »Weg von mir, ihr Übertreter des Gesetzes!« (Vers 23). John Wesley betont, wie ernst diese

Sache ist, indem er erklärt, daß solche Leute »die Seelen der Menschen [morden]«.

Wie erkennen wir diese falschen Lehrer? Jesus spricht von einem Test, der es uns nicht zeigen wird, und von einem, der es uns offenbaren wird.

Der falsche Test: Wenn wir uns von Äußerlichkeiten leiten lassen

Der falsche Test ist oberflächlich. Er beachtet nur das äußere Gewand. Er funktioniert nicht, weil »reißende Wölfe« wie »harmlose Schafe« auftreten können (Vers 15). Diese Aussage kann sich zum Beispiel auf ein äußerliches Glaubensbekenntnis beziehen. Jesus sagt: »Nicht jeder, der zu mir sagt: Herr! Herr!, wird in das Himmelreich kommen, sondern nur, wer den Willen meines Vaters im Himmel erfüllt« (Vers 21). Ein Lippenbekenntnis genügt nicht. Es reicht nicht, den ganzen christlichen Jargon zu kennen und christliche Glaubensbekenntnisse zu zitieren.

»Harmlose Schafe«, das kann auch übernatürliches Handeln umfassen. Jesus warnt:

> »Viele werden an jenem Tag zu mir sagen: Herr, Herr, sind wir nicht in deinem Namen als Propheten aufgetreten, und haben wir nicht mit deinem Namen Dämonen ausgetrieben und mit deinem Namen viele Wunder vollbracht? Dann werde ich ihnen antworten: Ich kenne euch nicht. Weg von mir, ihr Übertreter des Gesetzes!« (Verse 22-23).

Es lohnt sich, an dieser Stelle anzumerken, daß Jesus sich nicht gegen das, was diese Leute tun, ausspricht. Er erwartete ganz eindeutig von seinen Jüngern, daß sie »als Propheten auftreten«, »Dämonen austreiben« und »Wunder vollbringen«. Die Tatsache, daß Matthäus diese Passage in sein Evangelium aufgenommen hat, deutet sogar darauf hin, daß es diese Dinge in der Gemeinde auch später noch viele Jahre lang gegeben hat.[128] Doch Fähigkeiten dieser Art reichen nicht aus, um zu beweisen, daß ein Prophet echt ist.

Der richtige Test: Wenn wir uns von dem leiten lassen, was dahinter steckt

Es gibt nur einen wirklichen Test, und Jesus nennt ihn uns wiederholt: »An ihren Früchten werdet ihr sie erkennen« (Verse 16 und 20). Jesus sagt nicht, daß wir sie an ihrer Wurzel erkennen werden. Manche meinen, man solle Gottes Wirken an seinen Wurzeln überprüfen, das heißt, an der Frage, wer zu einem früheren Zeitpunkt an einer Sache beteiligt war. Doch das ist nicht der Test, den Jesus uns nennt. Dieser Test wäre auch unmöglich anzuwenden. Das Besondere an Wurzeln ist ja gerade, daß sie unterhalb der Erdoberfläche liegen. Es würde oft Jahre dauern, die Wurzeln eines Menschen zu untersuchen. Früchte dagegen sind sichtbar und recht leicht zu überprüfen. Jesus erklärt diesen Test noch genauer:

> »Erntet man etwa von Dornen Trauben oder von Disteln Feigen? Jeder gute Baum bringt gute Früchte hervor, ein schlechter Baum aber schlechte. Ein guter Baum kann keine schlechten Früchte hervorbringen und ein schlechter Baum keine guten. Jeder Baum, der keine guten Früchte hervorbringt, wird umgehauen und ins Feuer geworfen« (Verse 16-19).

Im Nahen Osten gab es einen Dornbusch, der aus der Ferne betrachtet wie ein Weinstock aussah. Er trug kleine schwarze Beeren, die Trauben sehr ähnlich sahen. Auch gab es eine Distel, die eine Blüte besaß, die man mit einer Feige verwechseln konnte. Doch wer genauer hinsah, konnte erkennen, daß der Dornbusch keine Trauben und die Distel keine Feigen trug. John Stott sagt zu diesem Thema: »Giftige Unkräuter wie Dornen und Disteln können keine eßbaren Früchte wie Trauben und Feigen produzieren.«[129] Und auch ein kranker Baum kann keine guten Früchte tragen, während ein gesunder Baum gute Früchte hervorbringen wird.

Eine Folge davon ist, daß wir zwar weise und wachsam sein sollen, aber nicht jedermann mißtrauen müssen. Auch sollen wir nicht bewußt Jagd auf Irrlehren machen, denn falsche Propheten werden sich durch ihre Früchte selbst offenbaren. Wir müssen keine Angst haben.

Woraufhin sollen wir die Früchte untersuchen? Dazu gehören mindestens sechs Aspekte.

Die Frucht des Charakters – wer sind sie?

Das Bild von der Frucht wird von Paulus in seiner klassischen Beschreibung des Charakters, den ein Christ haben soll, aufgenommen: »Die Frucht des Geistes aber ist Liebe, Freude, Friede, Langmut, Freundlichkeit, Güte, Treue, Sanftmut und Selbstbeherrschung; dem allem widerspricht das Gesetz nicht« (Gal 5,22-23) Wir erwarten bei einem Menschen, der wirklich Christ ist und in dem der Heilige Geist lebendig ist, daß er diese Charakterzüge entwickelt.

Wir haben bereits gesehen, daß Jesus die Bergpredigt mit eben dieser Frage nach dem Charakter begonnen hat. Ein wahrhaftiger Jünger Christi wird den im Matthäusevangelium beschriebenen Charakter entwickeln (vgl. Mt 5,1-16). Es sollten sich bei einem solchen Menschen Demut, der Hunger nach Gerechtigkeit, eine barmherzige Haltung, Sanftmut, Reinheit und all die anderen dort beschriebenen Eigenschaften finden lassen.

Insbesondere christliche Leiter müssen wir auf die Frage nach ihrem Charakter hin prüfen. Natürlich werden wir niemals Perfektion entdecken, da alle Leiter immer auch noch Menschen sind und den gleichen Versuchungen und Schwächen ausgesetzt sind wie wir alle. Aber wir müssen fragen, ob sie grundsätzliche Charakterfehler besitzen.

Zum Beispiel finden wir bei vielen Sektenführern eine irritierende Arroganz, die uns aufhorchen lassen sollte. Wir sollten immer mißtrauisch sein, wenn Menschen durch Arroganz alle anderen ausschließen. Viele (christlichen) Sekten halten sich für die einzigen Christen auf der ganzen Welt. Ich erinnere mich, wie ich einmal ein Sektenmitglied frage, wie viele Christen es in Spanien gäbe. Die Antwort lautete: »Keine«, weil diese Sekte in Spanien nicht operierte. Für ihn spielte es keine Rolle, ob es dort Katholiken, Anglikaner, Methodisten, Baptisten, Pfingstler oder andere gab, da seine Sekte diese nicht für echt hielt. Ein Arzt, der in *The Big Issue* über Sekten schreibt, meint:

> *»Ich selbst habe David Icke und andere der vielen Propheten, die behaupten, von Gott gesandt zu sein, in einer Fernsehsendung kennengelernt* [...] *und wurde aufgefordert, seinen Geisteszustand zu diagnostizieren.* [...] *Er war in medizinischer Hinsicht geistig völlig gesund. Solche Menschen hören keine Stimmen und halten sich nicht wirklich für Gott. Worunter sie leiden, sind Größenwahn, Selbstsucht und die ausgefeilte Fähigkeit, Menschen, die dafür empfänglich sind, zu manipulieren.«*[130]

Ihr Verhalten – was tun sie?

Jesus sagt, daß der, der den Willen des Vaters tut, in das Himmelreich eingehen wird (vgl. Vers 21). Zu den Wölfen spricht er: »Weg von mir, ihr Übertreter des Gesetzes!« (Vers 23).

Was wir glauben, wird die Art und Weise beeinflussen, wie wir unser Leben führen. Unser Glaubensbekenntnis bestimmt unser Verhalten. Wir müssen Leiter daraufhin anschauen, ob ihr Leben mit der Lehre Jesu in der Bergpredigt in puncto Gerechtigkeit, Zorn, Lust, Integrität und Feindesliebe übereinstimmt.

Wenn wir Sekten betrachten, stellen wir zum Beispiel häufig ein großes Maß an sexueller Unmoral fest. Sowohl Jim Jones (Jonestown) als auch David Koresh (Waco) suchten sich nach Belieben unter ihren »Schäfchen« Sexualpartner heraus. Koresh überzeugte seine Anhänger sogar davon, daß nur er das Recht hätte, sich fortzupflanzen, da sein Same göttlich sei. Die »Kinder Gottes«, auch bekannt als »Familie der Liebe«, unter der Führung David Bergs, rekrutierten früher neue Mitglieder durch sexuelle Verführung, das sogenannte »flirty fishing« [der »Flirt als Fischzug«; Anm. d. Übers.] und praktizierten Gruppensex.

Der Inhalt ihrer Lehren – was sagen sie?

An späterer Stelle im Matthäusevangelium verwendet Jesus ein ähnliches Bild über die Frucht in Verbindung zu dem, was Menschen reden:

> »Entweder: der Baum ist gut – dann sind auch seine Früchte gut. Oder: der Baum ist schlecht – dann sind auch

> seine Früchte schlecht. An den Früchten also erkennt man den Baum. Ihr Schlangenbrut, wie könnt ihr Gutes reden, wenn ihr böse seid? Denn wovon das Herz voll ist, davon spricht der Mund. Ein guter Mensch bringt Gutes hervor, weil er Gutes in sich hat, und ein böser Mensch bringt Böses hervor, weil er Böses in sich hat. Ich sage euch: Über jedes unnütze Wort, das die Menschen reden, werden sie am Tag des Gerichts Rechenschaft ablegen müssen; denn aufgrund deiner Worte wirst du freigesprochen, und aufgrund deiner Worte wirst du verurteilt werden« (Mt 12,33-37).

Einer der Tests für wahre Propheten im Alten Testament wird im dreizehnten Kapitel des Buches Deuteronomium genannt. Ein Prophet konnte Zeichen und Wunder tun, doch wenn er sagte: »Laßt uns anderen Göttern folgen«, so sollte dies ein Alarmzeichen für das Volk sein: »[…] dann sollst du nicht auf die Worte dieses Propheten oder Traumsehers hören« (Dtn 13,4). Mit anderen Worten, das Volk sollte einen Propheten an seiner Lehre überprüfen – ob er Menschen zu Gott hin- oder von Gott wegführte.

Wir müssen die Worte von Menschen, die behaupten, im Namen Gottes zu sprechen, gegen das Wort Gottes abwägen, das wir kennen. Können die Worte des Propheten einer Prüfung anhand der Lehre der Bibel standhalten? Wir müssen dem Beispiel der Beröer folgen: »Mit großer Bereitschaft nahmen sie das Wort auf und forschten Tag für Tag in den Schriften nach, ob sich dies wirklich so verhielte« (Apg 17,11).

Kulte und Sekten behaupten häufig, daß die Autorität der Schrift alleine nicht ausreichend sei, und berufen sich noch auf eine weitere Quelle der Autorität. Die Kirche der »Heiligen der letzten Tage« (Mormonen) beruft sich auf die Bibel und das Buch Mormon; die *Christliche Wissenschaft* beachtet die Bibel und die Schriften von Mary Baker Eddy; die *Zeugen Jehovas* besitzen eine eigene Bibel. Außerdem weichen Sekten in mindestens einem zentralen Punkt von den historischen Lehren des christlichen Glaubens ab, zum Beispiel bezüglich der Dreieinigkeit oder der Gottessohnschaft Christi.

Ihre Art von Beziehungen – wie leben sie Nächstenliebe?

Die Liebe zu anderen Christen ist das Gebot Jesu. Wenn wir diesem Gebot gehorsam sind, werden wir am Weinstock bleiben und Frucht bringen. Liebe und Fruchtbringen gehen Hand in Hand (vgl. Joh 15,10-12). Wie wir gesehen haben, ist die Liebe sogar die erste Frucht des Heiligen Geistes, die Paulus im Brief an die Galater (vgl. Gal 5,22) erwähnt.

Die Warnung Jesu, sich vor »falschen Propheten« zu hüten, muß im Zusammenhang mit seiner Ermahnung in dem vorangegangenen Abschnitt gesehen werden: »Richtet nicht, damit ihr nicht gerichtet werdet« (Mt 7,1).

Es geht um ein äußerst labiles Gleichgewicht. Wir müssen uns davor hüten, andere Christen zu verurteilen oder zu verdammen – den Splitter in ihrem Auge sehen wir, erkennen aber den blinden Fleck in unserem eigenen Auge nicht. Manche neigen zu schnell dazu, andere Christen abzuschreiben. Hartherziges Gerichtsdenken, verbunden mit dem Glauben, die einzigen wirklichen Christen zu sein, das sind Kennzeichen von Sekten. Leider erleben wir dies auch manchmal innerhalb der Kirche; denn auch dort sind Gläubige oft zu schnell dabei, andere echte Christen zu verurteilen und zu verdammen.

Ihr Einfluß – welche Wirkung haben sie?

Wir müssen fragen, welche Frucht ein Dienst oder Werk mit Blick auf die Wirkungen hat, die er auf die Gemeinde ausübt. Entsteht daraus eine Gemeinde, die in Liebe verbunden ist, die voller Freude ist, im Frieden lebt, anderen mit Freundlichkeit begegnet, Gutes tut und sich als treu, sanft und beherrscht erweist? Bringt er solche Menschen und einen Lebensstil hervor, wie Jesus sie in seiner ganzen Predigt fordert?

Der Test, an dem man eine Predigt mißt, ist die Wirkung, die sie auf die Leute hat. Natürlich können wir nicht anhand eines einzelnen, möglicherweise untypischen Gemeindeglieds urteilen. Doch wenn wir die Gemeinde als ganze betrachten, werden wir die Auswirkungen spüren können.

Jesus hat uns gesagt: »Der Jünger steht nicht über seinem Meister; jeder aber, der alles gelernt hat, wird wie sein Meister sein« (Lk 6,40). Die wichtigste Frage bei einer Predigt ist nicht: »War sie intellektuell anregend?« oder: »Waren die Geschichten lustig und die Überschriften einprägsam?« Vielmehr sollten wir fragen: »Hat die Predigt Menschen näher zu Gott gebracht?«

Die Tiefe ihrer Jesusbeziehung – wer sind sie im Verborgenen?

Im fünfzehnten Kapitel des Johannesevangeliums bedient sich Jesus des Bildes vom Weinstock. Jesus ist der Weinstock, und wir sind die Reben. Wenn wir nahe bei Jesus bleiben, werden wir viel Frucht bringen, aber ohne ihn können wir nichts tun. Wir bringen Frucht, indem wir eine persönliche und unser Leben zutiefst prägende Jesusbeziehung haben. Wenn wir nicht in dieser Beziehung leben, werden wir keine

Frucht bringen. Jesus sagt: »Getrennt von mir könnt ihr nichts vollbringen« (Joh 15,5). Deshalb wird Jesus am letzten Tag zu den falschen Propheten sagen: »Ich kenne euch nicht« (Vers 23). Sie haben nicht in der Beziehung zu Jesus Christus gelebt, und die unsichtbaren Wurzeln haben sich nicht bilden können; jene Wurzeln, die uns im Verborgenen geben, beten und fasten lassen.

Jeremia warnt vor falschen Propheten, die Visionen aus ihrem eigenen Denken produzieren und nicht vom Mund Gottes empfangen. Das ist einer der Tests, denen sich ein echter Prophet stellen muß – Jeremia fragt: »Doch wer hat an den Ratsversammlungen des Herrn teilgenommen, hat ihn gesehen und sein Wort gehört?« (Jer 23,18).

Der wahre Prophet kennt Jesus Christus, hört auf ihn und redet seine Worte. Gott hat uns sein Wort und seinen Heiligen Geist gegeben, damit wir prüfen können, ob ein Prophet wirklich von ihm gesandt wurde.

Kapitel 19

Wie baue ich mir eine solide Zukunft auf?

»Wer diese meine Worte hört und danach handelt, ist wie ein kluger Mann, der sein Haus auf Fels baute. Als nun ein Wolkenbruch kam und die Wassermassen heranfluteten, als die Stürme tobten und an dem Haus rüttelten, da stürzte es nicht ein; denn es war auf Fels gebaut. Wer aber meine Worte hört und nicht danach handelt, ist wie ein unvernünftiger Mann, der sein Haus auf Sand baute. Als nun ein Wolkenbruch kam und die Wassermassen heranfluteten, als die Stürme tobten und an dem Haus rüttelten, da stürzte es ein und wurde völlig zerstört. Als Jesus diese Rede beendet hatte, war die Menge sehr betroffen von seiner Lehre; denn er lehrte sie wie einer, der (göttliche) Vollmacht hat, und nicht wie ihre Schriftgelehrten« (Mt 7,24-29).

Zwischen Hören und Tun besteht ein großer Unterschied. Vor einigen Jahren nahm ich mir vor, mit dem Windsurfen zu beginnen. Es sah aus, als ob es Spaß machte und relativ leicht zu erlernen sei. Ich kaufte mir ein Buch, in dem alles Wissenswerte übers Windsurfen stand, und befaßte mich mit der Theorie. Wir buchten einen Urlaub am Meer, und ich lieh mir für eine Stunde ein Brett aus. Es war ein heißer Tag, also bedeckte ich mich von oben bis unten mit Sonnenöl. Als ich das erste Mal ins Wasser fiel, wurde das Sonnenöl abgewaschen und blieb am Brett hängen. Von da an fiel ich pausenlos, erst vorwärts, dann rückwärts und dann wieder vorwärts, vom Brett. Am Strand sprach sich schnell herum, daß etwas Lustiges vor sich ging, und so sammelte sich eine Menschenmenge an, die es an Zurufen und Beifall nicht fehlen ließ. Ich lernte, daß es ein großer Unterschied ist, ob man vom Windsurfen gehört hat, oder ob man weiß, wie es geht und tatsächlich windsurfen kann.

In den letzten drei Abschnitten der Bergpredigt geht es um Entscheidungen. Durch welches Tor werden wir eingehen: durch das weite oder durch das enge? Wem werden wir folgen: dem wahren oder dem falschen Propheten? Und nun schließlich verlangt Jesus von uns eine Entscheidung darüber, auf welchen Grund wir unser Leben bauen wollen. Wieder läßt Jesus uns nur zwei Alternativen. In dem gegenwärtigen Klima von Pluralismus und Toleranz, möchten wir gerne glauben, daß es viele verschiedene Möglichkeiten gibt, worauf wir unser Leben aufbauen können. Doch Jesus sagt uns hier, daß wir letztlich nur zwei Alternativen haben. In dem vorangegangenen Abschnitt sprach er über den Gegensatz zwischen Tun und Reden, doch hier geht es ihm um den Gegensatz zwischen Tun und Hören. Er erzählt uns von zwei Männern, zwei Häusern, zwei Fundamenten, zwei daraus resultierenden Folgen und zwei Möglichkeiten, auf Jesus zu reagieren.

Oberflächliche Ähnlichkeiten

Sowohl der kluge als auch der unvernünftige Mann bauen ein Haus (vgl. Verse 24 und 26). Jesus, der als Handwerker und Zimmermann gearbeitet hatte, wußte alles übers Hausbauen. Das Bild, das er verwendet, ist eine ganz praktische, lebensnahe Illustration. Zwei Männer beschließen jeweils, ein Haus zu bauen. Sicher wollten sie etwas davon haben und darin leben, möglicherweise mit ihrer Familie. Beide bauten etwas von weitreichender Bedeutung. Die Häuser, die sie bauten, unterschieden sich äußerlich wenig voneinander. Zu diesem

Zeitpunkt konnte niemand, der die Häuser von außen und nur ganz oberflächlich betrachtete, einen Unterschied zwischen beiden feststellen.

Die zweite Ähnlichkeit ist, daß in beiden Fällen »ein Wolkenbruch kam und die Wassermassen heranfluteten, [...] die Stürme tobten und an dem Haus rüttelten« (Vers 25 bzw. 27). Jeder von uns wird sich unvermeidlich früher oder später den Problemen eines Lebens in dieser Welt stellen müssen. Dazu gehören Leid, Krankheit, Verlust, Enttäuschungen und Mißverständnisse, Prüfungen und Versuchungen, Zweifel und Angriffe von seiten des Teufels. Und schließlich wird jeder von uns dem Tod und dem Gericht Gottes gegenüberstehen. Das Bild vom Wolkenbruch, von den Wassermassen und von Stürmen wird von Ezechiel benutzt, um das Gericht Gottes zu beschreiben (vgl. Ez 13,11), doch die Sprache des Gerichts ist nicht auf das Alte Testament beschränkt. C. S. Lewis zeigt: »All die Texte, die uns am meisten in Schrecken versetzen, stammen aus dem Mund unseres Herrn.«[131] Jesus warnt hier und an anderer Stelle vor dem kommenden Gericht, wie dies auch andere Verfasser des Neuen Testamentes getan haben.

Drittens hatten beide Männer die Möglichkeit zu reagieren. Jesus sagt, daß beide – weise Menschen wie auch unvernünftige – »diese meine Worte« hören (Vers 24 bzw. 26). Heute hören viele Menschen das Wort Jesu. Sie werden im Religionsunterricht darin unterwiesen, und Millionen von Menschen besitzen eine eigene Bibel. Viele haben Gottesdienste oder Versammlungen besucht oder Evangelisten wie Billy Graham gehört. Vielleicht sind sie sogar getauft und konfirmiert. Doch Jesus sagt, es reicht nicht aus, seine Worte nur zu hören.

Tiefgründige Unterschiede

Obwohl oberflächlich Ähnlichkeiten bestehen, sind die tieferliegenden Unterschiede doch so groß, daß Jesus den einen der beiden Bauherren als »klugen Mann« (Vers 24), den anderen aber als »unvernünftigen Mann« (Vers 26) bezeichnet. Wörtlich heißt es hier: »Dummkopf« oder »Idiot«. Warum benutzt Jesus so deutliche Worte? Der zweite tieferliegende Unterschied beantwortet diese Frage.

Der Unterschied liegt im Fundament. Der kluge Mann baut »auf Fels« (Vers 24), der unvernünftige jedoch »auf Sand« (Vers 26). Es ist nicht ganz klar, ob Jesus in dieser Fassung des Gleichnisses von einem Unterschied spricht, der den Ort des Bauwerks betrifft, oder ob er von der Tiefe des Fundamentes redet. In der Fassung, die Matthäus überliefert, könnte der Unterschied im Ort bestehen. Der kluge Mann sucht so lange, bis er einen felsigen Grund findet, auf den er bauen kann, während der unvernünftige Mann »ein attraktives Stück Sand wählt und nicht realisiert, daß es ein Wadi ist, das im Winter zu einem reißenden Strom wird.«[132] Oder es kann sein, daß der unvernünftige Mann auf Sand baut, während der kluge so tief gräbt, bis er auf Fels stößt. In der Fassung, die Lukas uns überliefert, spricht Jesus jedenfalls von einem Mann, »der ein Haus baute und dabei die Erde tief

aushob und das Fundament auf einen Felsen stellte« (Lk 6,48). Und im Gegensatz dazu redet er von einem anderen Mann, »der sein Haus ohne Fundament auf die Erde baute« (Lk 6,49).

Der unvernünftige Mann ist vielleicht in Eile und hält nicht inne, um die weitergehenden Fragen des Lebens zu stellen. Er blickt nur auf das Naheliegende und denkt nicht voraus. Ja, er scheint überhaupt nicht nachzudenken. Der kluge Mann macht sich viel mehr Mühe, denkt nach und plant weit voraus. Ein dummer Mensch denkt nur an die sofortige Befriedigung durch Geld, Sex, Macht oder Beziehungen. Es ist Dummheit, durchs Leben zu gehen, ohne die grundlegenden Fragen über den Sinn des Lebens zu stellen. Wenn wir die Frage, warum wir hier sind und welchen Sinn das Leben hat, nicht beantworten, werden wir niemals erfahren, ob unsere Pläne richtig oder falsch, gut oder schlecht sind. Wenn wir nicht wissen, wofür das Leben gut ist, werden wir es falsch einsetzen. Bischof Lesslie Newbigin erzählt eine Geschichte aus seiner Schulzeit:

»In Liverpool fand ein großes Pfadfindertreffen statt, und etwa um dieselbe Zeit wurde eine neue Substanz auf die Menschheit losgelassen. Man nannte sie ›Shredded Wheat‹, und angeblich war sie eßbar. Eines Tages während des Camps wurde dieses ›Shredded Wheat‹ als Ration an alle Gruppen ausgegeben. Um zehn Uhr beklagten sich nigerianische Pfadfinder bei der Lagerleitung, die neuen Pfannenreiniger seien völlig unbrauchbar.«

Der dritte tieferliegende Unterschied besteht darin, daß die Fundamente der beiden Häuser (die sinnbildlich für unser Leben stehen) unterschiedlich sind und damit auch das Ergebnis. »Als nun ein Wolkenbruch kam und die Wassermassen heranfluteten, als die Stürme tobten und an dem Haus rüttelten, da stürzte es nicht ein; denn es war auf Fels gebaut« (Verse 25), aber das andere Haus »stürzte [...] ein und wurde völlig zerstört« (Vers 27). Dies ist eine feierliche Warnung. Johannes Calvin sagt: »Wahre Frömmigkeit läßt sich von der Fälschung so lange nicht völlig unterscheiden, bis beide auf die Probe gestellt werden.«[133] Diese Prüfung mag schon in diesem Leben stattfinden oder erst am Tag des Gerichts. Sicher ist jedoch, nach den Worten Jesu, daß sie kommen wird.

Wieder ist dies keine Drohung, sondern eine Warnung, die Jesus hier ausspricht. Er warnt vor der Gefahr des »Verderbens« (Vers 13), vor dem »Feuer« (Vers 19), davor, daß uns gesagt werden könnte: »Weg von mir, ihr Übertreter des Gesetzes!« (Vers 23), und nun warnt er uns vor dem großen Zusammenbruch (vgl. Vers 27). Jesus wußte, daß es auf lange Sicht besser ist, die Menschen durch die Wahrheit zu warnen. Am Mittwoch, den 13. März 1991, geschah auf der Autobahn M4 bei nebeligen Straßenverhältnissen ein Unglück. Zehn Menschen starben, fünfundzwanzig wurden verletzt. Es war einer der schlimmsten Autounfälle in der Geschichte Großbritanniens. Ein Mann namens Alan Bateman wurde als Held gefeiert, weil er aus seinem kaputten Wagen ausstieg, den Mittelstreifen entlanglief und versuchte, andere Fahrer zu warnen, die sich auf die Unfallstelle zubewegten. Einige Fahrer hupten ihn jedoch nur an und fuhren in die Unfallwagen hinein.

Jesus warnt uns nicht, um uns zu erschrecken, sondern weil er uns liebt und möchte, daß uns der große Knall erspart bleibt. Er will, daß wir wie der kluge Mann sind, dessen Haus nicht einstürzt, sondern der Prüfung standhält. Jesu Verheißung lautet, daß das auf Fels gebaute Haus den Stürmen des Lebens standhalten wird. Ein Leben, das sich auf den Gehorsam Jesus gegenüber gründet, ist sicher, egal, welche Stürme uns im Leben auch treffen mögen. D. L. Moody, der Evangelist des 19. Jahrhunderts, schrieb neben diesen Vers in seine Bibel: »Bau auf den Fels und fürchte keine Erschütterung!«

Der Apostel Paulus bezeugte, daß dies auch für sein Leben zutraf. Er ging den Schwierigkeiten des Lebens nicht aus dem Weg. Er schrieb an eine Gemeinde, die in Frage stellte, ob er zum christlichen Leiter geeignet sei:

> »Ich ertrug mehr Mühsal, war häufiger im Gefängnis, wurde mehr geschlagen, war oft in Todesgefahr. Fünfmal erhielt ich von Juden die neununddreißig Hiebe; dreimal wurde ich ausgepeitscht, einmal gesteinigt, dreimal erlitt ich Schiffbruch, eine Nacht und einen Tag trieb ich auf hoher See. Ich war oft auf Reisen, gefährdet durch Flüsse, gefährdet durch Räuber, gefährdet durch das eigene Volk, gefährdet durch Heiden, gefährdet in der Stadt, gefährdet in der Wüste, gefährdet auf dem Meer, gefährdet durch falsche Brüder. Ich erduldete Mühsal und Plage, durchwachte viele Nächte, ertrug Hunger und Durst, häufiges Fasten, Kälte und Blöße. Um von allem andern zu schweigen, weise ich noch auf den täglichen Andrang zu mir und die Sorge für alle Gemeinden hin« (2 Kor 11,23-28).

Erstaunlicherweise konnte Paulus auch schreiben: »Denn die kleine Last unserer gegenwärtigen Not schafft uns in maßlosem Übermaß ein ewiges Gewicht an Herrlichkeit, uns, die wir nicht auf das Sichtbare starren, sondern nach dem Unsichtbaren ausblicken; denn das Sichtbare ist vergänglich, das Unsichtbare ist ewig« (2 Kor 4,17-18). Paulus wußte, daß ein

Leben, das auf Jesus gegründet ist, nicht nur diesem Leben standhalten wird, sondern auch der Ewigkeit, so wie Jesus es verheißen hat. Der kluge Mann orientiert sich an dieser langfristigen Perspektive.

Die kommenden Stürme beziehen sich nicht nur auf dieses Leben, sondern auch auf die letzte Prüfung am Tag des Gerichts. Der kluge Mann schaut voraus auf »einen neuen Himmel und eine neue Erde« (Offb 21,1). Er wird die Ewigkeit in der Gegenwart Jesu verbringen (vgl. Offb 21,3). Er weiß, daß er eines Tages einen herrlichen Auferstehungsleib empfangen wird und daß er eine ewige und unermeßliche Freude erleben wird, weil Jesus als erster von vielen vom Tod auferstanden ist (vgl. 1 Kor 15). »Was kein Auge gesehen und kein Ohr gehört hat, was keinem Menschen in den Sinn gekommen ist: das Große, das Gott denen bereitet hat, die ihn lieben« (1 Kor 2,9).

Selbst in diesem Leben bekommen wir schon einen Vorgeschmack auf diese Freude. Der Heilige Geist wurde uns als Unterpfand für das Kommende gegeben (vgl. Eph 1,13-14). Dies ist nicht nur eine Garantie für die Zukunft; wir erleben tatsächlich hier und jetzt schon etwas von der himmlischen Freude.

Der entscheidende Unterschied

Jesus erklärt uns, daß der entscheidende Unterschied darin bestehe, daß der kluge Mann die Worte Jesu nicht nur hört, er handelt auch danach (vgl. Vers 24). Der unvernünftige Mann hingegen hört die Worte zwar auch, aber er handelt nicht danach (vgl. Vers 26). Wir müssen hier deutlich erkennen, daß Jesus nicht sagt, wir könnten uns durch gute Werke den Weg ins Himmelreich verdienen. Das würde dem widersprechen, was Jesus an anderer Stelle in der Bergpredigt gesagt hat. Denen, die ihre geistliche Armut erkennen, gehört das Himmelreich (vgl. Mt 5,3). Das übrige Neue Testament unterstreicht das, und im Römerbrief ergründet Paulus, warum niemand durch seine eigenen Werke gerechtgesprochen werden kann, sondern allein durch die Gnade und durch den Glauben an Jesus Christus.

Zweitens meint Jesus nicht, daß der Mensch, der seine Worte in die Tat umsetzt, ein sündloses Leben führt. Wie wir im Kapitel 9 dieses Buches gesehen haben, hat niemand außer Jesus jemals ein sündloses Leben geführt. »Alle haben gesündigt und die Herrlichkeit Gottes verloren« (Röm 3,23). Johannes schreibt in einem Brief: »Wenn wir sagen, daß wir keine Sünde haben, führen wir uns selbst in die Irre, und die Wahrheit ist nicht in uns« (1 Joh 1,8).

Wenn Jesus also nicht die Rechtfertigung durch Werke oder die sündlose Vollkommenheit lehrt, was lehrt er dann an dieser Stelle? Er lehrt, was er auch an anderer Stelle gelehrt hat und was durch das übrige Neue Testament bekräftigt wird: Hören allein reicht nicht. Das Hören muß zum Handeln werden (vgl. Röm 2,13; Jak 1,22-25; 2,14-20; 1 Joh 1,6; 2,4).

Wie in den Tagen Jesu ist auch heute die theologische und religiöse Welt voll des Hörens. Sie ist, wie Michael Green gesagt hat, »überladen mit Gerede über Gott«[134]. Doch eine Eins in Religion oder sogar ein erstklassiger Abschluß in Theologie genügen nicht. Wissen muß zur Tat werden, Theorie muß in die Praxis umgesetzt werden, unsere Theologie muß unser Leben prägen – sonst bauen wir unser Leben auf Sand.

Die Worte Jesu in die Tat umzusetzen, bedeutet zunächst Umkehr. Die Bergpredigt wurde als »ein erschreckender Aufruf zur Buße«[135] beschrieben. Wenn wir uns die Maßstäbe anschauen, die in der Predigt gesetzt werden, dann erkennen wir, wie verzweifelt weit wir davon entfernt sind. Wir schreien zu Gott und bitten um Barmherzigkeit und wenden uns von unserem alten Leben ab. Wir bekennen unseren Mangel an Liebe, unsere Unversöhnlichkeit, unseren Zorn, unsere Lust und unseren Stolz.

Zweitens bedeutet es, unser Vertrauen in Jesus zu setzen. Wenn wir sehen, wie weit wir hinter seinen Maßstäben zurückbleiben, erkennen wir, daß wir uns nicht selbst retten können und daß wir unbedingt einen Erlöser brauchen. Der Name Jesus bedeutet »Erlöser«. Matthäus berichtet uns in einem früheren Kapitel seines Evangeliums, daß ein Engel des Herrn Josef, dem Vater Jesu, sagte: »Ihm sollst du den Namen Jesus geben; denn er wird sein Volk von seinen Sünden erlösen« (Mt 1,21). Nur Jesus kann uns retten. Deshalb kam er auf die Erde, um am Kreuz zu sterben und dann wieder vom Tod aufzuerstehen – damit wir Vergebung und Befreiung erleben können. Er kam, um »sein Leben hinzugeben als Lösegeld für viele« (Mk 10,45).

Drittens erkennen wir, daß wir die Maßstäbe der Bergpredigt niemals ohne Hilfe von außen erfüllen können. Sie sind unerreichbar, und wir benötigen die Kraft des Heiligen Geistes in unserem Leben. Er allein kann uns fähig machen, die Lebensweise zu erreichen, die Jesus uns vor Augen gestellt hat. Jesus verheißt uns, daß Gott seinen Heiligen Geist denen geben wird, die ihn darum bitten (vgl. Lk 11,13).

Nur wenn wir umkehren, unser Vertrauen in Jesus setzen und den Heiligen Geist empfangen, werden wir in der Lage sein, die Worte Jesu in die Tat umzusetzen. Um mit den Aussagen der Bergpredigt zu sprechen: Dies wird sich darin zeigen, wer wir sind: in unserer geistlichen Armut, unserem Schmerz über unsere Sünden, unserer Demut, unserem Hunger und Durst nach Gerechtigkeit, unserer Barmherzigkeit, unserem reinen Herzen, unserer Bereitschaft zum Frieden und in unserer Freude in Angriffen, die wir um unseres

Glaubens willen erleiden. Es wird sich darin zeigen, wie wir leben: als Salz der Erde und als helles Licht in der Finsternis. Es wird sich an unserem Leben in Gerechtigkeit zeigen: wenn wir auf Mitbrüder und -schwestern nicht zornig sind, sondern uns versöhnen; wenn wir unserer Lust ohne Rücksicht entgegentreten; wenn wir nicht an Scheidung denken; wenn wir unser Leben mit ganzer Integrität führen; wenn wir die andere Wange hinhalten, wo man uns angreift; und wenn wir unsere Feinde lieben.

Es wird sich in dem Leben zeigen, das wir im Verborgenen führen: wenn wir den Bedürftigen geben, beten und fasten und wenn wir denen vergeben, die sich an uns schuldig machen. Es wird sich darin zeigen, daß wir unsere Schätze im Himmel ansammeln und nicht auf Erden; daß uns Gottes Reich und Gerechtigkeit das Wichtigste im Leben sind. Es wird sich in unseren Beziehungen offenbaren; wenn wir andere nicht richten; wenn wir Gott mit ganzem Herzen suchen und wenn wir an anderen so handeln, wie wir von ihnen gerne behandelt werden möchten. Und zuletzt wird es sich daran zeigen, daß wir uns verpflichten, durch das enge Tor einzugehen und unser Leben auf den Fels zu bauen.

Welche Autorität steht hinter all diesen Worten? Sie haben ihre Autorität durch den, der sie predigt. Die Menschen, die Jesus hörten, waren »betroffen« (Vers 28). Sie waren, um die wörtliche Übersetzung zu benutzen, »wie vor den Kopf gestoßen«. Jesus redete nicht von Dingen, die er nur »aus zweiter Hand« hatte. Er war »nicht wie ihre Schriftgelehrten« (Vers 29), deren Lehren aus anderen Quellen abgeleitet waren. Anders als sie lehrte er nicht durch eine Aneinanderreihung von Zitaten aus Kommentaren und aus dem Mund bekannter Gelehrter. Er lehrte noch nicht einmal wie die alttestamentlichen Propheten, die mit den Worten begannen: »So spricht der Herr.« Vielmehr verkündete er: »Ich sage euch …«

Er lehrte nicht mittels einer fremden Autorität, sondern wie jemand, der selbst Autorität besitzt (Vers 29). Wie John Stott zeigt, beanspruchte Jesus die Autorität eines Lehrers, des Christus, des Herrn, Retters, Richters und des entscheidenden Kriteriums, des Gottessohns und sogar Gottes selbst. »Er lehrt mit der Autorität Gottes und legt das Gesetz Gottes fest.«[136]

Wir müssen entscheiden, ob wir glauben wollen, daß die Worte Jesu wahr sind, und ob wir danach handeln wollen. Die Bergpredigt ist nicht nur eine »gute Morallehre«. Jesus präsentiert uns eine radikale, unser ganzes Leben verändernde Herausforderung – in der Tat die ultimative Herausforderung.

ANMERKUNGEN

1. Michael Green, *Matthew For Today* (Hodder & Stoughton, 1988), S. 69.
2. A. B. Bruce, *Commentary on the Synoptic Gospels* (Hodder & Stoughton, 1987), S. 95.
3. D. Martyn Lloyd-Jones, *Studies in the Sermon on the Mount (*IVP, 1976), S. 72-73.
4. William Barclay, *Matthäusevangelium. 1. Auslegung des Neuen Testamentes,* Wuppertal, 1971. S. 96.
5. Fiona Gibson, *Daily Mail*, 9. Februar 1993.
6. William Shakespeare, *Der Kaufmann von Venedig. 4. Akt, 1. Szene,* in: Shakespeare. *Werke.* Band 2. Zürich, 1970.
7. John Wimber, Kevin Springer, *Heilung in der Kraft des Geistes* (Projektion J Verlag, 1992), S. 62.
8. H. G. Wells, *The History of Mr. Polly* (Collins, 1910), S. 19. (dt. Mr. Polly steigt aus)
9. Vgl. David Armstrong und Hilary Saunders, *A Road Too Wide* (Marshall, Morgan & Scott, 1985), S. 92-97.
10. K. S. Latourette, *American Historical Review* (LIV, Januar 1949), S. 272.
11. John Stott, *Christian Counter-Culture* (IVP, 1978), S. 65.
12. John Stott, *Issues Facing Christians Today* (Marshall Pickering, 1984).
13. Ebd., S. 113-129.
14. K. S. Latourette, *History of the Expansion of Christianity*, Band 7 (Eyre & Spottiswoode, 1945), S. 503-504.

15. Abdruck in Absprache mit den Erben des *Estate of Martin Luther King, Jr;* c/o Joan Davies Agency. Copyright 1968 bei Martin Luther King, Jr.
16. Ein Großteil dieses Materials entstammt dem Buch von Chris Wright, *Knowing Jesus through the Old Testament* (Marshall Pickering, 1992) und faßt dessen Gedanken zusammen.
17. John Wenham, *Christ and the Bible* (The Tyndale Press, 1972), S. 37.
18. Das alttestamentliche Gesetz kann mehr oder weniger in drei Kategorien eingeteilt werden. Erstens die Moralgesetzgebung. Diese Gesetze sind recht allgemein gefaßt und lassen sich auf alle Gesellschaftsformen übertragen (z. B. die Zehn Gebote). Sie trifft auch heute noch zu. Zweitens umfaßt das Alte Testament Gesetze, die man als eine Art bürgerliches Gesetzbuch beschreiben könnte: Gesetze, die detailliertere Fragen und spezielle Problemstellungen der frühgeschichtlichen israelitischen Gesellschaft betreffen. Auch wenn die diesen Gesetzen zugrundeliegenden Prinzipien für Christen Gültigkeit und Autorität besitzen, werden sie möglicherweise nicht so angewandt wie im Alten Testament. Zum Beispiel heißt es in Levitikus, Kapitel 19, Verse 9 und 10: »Wenn ihr die Ernte eures Landes einbringt, sollt ihr das Feld nicht bis zum äußersten Rand abernten. Du sollst keine Nachlese von deiner Ernte halten. […] Du sollst sie dem Armen und dem Fremden überlassen.«

»Es ist eine falsche Annahme, wenn man dieses Gesetz direkt auf unsere Gesellschaft anzuwenden sucht. Es bedeutet nicht, daß effiziente Erntemaschinen, die jeden Halm auflesen, gegen Gottes Willen wären. Der Zweck dieses

Gesetzes ist sehr deutlich; es sollte den landlosen Armen eine Möglichkeit geben, etwas Nahrung umsonst zu sammeln. Ineffiziente Erntemaschinen nützen den Armen in unserer Gesellschaft nicht, da sie in der Regel in den Städten fernab der Anbaufelder leben. Doch auch wenn man dieses Gesetz nicht wortwörtlich auf die moderne Gesellschaft anwenden kann, so sollten doch die zugrundeliegenden Prinzipien auch heute noch Christen herausfordern, nach den effektivsten Mitteln zu suchen, wie den Armen unserer Tage geholfen werden kann (G. J. Wenham, *The Book of Leviticus*, 1979. S. 36).

Neben den Moralgesetzen und dem »Bürgerlichen Gesetz« gibt es im Alten Testament noch das »Zeremonielle Gesetz«. Der Verfasser des Hebräerbriefes befaßt sich sehr ausführlich mit Bestimmungen zur Unreinheit und mit den Opferriten des Alten Testamentes. Seine Argumentation führt zu dem Schluß, daß das »Zeremonielle Gesetz« in der Praxis für den Christen überholt ist. Dennoch, so zeigt G. J. Wenham, verstanden Jesus selbst und auch die frühe Kirche den Sühnetod Jesu im Sinne dieser Opfer. Das Buch Levitikus lieferte das theologische Vorbild dafür, wie sie diesen Tod verstehen konnten. Wenn wir den Spuren unseres Herrn folgen und seine Gedanken nachvollziehen wollen, müssen wir uns bemühen, das Opfersystem des Buches Levitikus zu verstehen. Es wurde von demselben Gott eingerichtet, der seinen Sohn sandte, damit dieser für uns sterben sollte; und wenn wir die Prinzipien des alttestamentlichen Gottesdienstes wiederentdecken, die in diesem Buch stehen, lernen wir vielleicht etwas darüber, wie wir uns dem heiligen Gott nähern sollten (G. J. Wenham, *The Book of Leviticus*, a. a. O., S. 37).

19. Dietrich Bonhoeffer, *Nachfolge,* 1982, S. 97.
20. Chris Wright, a.a.O.
21. Gael Lindenfield, *Managing Anger,* (Thorsons, Harper Collins, 1993), S. 80.
22. *The Times,* Juni 1992.
23. C. H. Spurgeon, *The Gospel of the Kingdom* (Pilgrim Publications,1974), S. 27.
24. Stephen Gaukroger und Nick Mercer, *Frogs in Cream* (Scripture Union, 1990), S. 95.
25. Corrie ten Boom, *Guidepost Magazine,* 1972.
26. *Alternative Service Book,* 1980, S. 288.
27. Ebd.
28. Lewis Smedes, *Sex for Christians* (Triangle, 1993), S. 220.
29. Francis Devas, *Draper's Book of Quotations for the Christian World* (Tyndale House, 1992), S. 10 235.
30. Lewis Smedes, a. a. O., S. 200.
31. *Leadership Today,* November 1987.
32. John Stott, *Christian Counter-Culture*, a. a. O., S. 89.
33. C. H. Spurgeon, a. a. O., S. 28.
34. William Martin, *A Prophet with Honour* (Hutchinson, 1991), S. 597-598.
35. Franklin P. Jones, *Quotable Quotations* (Victor Books, 1985), S. 393.
36. *Christian Leadership*.
37. *Leadership Today*, November 1987.
38. Andrew Cornes, *Divorce and Remarriage* (Hodder & Stoughton, 1993).
39. John Diamond, *The Times,* 21. Mai 1992.

40. Zitat von Karl Barth nach Lewis Smedes, a. a. O., S. 220; Rückübersetzung aus dem Englischen.
41. Lewis Smedes, a. a. O., S. 216.
42. William A. Heth und Gordon J. Wenham, *Jesus and Divorce* (Hodder & Stoughton, 1984), S. 200.
43. Andrew Cornes, a. a. O., S. 484.
44. Vgl. Kapitel 11; siehe auch: Christopher Compston, *Recovering From Divorce: A Practical Guide* (Hodder & Stoughton, 1993), S. 40-45.
45. *Daily Mail*, Juni 1991.
46. Vgl. Mishnah, *Tractate Shebuoth*, IV:13, S. 7.
47. William Barclay, a. a. O., S. 149.
48. C. H. Spurgeon, a. a. O., S. 29.
49. Dietrich Bonhoeffer, a. a. O., S. 113-114.
50. Martin Luther, *Die Bergpredigt*, in: *Luther's Work*, Band 21 (Concordia, 1956), S. 110.
51. Mishnah, *Tractate Baba Kamma*.
52. C. H. Spurgeon, a. a. O., S. 30.
53. John Stott, *Christian Counter-Culture*, a. a. O., S. 107.
54. Corretta Scott King, *My Life with Martin Luther King Jr (Hodder & Stoughton,* 1970), S. 365-369.
55. Alfred Plummer, *An Exegetical Commentary on the Gospel According to St Matthew* (Elliot Stock, 1910), S. 89.
56. Dietrich Bonhoeffer, a. a. O., S. 120.
57. C. G. Montefiore; zitiert nach Barclay, a. a. O., S. 160.
58. Das Wort für »Haß« wird manchmal als ein semitisches Idiom benutzt, das »weniger lieben« bedeutet; vgl. Lk 14,26: »Wenn jemand […] nicht Vater, Mutter, Frau und

Kinder, Brüder und Schwestern, ja sogar sein Leben gering achtet, dann kann er nicht mein Jünger sein.«; vgl. auch Mt 10,37.

59. G. Vermes, *The Dead Sea Scrolls in English* (Penguin Books, 1987), S.62.
60. R. T. France, *Matthew* (IVP, 1985), S. 128.
61. Dietrich Bonhoeffer, a. a. O., S. 124.
62. H. B. Dehqani, *The Hard Awakening* (SPCK, 1981), S. 113.
63. W. F. Arndt und F. W. Gingrich, *A Greek-English Lexicon of the New Testament* (University of Chicago Press, 1957), S. 651.
64. Dietrich Bonhoeffer, a. a. O., S. 128.
65. Mit freundlicher Genehmigung von *Christian Solidarity International*. Mehdi Dibaj wurde später freigelassen und danach ermordet.
66. Gordon MacDonald, *The Life God Blesses* (Nelson Word, 1994), S. 29-33.
67. John Stott, *Christian Counter-Culture*, a. a. O., S. 126.
68. A. B. Bruce, a. a. O., S. 116.
69. A. H. McNeile, *The Gospel According to St Matthew* (Macmillan, 1949), S. 73.
70. D. Martyn Lloyd-Jones, a. a. O., S. 333.
71. John Stott, *Christian Counter-Culture,* a. a. O., S. 130.
72. C. S. Lewis, *The Weight of Glory* (Macmillan, 1949), S. 4.
73. Graham Twelftree, *Drive the Point Home* (Monarch, 1994), S. 81.
74. Vgl. Howard Taylor, *Biography of James Hudson Taylor* (Hodder & Stoughton, 1965), S. 50-53.

75. Charles Dickens, *Ein Weihnachtslied in Prosa* (Verlag Arthur Moewig, 1976[27]), S. 12.
76. Ebd., S. 106 f.
77. John Wesley, *The Journal of the Reverend John Wesley* (The Epworth Press, 1938), S. 147.
78. Stuart Robinson, *Praying the Price* (Sovereign Word, 1994), S. 35-36.
79. Zitiert nach Richard Foster, *Celebration of Discipline* (Hodder & Stoughton, 1978), S. 41.
80. Stuart Robinson, a. a. O., S. 40.
81. Paul Yonggi Cho, *Gebet. Schlüssel zur Erweckung* (Projektion J, 1988), S. 99.
82. Andrew Murray, *With Christ in the School of Prayer* (Fleming H. Revell Co., 1953), S. 74.
83. Eine ganze Reihe biblischer Texte sagt ausdrücklich, daß Gott sich nicht wandelt (vgl. z. B. Jak 1,17-21; Mal 3,6). Doch scheinen auch einige zu sagen, daß Gott zwar seinem Wesen und seiner Gerechtigkeit nach unveränderlich ist, daß jedoch durchaus seine Entscheidungen und Erfahrungen Veränderungen erleben (vgl. Gen 6,6 f.; 1 Sam 15,11; 2 Sam 24,16; Jona 3,6).

    »Diese Stellen beziehen sich jeweils auf einen Wandel in der Art und Weise, wie Gott einem bestimmten Menschen behandelt, entsprechend dessen Reaktion auf Gottes Handlungsweise. Doch wird nicht angedeutet, daß diese Reaktion nicht vorhergesehen wurde oder daß sie Gott überrascht hätte und daß sie nicht schon in seinem ewigen Plan vorgesehen war. Es wird keine Veränderung in seinem ewigen Ratschluß impliziert, wenn Gott an einem Menschen auf neue Weise

handelt.« (J. I. Packer, *Knowing God* (Hodder & Stoughton, 1973), S. 85).

84. Vgl. Wayne Grudem, *Systematic Theology* (IVP, 1994), S. 390-391.
85. Waymon Rogers, »Fasting«, in: *Church Growth,* Dezember 1988.
86. James Hudson Taylor, Pastor Hsi, *Confucian Scholar and Christian* (Overseas Missionary Fellowship, 1900), S. 100.
87. Zitiert nach Arthur Wallis, *God's Chosen Fast* (Victory Press, 1968), S. 70.
88. Ebd., S. 25.
89. John Wesley, *Sermons on Several Occasions* (The Epworth Press, 1971), S. 301.
90. *The Independent,* 26. Januar 1995.
91. John Stott, *Christian Counter-Culture*, a. a. O., S.155.
92. Sheila Hocken in einer Broschüre des British Council for the Prevention of Blindness.
93. Jackie Pullinger, *Renewal,* Nr. 161, Oktober 1989.
94. William Shakespeare, *Othello*. 3. Akt, 3. Szene, in: Werke, Band 7.
95. James Dobson, *Marriage and Sexuality* (Kingsway, 1982), S.86.
96. Dietrich Bonhoeffer, a. a. O., S.151.
97. Barry Humphries, *More Please* (Penguin Books, 1992), S. xiii.
98. N. T. Wright, *New Tasks for a Renewed Church* (Hodder & Stoughton, 1992), S. 131.
99. Der Titel stammt von einem Buch von Dale Carnegie (Cedar, 1953).

100. Rob Parsons, *Der 60-Minuten-Vater* (Projektion J Verlag, 1996), S. 36-37.
101. Zitiert nach John Stott, *Christian Counter-Culture*, a. a. O., S. 166.
102. *The Times,* 9. Januar 1989.
103. William Barclay, a. a. O., S. 259.
104. Dale Carnegie, *How to Stop Worrying and Start Living* (Cedar, 1953), Kapitel 1.
105. Fiona Castle und Jan Greenough, *Give Us This Day* (Kingsway, 1993), S. 128.
106. *Evening Standard,* 11. März 1994.
107. *Alpha Magazine,* Mai 1995.
108. Graham Twelftree, a. a. O., S. 114.
109. D. Martyn Lloyd-Jones, a. a. O., S. 484.
110. C. H. Spurgeon, *Lectures to My Students on the Art of Preaching* (Marshall Pickering, 1954), S. 123.
111. John Stott, *Christian Counter-Culture*, a. a. O., S. 178.
112. Ebd., S. 180.
113. D. Martyn Lloyd-Jones, a. a. O., S. 497.
114. Graham Twelftree, a. a. O., S. 109-111; Lee Harvey Oswald wurde selbst vor seinem Prozeß getötet. Daher wurde nie eindeutig bewiesen, daß er die Tat begangen hat.
115. Jonathan Sacks, *Faith in the Future* (Darton Longman & Todd, 1995), S. 18.
116. Joachim Jeremias, *The Prayers of Jesus* (SCM, 1967), S. 96-97. (Rückübersetzung aus dem Englischen.)
117. Nachruf auf Odette Hallowes, GC. *The Times,* 17. März 1995.

118. William Barclay, a. a. O, S. 242-243.
119. D. Martyn Lloyd-Jones, a. a. O., S. 513.
120. J. C. Ryle, *Expository Thoughts on the Gospels: Matthew* (William Hunt and Co., 1878), S. 66.
121. Jonathan Sacks, a. a. O., S. 50.
122. Michael Green, a. a. O., S. 89.
123. Walter Bauer, *A Greek-English Lexicon of the New Testament* (The University of Chicago Press, 1957).
124. *Hello!*, Nr. 3224, 1. Oktober 1994.
125. James Dobson, *Preparing for Adolescence* (Kingsway, 1978), S. 41-43.
126. *The Times,* 29. September 1994. Mit freundlicher Genehmigung von Bernard Levin.
127. *Newsweek,* 17. Oktober 1994.
128. »Es ist eindeutig, daß Jesus auf keinen Fall gegen prophetische Verkündigung, Ermahnung oder vollmächtiges Handeln durch Propheten polemisiert, auch wenn sich die falschen Propheten (nach Mt 7,22) darauf berufen. Ganz im Gegenteil. Die Tatsache, daß ihr Auftreten so nachdrücklich als Einschleichen, wie Wölfe im Schafspelz, beschrieben wird, zeigt, daß ihr Handeln dem der anderen Schafe ähnlich ist. Es muß also echte Propheten geben, die genauso handeln. Der Unterschied besteht natürlich darin, daß letztere Nächstenliebe proklamieren und üben, die von den falschen Propheten nicht länger gelehrt und praktiziert wird. [...] Nicht nur das Heilen Kranker und das Austreiben von Dämonen hat Jesus seinen Jüngern ausdrücklich verheißen, sondern auch Totenerwekkungen (vgl. 10,8; über Jesus berichtet in 9,18-26). Alle diese Gnadengaben sollten in der Gemeinschaft als ›Taten Christi‹ weitergeführt werden, um alle

Zweifelsfragen zu beantworten.« (Edward Schweizer, in: Graham Stanton [Hg.], *The Interpretation of Matthew,* 1983, S. 130-131).

129. John Stott, *Christian Counter-Culture*, a. a. O., S. 200.
130. *The Big Issue,* Nr. 29.
131. C. S. Lewis in der Einleitung zu J. B. Phillips, *Letters to Young Churches* (Fontana Books, 1947), S. 9.
132. G. B. Caird, *St Luke*, (Penguin Books, 1963), S. 107.
133. Johannes Calvin, *Commentary on a Harmony of the Evangelists, Matthew Mark and Luke,* 1558, S. 370. (Rückübersetzung nach dem Englischen.)
134. Michael Green, a. a. O., S. 92.
135. Ebd.
136. John Stott, *Christian Counter-Culture*, a. a. O., S. 222.

ÜBER DEN AUTOR

Nicky Gumbel, der praktizierender Anwalt war, hielt Vorlesungen in Rechtswissenschaften an der Universität Cambridge und Seminare in Theologie an der Universität von Oxford. Heute ist er ordiniert als Pastor an der *Holy Trinity Brompton Chruch*, London. Er wurde in Deutschland vor allem bekannt durch seine kleine Schrift *Jesus? Jesus!*, die seit ihrem Erscheinen 1991 bereits über 100 000 mal verkauft wurde. Darüber hinaus ist er der Verfasser von *Warum eigentlich Weihnachten?* und *Fragen an das Leben.*

Edition Alpha

Wenn Sie wissen wollen, ob Gott auch heute noch Einfluß auf Leben von Menschen nimmt

Wer kennt nicht das Vorurteil, daß Gott das Leben der modernen Menschen des 20. Jahrhunderts nicht mehr beeinflußt? In diesem Buch erzählen Menschen davon, wie Gott ihr Leben oft unter dramatischen Umständen grundlegend verändert hat. Es sind wahre Geschichten von Menschen wie du und ich, die Gottes Wirken auf schönste Weise offenbaren.

Mark Elsdon-Dew, Ein Gott, der Leben verändert

Persönliche Geschichten von ungewöhnlichen Veränderungen im Leben von Menschen

Tb., 302 Seiten • ISBN 3-89490-211-6

DM/sfr 16,80 / öS 123,-

Zu beziehen bei:

Projektion J Buch- und Musikverlag GmbH
Rheingaustr. 132, 65203 Wiesbaden
Bestell-Tel.: (06 11) 96 7 96 70 • Fax (06 11) 96 7 96 77
(Oder in Ihrer Buchhandlung.)

Matt. 6, 19-24
25-34